EN NOUS BEAUCOUP D'HOMMES RESPIRENT

Marie-Aude Murail est une auteure mondialement connue. Elle a publié une centaine de livres à L'École des loisirs et chez Bayard. *Oh, boy !*, immense succès, a été porté à la scène et à l'écran. Officier de la Légion d'honneur pour avoir « œuvré au rayonnement culturel de la France », elle accompagne, depuis trente ans, des millions de lecteurs, jeunes et adultes.

MARIE-AUDE MURAIL

En nous beaucoup d'hommes respirent

L'ICONOCLASTE

ISBN : 978-2-253-24061-7 – 1re publication LGF

Je n'ai pas de mémoire

J'oublie mes romans, à peine les ai-je écrits. J'ai même tendance ces derniers temps à oublier que je suis écrivain. Si l'inspiration est ce qu'en dit Jules Renard, « rien d'autre que la joie d'écrire », j'ai perdu l'inspiration. À défaut, j'ai un carnet de citations que je rouvre chaque fois que je veux en faire une, parce que j'ai oublié de qui elle est. À tout hasard, je dis qu'elle est de Jules Renard.

La cousine Colette était un inépuisable répertoire de blagues. La dernière fois que je l'ai vue, elle en était réduite à chercher ses mots et, quand nous nous sommes séparées, je l'ai regardée s'éloigner, toute grêle, à demi chancelante au milieu des projectiles humains que sont les voyageurs dans le hall de la gare de l'Est. Non, du Nord. Ou Saint-Lazare ? Bon, une gare. Je n'éprouve pas pour ma part les symptômes précurseurs de la maladie d'Alzheimer, mais j'ai l'impression que le matériau psychique qui me constitue, au lieu de s'épaissir au fil des années, s'est aminci au point que je ne suis plus qu'un trait dans l'azur.

Dernièrement, je relisais *Les Mots* et *La Gloire de mon père*. Relire ne m'a jamais lassée car je suis douée, comme Jules Renard, « d'une heureuse mémoire qui me permet d'oublier instantanément n'importe quelle lecture ». Donc, en relisant Sartre et Pagnol, j'ai été confondue par la précision de leurs souvenirs d'enfance, ils savent ce qu'ils ont pensé, ce qu'ils ont ressenti, ce qu'on leur a dit, ce qu'ils ont répondu. Moi, j'ai vécu 21 297 jours et je ne peux exprimer de ma mémoire, même en la pressurant, que quatre ou cinq anecdotes. Le moi le plus ancien dont je me souvienne est une petite fille avec des nœuds blancs dans les cheveux. Elle est seule au milieu d'un pré plein de crottes de chèvre et elle s'étonne elle-même de ce qu'elle est en train de faire : elle joue sans jouet, sans bouger, sans parler. Elle joue dans sa tête comme Poil de Carotte jouait à rien sous la table. J'ai tant raconté ce souvenir que je ne sais plus s'il est vrai. Mais cette petite fille dans la campagne normande, je sais où la retrouver. Elle est prisonnière d'un album de photos, où sa maman prenait la parole à sa place : *Je suis capricieuse ces derniers jours, mais c'est pas ma faute, c'est mes dents qui me font des tites misères*, des choses comme ça. Je ne suis pas sûre que je vais adorer, pas plus que de me revoir toute nue dans la bassine.

Ceux qui affichent leurs enfants sur Facebook devraient penser au roman d'Alexandre Dumas, *Vingt ans plus tard*… Je viens de vérifier sur Google : le titre, c'est *Vingt ans après*. Je ne mémorise rien, je ne serai jamais quelqu'un de cultivé, je ne pourrai jamais briller en société, ma vie est un désastre. À part cela, et pour réactiver ma mémoire, il m'est venu une idée que m'a suggérée un de mes poètes préférés, Guillaume Apollinaire. Là, je rouvre mon carnet de citations :

« Or nous savons qu'en nous beaucoup d'hommes
[respirent
Qui vinrent de très loin et sont un sous nos fronts. »

Le jour où la guide du centre culturel Tjibaou de Nouvelle-Calédonie m'a expliqué que les parents des tribus kanakes conservent la mémoire des ancêtres en serinant les mêmes vieilles histoires à leurs enfants, j'ai tout de suite pensé : « Tiens, c'est comme chez moi. » Ma mère m'a implanté une mémoire cauchoise (elle était du pays de Caux) en me répétant une bonne quarantaine de fois les mêmes anecdotes familiales à peu près dans les mêmes termes. « Je te l'ai peut-être déjà raconté ? » me demandait-elle par précaution oratoire. Elle avait trouvé en moi un public en or. J'aime l'Histoire et les histoires, je suis patiente et rêveuse, et j'eus ma récompense. Je devais avoir 14 ou 15 ans quand ma mère ouvrit devant moi un coffret en bois frappé aux initiales de ma grand-mère, CB, Cécile Barrois. J'ai gardé le souvenir d'un bref éblouissement : le coffret contenait un coup de foudre. L'histoire d'un homme qui tombe amoureux d'une fille dont il ne sait rien, pas même si elle est jolie. Ce coffret arriva en ma possession à la mort de ma mère, et je le rangeai sans soulever le couvercle. « Avance, me disait la vie, ne te retourne pas ! » Mais j'étais tombée enceinte au moment où ma mère tombait malade. J'avais alors 40 ans et deux fils. Constance fit ses premiers pas dans une chambre de l'hôpital Saint-Antoine, et maman me dit : « Je suis contente pour toi que tu aies une fille. »

Quand Constance eut 11 ans, j'ouvris devant elle le coffret en bois. Il contenait des mèches de cheveux retenues par un ruban bleu, des dents de lait dans un petit écrin, un chapelet aux grains de nacre, un engagement dans les zouaves de 1870, des vœux de bonne année à ses chers parents écrits en 1905 sur un papier

Images pieuses allant de 1927 à 1962, les noms et prénoms des enfants figurent au dos.

dentelé par une petite fille de 10 ans, des cartes postales de la Grande Guerre, deux livrets scolaires des années 30, un *Passierschein* délivré par la *Feldkommandantur*, un télégramme enroulé que je dus défroisser du plat de la main pour lire ce message : *Arriverai ce soir ou dimanche matin.* Je sentais que le moindre brimborion avait sa signification. Je ne devais rien perdre, ni les dessins d'enfant, ni les menus de mariage, ni les images de communion solennelle. La fièvre archiviste me saisit. Sous ma dictée, Constance dressa un inventaire, et quand nous arrivâmes au fond du coffret, il était là, tel que dans ma mémoire, la moustache en croc, portant la blouse et le béret, mi-artisan, mi-artiste, en équilibre sur un échafaudage, Raoul !

Était-ce une bonne idée de tomber amoureux en 1914 ?

Son histoire, que lui-même intitula *Notre roman d'amour*, est le socle de ma famille. Elle a fourni le scénario sur lequel j'ai écrit mes romans en surimpression, et je sais qu'en me mariant, j'ai pensé : « 19 ans, l'âge de Cécile ! »

Ce roman a été écrit au crayon gris dans un carnet à la reliure effilochée. C'est l'histoire d'un homme qui tombe amoureux d'une inconnue en grand deuil s'arrêtant par hasard devant la vitrine de son atelier. Tandis que nous explorions le coffret, ma fille et moi, Pierre, mon mari, décida de dactylographier le texte avant qu'il s'effaçât. Nous sommes au printemps 1914, dans la ville du Havre.

J'étais depuis quelques mois installé dans cette maison de la rue Victor-Hugo où j'exerce encore l'art de la sculpture ; c'était à mon retour du service militaire.

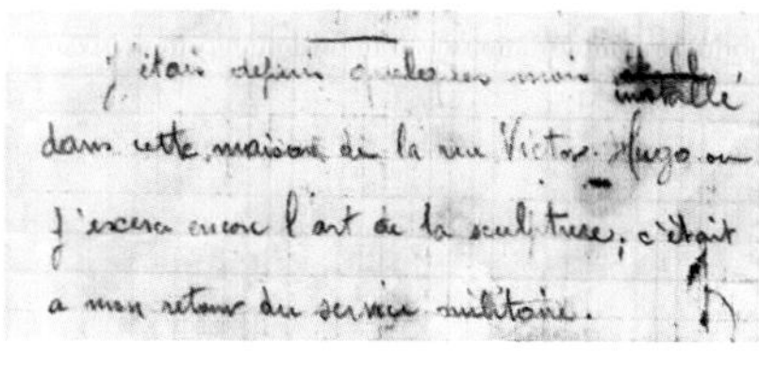
j'étais depuis quelques mois installé
dans cette maison de la rue Victor-Hugo où
j'exerce encore l'art de la sculpture, c'était
à mon retour du service militaire.

Après 2 longues années passées au service de la patrie, je sentais en moi comme un renouveau, un besoin d'agir. Au bout de très peu de temps d'ailleurs les affaires un peu difficiles au début se montraient sous un jour plus favorable, j'espérais réussir assez facilement et sortir vainqueur dans la lutte pour la vie.

Le jeune homme qui parle avec cette assurance pose au centre du groupe, pipe à la bouche. Partout où il passe, il crée la surprise. Le jour de la photographie, il a fait sortir de terre une sirène. Il s'appelle Raoul Barrois, il a 24 ans, c'est un ancien élève des Beaux-Arts du Havre. Ses talents sont multiples. J'ai grandi au milieu des meubles qu'il a fabriqués, chaises à haut dossier sculptées de dragons, de lions et de princesses, lourds vaisseliers de bois sombre dans le style gothique flamboyant, ou gracieuse vitrine ornée d'angelots. Le jeune artiste pouvait tout aussi bien sculpter un buste dans l'albâtre que ciseler des bijoux en ivoire dans le creux de sa main. En cette année 1914, écrit-il, *Je n'avais en tête aucune idée matrimoniale, bien au contraire je répétais à tout venant mon désir de rester libre le plus longtemps possible et si l'on m'objectait que bien d'autres avant moi s'étaient mariés très jeunes quoique ayant tenu mon même raisonnement, un sourire de pitié plissait mes lèvres et je me contentais de hausser les épaules. Pourquoi me serais-je marié, n'étais-je donc pas heureux, que me fallait-il de plus ? J'avais habitant avec moi mes bons parents et ma jeune sœur qui s'attachaient à me rendre la vie douce, paisible, entouré de prévenances continuelles et de soins touchants.* Les bons parents dont il est question s'appellent Théophile et Florentine Barrois. Théophile, mon arrière-grand-père, est resté dans ma mémoire pour avoir prononcé cette sentence impérissable : « Il vaut mieux suer que de trembler », que maman utilisait pour nous faire mettre un tricot supplémentaire. Théophile et Florentine ont eu quatre enfants, un garçon et trois filles. J'ignore dans quel ordre naquirent les aînées, Fernande et Suzanne ; en 1914 restaient sous le toit parental les deux plus jeunes, Raoul et Louise, dite Louisette.

J'avais l'habitude après mon repas de midi d'aller griller quelques cigarettes dans l'atelier en regardant le mouvement de la rue, cinéma de la vie qui m'intéresse toujours. Parfois les passants jetaient un regard distrait sur les objets d'art exposés en vitrine, d'autres plus curieux ou plus artistes faisaient devant le magasin de longues pauses, discutant un détail ou émettant d'un air connaisseur un avis plus ou moins juste. Ici se place l'incident qui devait bouleverser ma vie. Un midi que je grillais une agréable cigarette, deux jeunes filles vêtues de noir, voilées d'un deuil récent s'arrêtèrent devant mes travaux, paraissant s'intéresser vivement à chaque chose. Quoique je ne puisse distinguer le visage de l'aînée je devinais sous l'épaisseur du voile un visage angélique de toute beauté. La plus jeune seule sembla me remarquer. Après avoir regardé tout en détail, elles partirent d'un pas égal et lent ; j'avais ouvert la porte et les regardais s'en aller admirant de l'aînée la sveltesse et les formes splendides que dissimulait à peine un long paletot ; elles avaient disparu depuis longtemps déjà que j'étais encore à la même place ayant devant les yeux la vision de la jolie créature.

Après une nuit « hantée par le délicieux fantôme », le jeune Raoul se confie à son apprenti qui se propose pour rechercher « la belle inconnue ». D'ailleurs sans résultat. Mais quelques jours plus tard, alors qu'il ne croyait plus la chose possible, revoilà les deux jeunes filles qui s'arrêtent quelques instants devant son magasin. Comme lors du premier passage, il est 1 h 25. La plus jeune des deux lui coule un regard malicieux tandis que l'aînée semble ne regarder que les sculptures en vitrine. Pourtant...

Avant de partir elle leva les yeux et je ne sais quel effet je lui produisis mais elle parut surprise de ma présence et réprimant un air railleur elle disparut. Plus de doute, j'étais amoureux, mais amoureux vraiment, non plus les petites passionnettes de jeunesse, mais je sentais en mon cœur un amour violent, en ma chair une passion profonde, et je rêvais malgré moi à d'éternelles amours. Tous les jours à 1 h 25, j'attendais la muse de mes rêves mais elle ne passait plus. Les semaines succédèrent aux jours et toujours rien, mon humeur changeait, mon travail ne m'intéressait plus, j'étais enclin aux longues rêveries et ne trouvais même plus de repos dans le sommeil car elle tourmentait de sa beauté et de sa grâce féline tous mes rêves. Puis un jour que sur ma porte je guettais son passage, je la vis déboucher d'une rue prochaine. Je reconnus de suite sa gracieuse silhouette. Elle ne portait plus de voile, élégamment rejeté en arrière ; elle découvrait à mes yeux ravis sa beauté régulière, ses grands yeux ombrés, son front pur où retombent de délicates frisettes l'encadrant comme une auréole, son nez légèrement busqué aux narines frémissantes, ses belles lèvres sensuelles et l'ovale parfait de son beau visage.

Je n'osai rester sur ma porte et je rentrai, intimidé. Elle ne s'arrêta pas mais à travers la glace son regard vint jusqu'à moi, incendiant mon être d'effluves d'amour. J'en restais abasourdi ne sachant que penser. Que voulait-il dire ce regard, était-ce simple curiosité, bravade, était-il moqueur ou sincère ? Je pris le parti de lui faire parvenir dès le lendemain une déclaration d'amour enfermée dans quelques vers que je préparai à la hâte. Pour mener à bien l'opération, je confiai ma missive à mon jeune apprenti, lui enjoignant sitôt le passage de ma bien-aimée de la rejoindre

Photo de Cécile trouvée dans le coffret

et lui transmettre de ma part le message d'amour. Mon petit facteur me rendit compte de sa mission aussitôt ; il avait remis le billet d'amour à la plus jeune la priant de le remettre à sa sœur aînée. Sachant le message aux mains de celle que j'aimais, j'eus peur de la réponse, peut-être même ne répondrait-elle jamais.

Mon mari, qui me relit, trouve que j'ai tort de céder si largement la place à ce narrateur secondaire qu'est Raoul. « Le personnage principal, c'est toi, me dit-il, il ne faut pas qu'on perde ta voix. » Si j'éprouve des difficultés à rester aux commandes de mon récit, c'est que je me laisse subjuguer par la « grâce féline » et les « effluves d'amour ». Il y a conflit d'intérêts entre la lectrice et l'écrivain. Mais je vais reprendre la main.

*

Au décès de mon père en 2010, nous avons dû, ma sœur et moi, vider l'appartement du 40, rue de Bretagne à Paris, là où nous avions passé la majeure partie de notre enfance, et nos parents la dernière partie de leur vie. Ouvrant une porte de placard en hauteur, Elvire aperçut des albums de photos et des boîtes en carton et se tourna vers moi : « Tu les veux ? » J'ai jeté un coup d'œil aux photos et entrouvert les boîtes, qui contenaient des liasses de lettres serrées par des ficelles, avant de laisser le tout dans l'atelier de notre père à Bonny-sur-Loire, repoussant l'examen que je voulais en faire à ce moment de la vie, très improbable, qu'on désigne communément par les mots « quand j'aurai le temps ». Mais comme actuellement j'ai tout mon temps puisque je n'écris plus, j'ai commencé l'expertise des boîtes et, d'un coup de ciseaux, j'ai rompu le lien qui enserrait l'une des correspondances. J'ai eu un mouvement d'incrédulité en découvrant le billet d'amour que le petit facteur de Raoul remit à la belle inconnue. Il est là, sous mes yeux, un mince rectangle de papier où Raoul a griffonné à la diable un sonnet qui commence par…

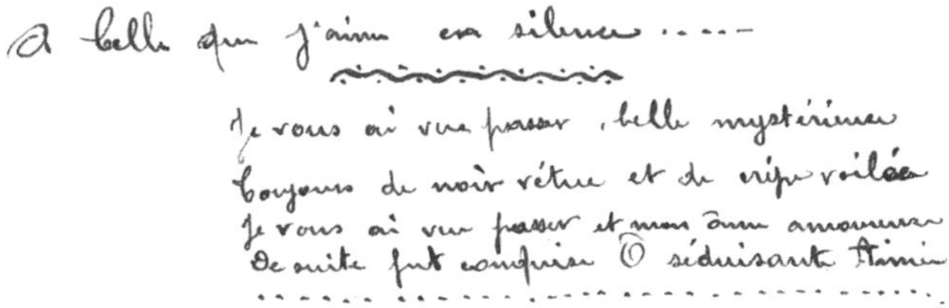
A belle que j'aime en silence.....
Je vous ai vue passer, belle mystérieuse
Toujours de noir vêtue et de crêpe voilée
Je vous ai vue passer et mon âme amoureuse
De suite fut conquise Ô séduisante Aimée

Je vous ai vue passer, belle mystérieuse
Toujours de noir vêtue et de crêpe voilée
Je vous ai vue passer et mon âme amoureuse
De suite fut conquise Ô séduisante Aimée.

Le sonnet se conclut sur une audacieuse diérèse :

Devant tant de beauté, de grâce captivante
Voluptueusement ma chair a frissonné.

Pour le cas où l'adorable passante n'aurait pas saisi ses intentions, Raoul demande un rendez-vous. *Par pitié, délicieuse Inconnue, si je ne vous suis pas totalement indifférent, soyez assez bonne pour vous trouver si possible ce soir à 8 heures près de la statue de Bernardin de Saint-Pierre.* Tout est prévu, Raoul oublie seulement de signer. *Je ne restai pas longtemps dans ~~l'inquiétude~~ l'angoisse,* se reprend-il dans son carnet. *¼ d'heure après la réception de la lettre, la jeune sœur m'apporta la réponse.* Celle-ci est sans doute dans le style : « Monsieur, je ne sais pas qui vous êtes. » Elle est signée d'un simple C., et Raoul cherche à deviner : Claire, Clotilde…

Je lus, relus et compris alors combien je fus maladroit et téméraire, poussant la présomption jusqu'à ne point signer ma déclaration ; malgré tout, il me restait encore un rayon d'espoir. Écrire une seconde lettre, me montrer suppliant et définir le but de mes avances. Or le papier qui enserre le petit billet amoureux n'est autre que la lettre d'excuses pliée en quatre ! Pour donner un gage de sérieux, Raoul a choisi d'écrire sur le papier à en-tête de son magasin.

Mademoiselle, oui je le reconnais, je n'ai pas su vous faire comprendre, je n'ai pas su vous dépeindre mon amour, je vous parais ridicule ; depuis longtemps je retardais l'aveu que je viens de faire si bêtement. Vous voudriez que celui qui osa vous écrire se fît connaître plus entièrement, c'est juste mais excusez une âme d'artiste adorant trop le romanesque côté des choses et délaissant de bonne foi d'ailleurs le côté pratique.

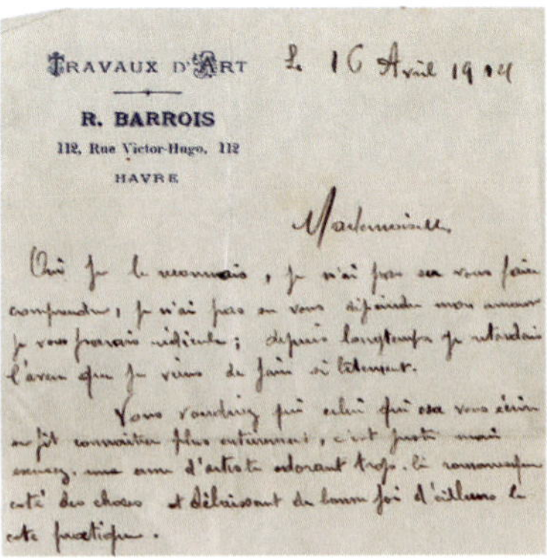
TRAVAUX D'ART

R. BARROIS

112, Rue Victor-Hugo, 112

HAVRE

Le 16 Avril 1914

Mademoiselle

Qui je suis ? Il est très difficile de parler de soi. Qui je suis, un humble soupirant dont le cœur est libre, dont la situation est intéressante quoique modeste et qui de l'avis de certains a beaucoup d'avenir. Après avoir signé,

Raoul précise dans un post-scriptum qui fait malgré tout honneur à son côté pratique : *Pour me permettre une déclaration plus franche et plus facile dites si je pourrais vous voir ne fût-ce que quelques minutes à un endroit que vous me désignerez.* Comme il l'écrit avec un peu de fatuité, la réponse à sa lettre ne se fait pas attendre, et rendez-vous lui est donné pour le soir même. Cécile est assez libre de ses mouvements, elle vient de perdre son père et elle doit ramener de l'argent à la maison en faisant des journées de couture à l'extérieur. Raoul eût été quelque Valmont, Cécile était pour lui une proie facile. Mais comme il l'avoue, Raoul est hardi surtout par écrit.

Les quelques heures qui précédèrent mon rendez-vous me furent tour à tour douces et angoissantes ; je répétais mentalement les phrases amoureuses qui te séduiraient et quand vint l'heure tant attendue je me dirigeai vers toi, la gorge serrée, presque timide. Sans y prendre garde, Raoul s'est mis à tutoyer son héroïne. *Quand j'arrivai, tu étais déjà là, je te saluai profondément, très troublé et la glace rompue, nous partîmes en causant en direction de la Bourse. C'est toi qui fis tous les frais de la conversation, je dus te paraître stupide, au contraire toi très à ton aise tu m'entretins des habitudes de la famille, ton père, ton travail, etc. Plusieurs fois, j'essayai d'amener la conversation sur un sujet plus amoureux mais je fus si maladroit que mes tentatives furent toutes couronnées d'insuccès et puis je ne sais pourquoi tu avais à mon égard une pointe de méfiance.*

Je ne m'étendrai pas plus longuement sur ce rendez-vous qui fut pour moi très pénible. Tu me quittas pour aller chez ta grand-mère me laissant de toi une impression fausse. Je te croyais frivole, inconséquente et moqueuse.

Tu ne vins pas le samedi, le dimanche me parut interminable et le lundi soir j'allai au deuxième rendez-vous l'âme triste et découragée. Nous arrivâmes ensemble, ton bonjour me parut plus cordial quand même. Comme au précédent rendez-vous nous causâmes de choses banales qui m'ennuyaient. Je parvins timidement à te parler d'amour mais chaque déclaration nouvelle amenait l'ironie sur tes lèvres, et les paroles moqueuses ne tarissaient pas. En te quittant ce soir-là, j'implorai l'amour d'un baiser ; impitoyable tu me le refusas et je partis, le cœur gros.

Au troisième rendez-vous avec mademoiselle Cécile Koch (prononcez « Coq »), Raoul s'enhardit jusqu'à glisser un bras autour de la taille si fine, et la jeune fille lui murmure : « Soulevez mon voile. »

Tu autorisas quelques baisers auxquels tes lèvres répondaient mal et quand je pris congé de toi je me sentais le cœur plus léger et je passai une nuit délicieusement troublée de rêves amoureux. Je te vis par la suite tous les soirs, tes baisers se firent plus doux mais les paroles moqueuses s'exhalaient de tes lèvres. Un soir qu'en te quittant je te murmurai passionnément à l'oreille « Je vous aime », tu répondis en riant « N'en mourez pas ». Je résolus puisque tu étais si méchante de ne plus te dire « Je vous aime ». Les deux jeunes gens se taquinent au risque de rompre. *Un soir que Denise était avec nous, notre entretien devint plus léger et mutuellement nous nous raillâmes, exagérant nos défauts à plaisir, nous attribuant tous les vices de la Terre. J'avais pris le parti de répondre à tes moqueries par d'autres moqueries. Intentionnellement, je chatouillai le fond de ta petite menotte avec mon doigt, tu compris l'allusion et me défendis formellement de recommencer, à quoi je m'empressai de désobéir. Tu me transformais,* *moi qui voulais être le* *** (mot illisible) *amoureux, je devenais le libertin et te traitais par ta faute un peu légèrement.* Raoul apprend bientôt de la bouche de la jeune fille qu'elle est juive. *Je me rappelle t'avoir appelée « ma belle juive » et fait un éloge flatteur des jolies filles d'Israël.*

Comme Raoul raconte ses promenades amoureuses en citant les noms des rues et des monuments, je me suis offert *Le Havre en photographies.* Voici la place Gambetta et le tramway dans lequel monta Cécile. Elle lui fit par la fenêtre un petit geste de la main en cachette de la famille. *J'en fus heureux quoiqu'un peu triste parce que sans moi tu allais t'amuser avec d'autres jeunes gens et malgré moi j'étais un peu jaloux.* Jusque-là, l'écriture de Raoul déroulait paisiblement le récit de ses amours. Mais on entre

dans la tourmente des sentiments contradictoires, que je découvre sous les ratures.

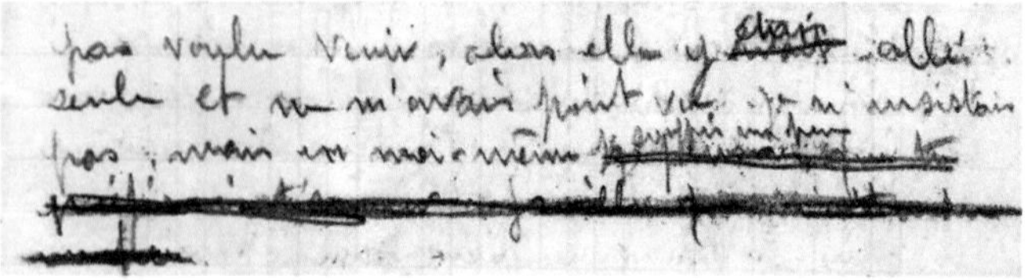

Accompagné de sa petite sœur Louisette, le jeune homme file ce jour-là au rendez-vous que Cécile lui a fixé à un certain endroit du bois. *Nous nous promenâmes et nous revînmes souvent au rendez-vous mais en vain ~~tu n'avais pas jugé utile de te déranger~~. 6 h sonnèrent puis 6 h ½, la cloche du Bois annonça la fermeture et toujours rien.* Mécontent de son après-midi, alors qu'il est presque rentré chez lui, Raoul aperçoit au loin la famille Koch, revenant tranquillement de promenade ! Denise le reconnaît et avertit sa sœur. Toutes deux s'éclipsent adroitement et rejoignent Raoul place du Vieux-Marché. *Je te demandai pourquoi tu n'étais pas venue au rendez-vous de l'après-midi ; ce fut Denise qui répondit que tu n'avais pas voulu venir. Alors elle y était allée seule et ne m'avait point vu. Je n'insistai pas, mais en moi-même ~~je pensai que tu préférais t'amuser en famille que m'attendre un peu~~ je souffris un peu.*

C'est tellement incroyable à un siècle de distance de sentir la plume de Raoul qui se laisse aller à exprimer ses griefs, puis qui les rature et qui les adoucit, ajoutant même au bas de la page comme en repentir :

J'ai un charmant grand-père de 24 ans.

Une autre fois, je ne sais quel malheureux hasard me fit ramasser une pomme de terre, je me mis en devoir de la creuser de mon ongle tout en réfléchissant, mais sans penser à mal. Comme je ne m'occupais pas de toi, ne te causant pas, tu en pris ombrage et te mis à bouder. Étonné à mon tour de te voir silencieuse, te croyant fâchée mais ne comprenant pas pourquoi, je ne voulus pas entamer le premier la conversation ; nous marchâmes longtemps ainsi, fâchés mais sans aucun motif. Aussi à la hauteur de la rue Bazan tu me dis très sèchement : « Ce n'est peut-être pas la peine que vous alliez plus loin, il pleut. » Comme depuis une heure je recevais de l'eau, je ne risquais rien d'aller jusqu'à ta porte, je te le fis remarquer et une explication un peu froide s'engagea entre nous, ce fut le premier nuage au ciel de notre amour. Nous fûmes malgré tout vivement réconciliés car si nos bouches disaient de vilaines choses, nos cœurs étaient d'accord.

Une autre fois encore, Raoul se livre à une course-poursuite, Cécile et sa petite sœur prenant le tramway en famille tandis que lui s'épuise à les suivre en *bycyclette* ou en *byciclette*, l'orthographe variant avec les suées qu'il attrape. Lucie, sœur aînée de Cécile, le remarque et le *regarde suffisamment pour le reconnaître*. Arrivé au bois, Raoul repère le papillon sur le chapeau de Denise et continue de suivre les deux filles qui marchent en avant de la famille.

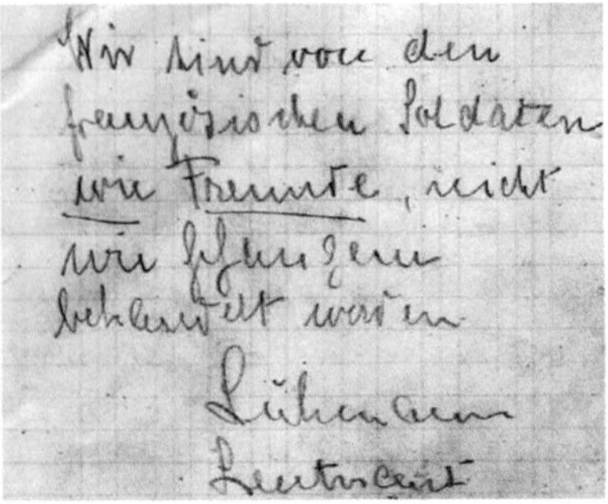
Wir sind von den
französischen Soldaten
wie Freunde, nicht
wie Gefangene
behandelt worden
Lühmann
Leutnant

« Nous avons été traités par les soldats français comme des amis, non comme des prisonniers. Lieutenant Lühmann »

Il y a ensuite dans le roman d'amour une page intercalée écrite en allemand d'une autre main que celle de Raoul.

Quand Raoul reprend son récit, les deux filles et lui ont laissé passer le reste de la famille en se dissimulant derrière une haie, et Denise en profite, tandis que les amoureux s'embrassent, pour essayer la bicyclette.

Cécile travaille alors chez une demoiselle Noël, couturière rue de La Mailleraye, et Raoul prend l'habitude de l'escorter jusqu'à l'atelier en lui donnant rendez-vous devant le Muséum. Ils multiplient les ruses et les détours pour éviter les regards indiscrets, se faisant parfois surprendre. *Te souvient-il de ce jour où cherchant un refuge nous nous trouvâmes près de la plage, sur la rampe où sont élevés quelques chalets faisant face à la mer ? Nos lèvres s'unissaient violemment et notre amour se donnait libre cours lorsque levant les yeux nous aperçûmes à la fenêtre d'une villa un homme que notre manège amoureux semblait fort amuser.*

Raoul s'épuise à ce petit jeu. Il voudrait avoir Cécile pour lui seul tout un après-midi. *Après bien des hésitations tu promis de satisfaire mon désir qui était aussi le tien. Grâce à un stratagème que tu imaginas, par une belle journée de printemps, nous avons pris cette route qui emprunte et coupe plusieurs fois le jardin des soupirs pour aboutir sur la côte.* Comme nous sommes au Havre, la « belle journée de printemps » est ponctuée d'averses. *Quelques gouttes d'eau nous obligèrent à nous mettre à l'abri dans une guinguette. Quand après avoir dégusté un peu de bière et beaucoup de baisers la pluie se fut apaisée, nous reprîmes notre route. À quelques mètres des phares la pluie se remit à tomber, nous entrâmes dans une de ces petites baraques où l'on sert les collations champêtres arrosées de cidre. Tu entrepris au cours de notre dînette de me montrer dans une crevette des choses extraordinaires. Je vis en effet Adam et Ève en costume de bain, tu étais gentille comme un amour et très amusante.*

Cécile sort ensuite son ouvrage, un corsage qui nécessite quelques finitions, tandis que Raoul grille une cigarette. *Mais comme nous avions bien autre chose à faire tu laissas sans regret la cantine pour les caresses. Un peu lasse je vis tes beaux yeux se fermer et comme un bébé tu t'endormis dans mes bras. J'embrassai alors ton petit visage adoré, tes beaux cheveux, tes frisettes bouclées, tes yeux chéris je poussai même l'indiscrétion plus loin. Délicatement, dans la crainte de t'éveiller, je dégrafai le haut de ton corsage et je fus ébloui par la blancheur nacrée de ta belle chair mais hélas j'arrêtai là ma perquisition tu ouvrais les yeux et ne parus point t'apercevoir de ma curiosité.*

Un samedi où Cécile ne vient pas au rendez-vous, Raoul imagine « toutes sortes d'horribles choses » qui n'ont pas lieu d'être, puisqu'elle s'est trouvée coincée à l'atelier de couture avec un travail urgent à terminer. Mais ce rendez-vous manqué précipite ce qui suit. *Très souvent, un peu inquiète, tu avais cherché à savoir quelles étaient mes intentions. Je te répondais évasivement. Tu n'insistais jamais, mais je comprenais que tu n'étais pas satisfaite. Aussi cette matinée tu me mis en demeure de m'expliquer franchement. Comme avant de m'engager à fond je voulais te connaître parfaitement, j'exagérai les difficultés en te demandant un délai d'un an, un an et demi, t'expliquant que, débutant, j'avais à mettre mes affaires en règle avant de me marier. Tu m'écoutas très gentiment et je vis à ton beau sourire que tu étais prête à tout pour mon amour. Alors que je craignais de t'avoir découragée en te demandant une si longue attente, je vis avec bonheur que tu saurais patienter. Tu me mis au pied du mur me demandant si tu pouvais faire part à ta mère de mes déclarations, ce à quoi sans hésiter je répondis « oui ». Tu me dis encore cette chose, voulant profiter de ton avantage : « Selon ce que ma mère répondra, je vous présenterai, trouvez-vous à 2 h au kiosque des tramways du Cimetière. »*

Naturellement : *Quand j'arrivai au rendez-vous la pluie tombait à verse. J'attendis un peu scrutant du regard ton arrivée. Je te vis enfin d'abord toi et Denise ayant chacune un parapluie et derrière Lucie et son fiancé Maurice. Après quelques poignées de main, tu me fis comprendre que l'on ne pouvait se promener d'un temps aussi affreux et que vous aviez résolu que l'on passerait l'après-midi à jouer aux cartes chez toi. Ta mère me fit une excellente impression, elle fut d'ailleurs charmante et je fus bien à mon aise. On apporta une table et des cartes et une partie acharnée s'engagea. Nous prîmes beaucoup de plaisir à jouer et sous la table nos pieds ne se quittaient pas, c'est ce que nous avions de mieux à faire n'osant devant les tiers nous embrasser. Je voyais à tes yeux combien ton bonheur était grand. Ton rêve se réalisait, moi aussi j'étais heureux. Une chose me manquait : tes lèvres. T'avoir si près de moi et ne pas t'embrasser, c'était vraiment dur.*

*

Qui sont-ils, ces Koch, au nom peu cauchois, chez lesquels Raoul s'est si vite implanté ? Tout d'abord, ils sont cinq, une veuve et ses quatre enfants. Quatre jeunes gens qui, les dimanches pluvieux, « jouent gros jeu aux jetons » à la maison, puis profitent d'une éclaircie pour aller chez le gargotier manger de la brioche et faire de la balançoire au bois. Dans l'ordre de naissance, Marcel, Lucie, Cécile et Denise. Lorsque Raoul fait la connaissance de la famille Koch, le seul homme de la maison est Maurice, le fiancé de Lucie, car Marcel, 22 ans, fait son service militaire et se trouve, par les hasards de l'affectation, en garnison à Verdun. Cette photo montre la fratrie Koch

De gauche à droite : Lucie, Denise, Cécile et Marcel

quelques années plus tard, puisque Marcel porte la croix de guerre.

Maman, pour me donner une idée du caractère des trois sœurs, m'avait dit que, lorsqu'elles faisaient la vaisselle, Cécile lavait, Denise essuyait et Lucie rangeait. Cette dernière était connue pour son parler cru. Elle s'était rendue fameuse, un jour que le chien de la maison demandait à sortir, en s'écriant, excédée : « Mais sortez-le ! Vous voyez bien qu'il a la pisse au bout du rouleau ! »

J'ignore quel était le niveau d'instruction des enfants Koch, mais leur façon de s'exprimer par écrit est très contrastée. J'ai retrouvé dans le coffret une lettre de Lucie à ma grand-mère en date du 7 juillet 1953. Sa grande écriture penchée couvre hâtivement quatre feuillets, son orthographe et ses préoccupations ont un côté brut de décoffrage. *Si j'ai tarder à t'écrire c'est que je voulais être fixé pour nos vacances un collège à Maurice ayant était en Juin en Espagne nous a donner une adresse. La pension est de 100 pesetas par jour par personne tout compris même la boisson.* Cependant, quand Marcel écrivit pour accueillir Raoul dans la famille Koch, il le fit dans des termes ronflants qui correspondent à sa pose avantageuse sur la photo. *Mon cher ami, soyez persuadé que c'est un honneur que vous avez bien voulu nous faire en demandant la main de Cécile et je suis heureux de pouvoir vous souhaiter avec mes respectueux compliments la bienvenue dans la famille.*

Signé :

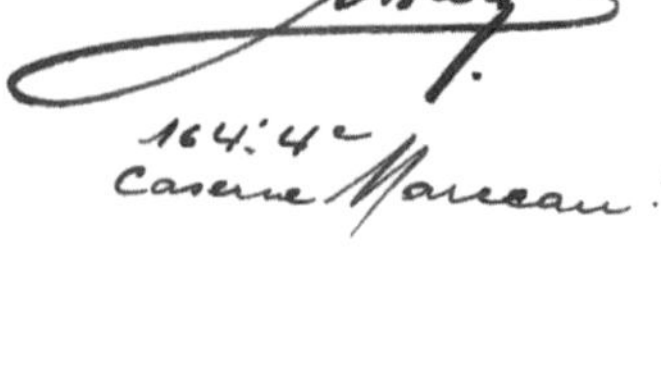

Cécile prévint très vite son soupirant qu'elle était juive, ce qui pouvait constituer un obstacle à leur union, mais lui dit-elle toute la vérité au sujet de sa famille ? Raoul a-t-il jamais appris que Denise, bien que sœur des trois autres, ne s'appelait pas Koch comme eux ? J'imagine qu'il y a dans chaque famille un squelette dans le placard, mais celui-ci était de nature à décourager quelqu'un de moins épris ou de plus conformiste que Raoul. C'est une histoire d'amour à sa façon, plus rocambolesque que romantique, que maman me raconta, mi-rieuse, mi-gênée, le jour où elle ouvrit pour moi le coffret. Tout commence avec ce papier déchiré aux endroits des pliures et qui porte les marques de tentatives de scotchage.

C'est un acte d'engagement volontaire chez les zouaves, contracté le 17 août 1870, par un certain Isaac Koch de 22 ans, domicilié à Strasbourg, coupeur de chemises de son état. Les Prussiens viennent d'envahir l'Alsace et la Lorraine. Les habitants ont le choix entre devenir prussiens ou déguerpir. Isaac fit son baluchon, selon les mots de maman, et si je lis bien le document, ce fut pour « servir dans l'armée française pendant la durée de la guerre ». Ce document m'ayant appris qu'Isaac était né à Haguenau, j'ai écrit aux archives

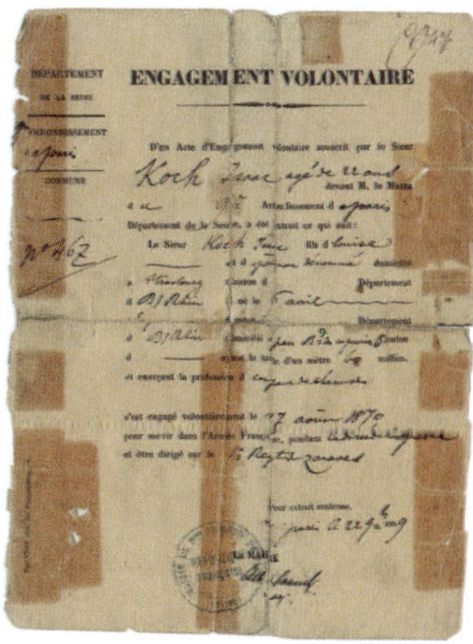
DÉPARTEMENT DE LA SEINE

ARRONDISSEMENT

COMMUNE

ENGAGEMENT VOLONTAIRE

D'un Acte d'Engagement volontaire souscrit par le Sieur Koch Isaac âgé de 22 ans devant M. le Maire

Département de la Seine, a été extrait ce qui suit :

Le Sieur Koch Isaac fils d

Canton d Département

né le

Département

Commune

ayant la taille d'un mètre millim.

et exerçant la profession d

s'est engagé volontairement le 17 août 1870 pour servir dans l'Armée Française pendant

et être dirigé sur le Reg. de zouaves

Pour extrait conforme,

Le Maire

municipales de cette ville pour obtenir son acte de naissance. Renvoyée à leur site Internet, j'ai pu découvrir que mon arrière-grand-père était un fils naturel, non reconnu. À sa naissance, le 7 avril 1848, sa mère, Louise Koch, avait 27 ans. Elle-même était native de Langensoultzbach. J'aime ce nom qui rebondit comme l'eau du torrent frappant les pierres. Une mystérieuse mention écrite à la main indique que « cet enfant a été élevé par la veuve *** (nom indéchiffrable) ». Suit la date du 8 avril 1854. Isaac avait 6 ans. A-t-il été abandonné, placé ? Était-il devenu orphelin ? Ma seule certitude, parce que j'ai le papier entre les mains, c'est qu'il a demandé un certificat de nationalité française en octobre 1889 pour pouvoir épouser Blanche Legros. 1889 moins 1848 = il avait 41 ans. Quant à Blanche, née au Havre le 31 octobre 1872 d'Hippolyte Legros et Marie-Léocadie Quesnel, elle avait 1889 moins 1872 = … 17 ans. Une photo du coffret me la découvre « en cheveux », avec ses pommettes hautes, son demi-sourire aux lèvres sensuelles, et ses sourcils en pente. Pourquoi cette jolie fille de 17 ans, élevée dans la religion catholique, a-t-elle épousé un homme qui pouvait être considéré comme âgé et qui était de confession juive ?

Maman me fournit des bribes d'explication. Côté maternel, la famille Quesnel, qui avait fait fortune dans l'armement sous Napoléon III, s'était retrouvée ruinée après la guerre de 1870. Le couple Legros n'était donc pas riche, et Isaac, tailleur de son état, paraissait à son aise. D'autre part, les parents Legros étaient embarrassés d'avoir cette jolie fille à caser. Ils avaient peur qu'elle ne fasse une bêtise. Enfin, et pour achever de les décider, Isaac menaça de se suicider sous les fenêtres de Blanche si elle n'acceptait pas sa main.

Cette union fut-elle heureuse ? Ma mère, qui disait pourtant : « On n'est pas dans le secret des ménages », avait sa petite idée. Tout d'abord, Isaac n'était pas si riche que ça. Chargé de couper le linceul de ses coreligionnaires, il rabiotait sur le tissu pour y tailler ses chemises. C'est du moins ce que racontèrent les mauvaises langues quand elles purent se déchaîner.

La plus petite a les yeux veloutés et la bouche pulpeuse de Cécile.

Entre octobre 1892 et septembre 1895, Blanche Koch enchaîna les grossesses, un garçon, puis deux filles. Pour que la descendance sût que, sans être exactement une martyre chrétienne, Blanche avait résisté à son mari, la légende dorée de notre famille rapportait qu'elle lui faisait manger du porc en lui laissant croire que c'était du veau et qu'elle emmenait ses filles à l'église en cachette.

Blanche, de haute taille pour l'époque, était une maîtresse femme, ce qu'une anecdote était censée illustrer. Elle avait enfoncé une porte pour sauver ses enfants du feu. Quand j'écoutais maman me re-raconter l'histoire, j'imaginais une mère échevelée, les bras levés au ciel, accourant vers un bébé, assis dans sa chaise haute, tout près d'une cuisinière où une casserole jette des flammes.

Avec son mètre soixante, signalé sur son acte d'engagement volontaire, Isaac était plus petit que sa femme. J'aurais aimé me faire une idée de lui. Avait-il du charme ? Était-il élégant ? Il n'apparaît nulle part, ni dans le coffret, ni dans les sept albums de photos en ma possession. Rien, rien à me mettre sous la dent. Mais je pense qu'il y a une raison à cela, et la raison, la voici.

Alors que Blanche attendait son quatrième enfant, une femme surgit dans les rues du Havre et vint frapper au 52, rue de Paris, à la porte de la famille Koch. Cette femme apportait le scandale et le déshonneur. Quelque vingt-cinq ans auparavant, Isaac avait quitté son Alsace, mais aussi son épouse. Que s'est-il passé au moment de l'invasion prussienne ? Sa femme a-t-elle refusé de le suivre dans son exil, ou a-t-il profité de l'occasion pour l'abandonner en s'engageant dans l'armée ? Toujours est-il que, ni veuf, ni divorcé, il était bigame, et la bigamie annulait le second mariage. Blanche, devenue *ipso facto* fille-mère, donna son nom de naissance à la petite dernière, Denise, Denise Legros. Quant à Isaac, selon la loi en vigueur en 1914, il encourait la peine des travaux forcés à perpétuité. Mais ici, la transmission du secret de famille tourne court. J'ignore combien de temps il resta en prison et s'il put réparer ses torts. Je sais seulement qu'il mourut au 26, rue Saint-Jacques une quinzaine d'années plus tard, le 8 janvier 1914, à l'âge de 65 ans, laissant à la charge de sa femme un fils sous les drapeaux et trois filles de 20, 18 et 16 ans n'ayant que l'amour en tête. *Et ce petit réduit où nous nous dissimulions pour nous embrasser, dis, petit ange, te souviens-tu ? Le soir tombant, nous sommes rentrés pour le dîner après avoir fait un tour à la foire près de la jetée. Le dîner fut très gai et au café, les cartes en main, nous jouâmes d'innombrables jetons. Vers minuit satisfaits de notre journée nous nous séparâmes avec beaucoup de mal ; je crus voir dans tes yeux que si à ce moment nous avions été mariés, nous aurions passé une nuit d'amour incomparable.* Ainsi s'achève le roman sur un désir tenu en haleine. Mais j'ai pu reconstituer la suite, car ma grand-mère l'avait conservée en pièces détachées.

*

Cécile est baptisée en l'église Notre-Dame du Havre le 24 juillet 1914. Un à un, les enfants Koch se convertiront, Cécile, Lucie et Denise avant de se marier, Marcel aux portes de la mort. La promesse de mariage entre Barrois Raoul-Adrien, sculpteur, et Koch Cécile, sans profession (ce qui ne l'empêche pas de gagner sa vie), est annoncée dans la presse le 2 août. Entre le sonnet à la « belle mystérieuse » et la publication des bans, il s'est écoulé moins de quatre mois.

PROMESSES DE MARIAGES

BARROIS (Raoul-Adrien), sculpteur, rue Victor-Hugo, 112, et KOCH (Cécile), sans profession, rue Saint-Jacques, 26. 2 Août 1914

LAURENT (Lucien-Marie), sous-brigadier des douanes, à Sainte-Adresse, rue d'Ign...val, 22, et EBORGNE (Juliette-Louise), giletière, allée Julien. 7

Le mariage était prévu pour le 22 août. La mobilisation générale est décrétée le 1er. Avant de rejoindre son corps d'armée à Évreux, Raoul fait son testament.

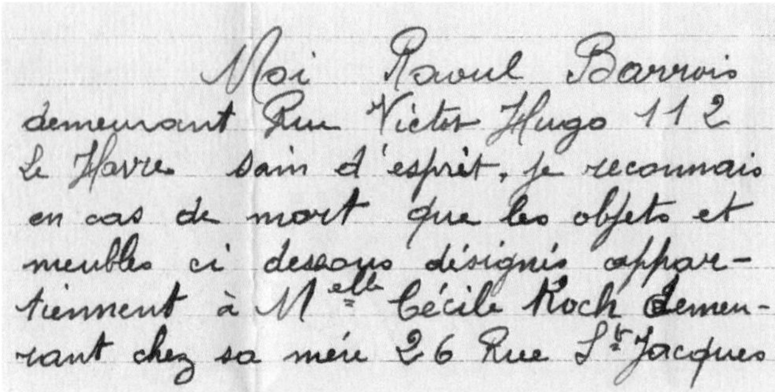
Moi Raoul Barrois
demeurant Rue Victor Hugo 112
Le Havre sain d'esprit, je reconnais
en cas de mort que les objets et
meubles ci dessous désignés appar-
tiennent à Mlle Cécile Koch demeu-
rant chez sa mère 26 Rue St Jacques

Suit une énumération d'objets précieux, puis en conclusion : *Qu'elle veuille bien les accepter en souvenir de celui qui l'aime follement.*

Qu'advint-il de lui ? La réponse était dans la boîte en carton où j'avais précédemment trouvé le billet amoureux. Une cinquantaine de lettres écrites de la main de Raoul, toutes datées, toutes en bon état. J'éprouve une grande satisfaction à avoir archivé chacune d'elles sous feuillet plastifié dans un classeur noir aux crocs d'acier.

Depuis quelques jours je garde sur mon bureau Raoul et Cécile ressuscités.

« Que restera-t-il de nous / Quand nous ne serons plus là / Sinon des chansons d'amour[1] ? »

Le 3 août 1914, Cécile et Raoul sont séparés sur un quai de gare à Harfleur. Pour savoir ce qu'il advint d'eux, je n'avais jusqu'à ces derniers mois que trois documents en ma possession, ceux qui se trouvaient dans le coffret. Premièrement, le fascicule de mobilisation du soldat Barrois, classe 1910, avec son ordre de route pour la caserne Amey d'Évreux. Il est indiqué que « le porteur du présent ordre se mettra en route sans attendre », qu'il « voyagera gratuitement par chemin de fer » et « emportera de chez lui des vivres pour un jour ». Deuxièmement, cette carte postale qui portait au dos l'écriture de Cécile : *En souvenir de l'acte généreux que tu as accompli sur le champ de bataille en soulageant un ennemi.*

Troisièmement, le carnet noir, puisque à la suite du roman d'amour Raoul écrivit un texte intitulé *Trois*

1. « … Qui feront entendre nos voix / À ceux qui vivront / Dans les siècles qui viendront », Diane Dufresne.

jours en guerre. Il est dédié *À ma Cylette chérie* et commence abruptement.

Dimanche 6 septembre. *Minuit. Je suis réveillé par les appels répétés du clairon. « Tout l'monde en bas ! » À peine vêtus, nous descendons dans la cour où nous apprenons que le Dépôt part dans la nuit, et à notre étonnement nous touchons vivres et cartouches pour 5 jours. « Où allons-nous ? » Cette question est sur toutes les bouches. Après avoir piétiné 4 heures de temps dans le quartier, nous montons à la gare où nous embarquons pour une destination inconnue. Le train roule, sur tous les visages se reflète l'inquiétude, l'on cause peu, quelques-uns s'endorment, moi je rêve au passé. Arrêt à Achères à 20 km de Paris. Il y a beaucoup de troupes ici et les bruits les plus fantastiques circulent, « 100 000 Prussiens faits prisonniers », « Les cosaques à Paris », etc. Les gens nous saluent de la main, quelques-uns nous offrent des cigarettes. Dans les yeux des bonnes vieilles qui nous voient passer, on lit la peine, leurs lèvres murmurent « Pauvres gars ». Nous leur rappelons un fils, un frère, dont elles attendent des nouvelles.*

Lundi 7 septembre. *2 h du matin. Un brusque cahot me réveille. « Où sommes-nous ? » Noisy-le-Sec. Plus de doutes, nous allons au feu combler les vides faits par la mitraille ennemie ; nous avons déjà tous accepté notre sort et pour cacher l'angoisse intérieure il faut rire, bon sang, les blagues s'envolent et nous ne tarissons plus, c'est un vrai miracle, avec le jour qui vient, la gaieté est éclose. Rire pour oublier, vivre l'heure. Mais moi, je n'oublie pas. J'essaie de rire, mes yeux sont humides, je ne suis pas lâche mais je t'aime.*

Jusque-là, Raoul, comme il le dit, « sent la guerre », voyant passer des cavaliers couverts de poussière, des débris de régiments qui reviennent du front, se traînant plus qu'ils ne marchent. Mais à sa descente du train, à Nogent-sur-Seine, Raoul entend un capitaine, le bras déchiqueté, qui crie aux arrivants : « Vous pouvez y aller, les gars, ils reculent ! »

En effet nous y allons. Sac au dos, la chanson aux lèvres et en avant tu dormiras une autre fois ! Nous passons Villenauxe, abandonné par les Prussiens en retraite, et voici le champ de bataille d'hier. Quelle horreur ! Le premier cadavre est celui d'un cheval, pauvre bête, les pattes roides, l'œil vitreux, qu'il est triste à voir. Il faut s'y habituer et comme l'on n'a pas le temps de les enterrer il y en a partout, on ne les regarde plus. La plupart meurent d'épuisement, un cheval qui ne peut plus marcher est abandonné sur le côté de la route et là, de fatigue, de soif, de faim, il meurt et s'abat en quelques heures, des hommes l'enterreront plus tard, en attendant il pourrit et sème dans l'air une odeur épouvantable.

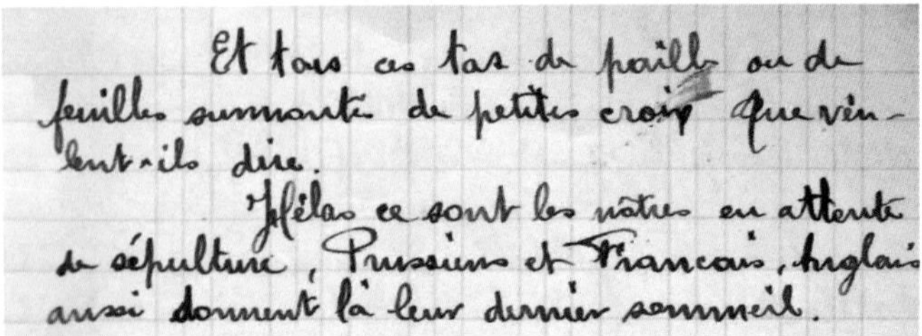
Et tous ces tas de paille ou de feuilles surmontés de petites croix que veulent-ils dire.

Hélas ce sont les nôtres en attente de sépulture, Prussiens et Français, Anglais aussi donnent là leur dernier sommeil.

La marche forcée continue, ponctuée de macabres découvertes. Là, un pantalon rouge ensanglantant l'herbe ! Vite, Raoul se précipite. Le pauvre garçon, le visage noirci de sang séché, a été tué d'une balle dans l'œil. Raoul le fouille, c'est un Rouennais, un réserviste. Et plus loin, c'est l'horreur absolue : un immense champ de trêfles, où plus de mille Prussiens sont tombés, fauchés par les mitrailleuses. Dans la ville voisine d'Esternay, dont les maisons flambent, une mère crie son désespoir. Quatre jeunes filles sont mortes, tuées par les Prussiens. Seule trace de haine dans le carnet de Raoul : *Nous voulons nous battre*, écrit-il, *où sont-ils ces lâches, ces bandits égorgeurs d'enfants, violenteurs de femmes ?*

Les régiments prennent leurs positions de combat. Celui de Raoul, le 28e, est en seconde ligne, donc peu exposé. Mais quel vacarme ! *Aux feux de salve des fusils répond le crépitement des mitrailleuses, les clairons sonnent la charge, et le tout est dominé par l'énorme voix du canon.* Les Allemands se sont enfuis, abandonnant morts et blessés, et le 28e est chargé de la poursuite.

À ce moment, ma chérie, je pense beaucoup à toi et aux miens. J'ai du courage mais plus de force. J'avance comme un automate.

Mardi 8 septembre. *L'artillerie ennemie a réussi à prendre position sur Montmirail et ses obus font des trous dans nos rangs. Ordre est donné de nous arrêter et de conserver nos positions. Le soleil se lève sur une plaine couverte de cadavres. Nous attendons, la matinée passe, le canon tonne depuis l'aube, quoique éreintés, nous ne dormons pas. « Ils sont là, tout près » nous le savons.*

La cavalerie charge à plusieurs reprises durant l'après-midi et, croyant le terrain dégagé, le 28e s'avance à découvert. C'est le piège : *Des bois jaillissent des masses profondes d'infanterie qui, soutenues par leurs mitrailleuses, nous attaquent à leur tour.* Grâce à des renforts, le 28e tient bon, rougissant de sang les baïonnettes. Mais dans une dernière charge, Raoul tombe sans connaissance. Le tenant pour mort, on l'emporte à l'arrière et on le dépose derrière une meule, à l'abri des balles. *Reprenant mes sens, j'ouvre les yeux. Près de moi, un Prussien blessé râle. Je lui donne un peu d'eau-de-vie de reste dans mon bidon. Pour me remercier, il me donne la dragonne de son sabre.*

Pour moi, la guerre de Raoul s'arrêtait là, comme dans le poème de Victor Hugo que ma mère citait : « Donne à boire à ce pauvre blessé. » Je n'ai aucun souvenir qu'elle m'ait dit ce qui advint ensuite. Dans le carnet noir, Raoul raconte pourtant un incroyable périple en train à travers la France.

Évacué du champ de bataille par ambulance, il est installé dans un wagon en gare d'Esternay. On le dépose sur un brancard-lit avec douze autres blessés. Il est « au rez-de-chaussée » comme il l'écrit, ayant pour voisin du dessus un soldat à la fesse traversée qui lui brandit sous le nez sa prise de guerre, un casque de Prussien.

Pendant trois jours, ce train va s'arrêter un peu partout, Orléans, Limoges, Bordeaux, sans que ses occupants soient autorisés à descendre. Les hôpitaux regorgent déjà de mourants et de blessés. Tout ce que l'on peut faire pour ces nouveaux arrivants, c'est leur envoyer les dames de la Croix-Rouge qui leur distribuent chocolat, pain, beurre, fruits, limonade, comme à des enfants qu'on voudrait faire tenir tranquilles. *C'est de la folie, nous ne savons qu'en faire*, écrit Raoul, *mais il faut accepter.* Dans son wagon, il y a un jeune soldat atteint de deux balles, à la poitrine et au ventre. Il est exsangue, ne cesse de réclamer de l'air. On l'enivre de champagne. Il meurt au bout de vingt-neuf heures de trajet, et on abandonne son corps sur un quai de gare. Enfin, à Pau, ordre est donné de laisser descendre la tête du train, dont fait partie Raoul.

Je suis à l'hôpital de l'Immaculée Conception. Je vais reprendre des forces. Plus de 1 000 km nous séparent et il ne faut pas compter sur ma convalescence. Ma chère petite femme, à aucun moment ta pensée ne me quitta, devant la mort possible, toi seule existais.

*

Jusqu'à ces jours derniers, j'ignorais quelles blessures avaient valu à Raoul d'être évacué et s'il était retourné au feu. Je viens de lire les cinquante lettres de Raoul à Cécile et maintenant je peux répondre à mes questions. Mais surtout, je connais désormais un peu mieux ce très curieux garçon qu'était Raoul Barrois. Mon grand-père.

La correspondance commence le 5 août, deux jours après l'adieu en gare d'Harfleur. Raoul annonce à sa *petite femme chérie* qu'il va rester à Évreux à la compagnie du Dépôt, où il sera chargé de l'instruction des jeunes recrues. Comme il partage l'erreur commune d'une guerre éclair, il conclut sa lettre à Cécile : *Je te reviendrai sain et sauf et je te dis à tantôt*. Le lendemain, il lui écrit sur le papier à en-tête du café-brasserie de l'Union.

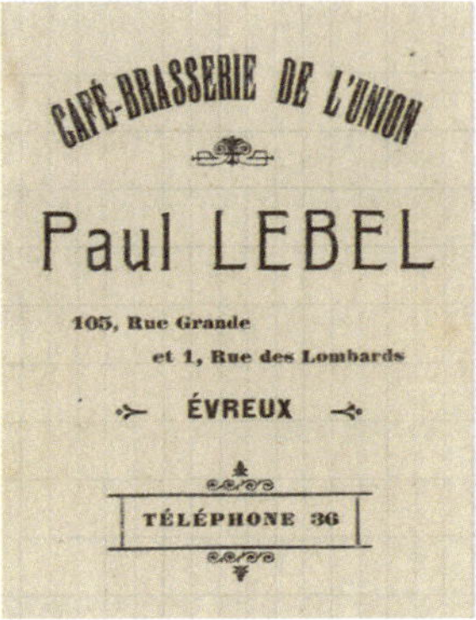

La lettre est datée du 6, mais il indique que c'est la huit ou neuvième qu'il envoie. Il écrit de façon fiévreuse, un peu compulsive, se demandant si sa petite Cécile chérie reçoit bien tout. Il n'a pas encore de fusil, il attend la fin de la guerre. La seule chose qui semble le consumer, c'est l'absence de courrier.

Le 9 août, première mission ! Il doit accompagner (on ne saura pas où) sept prisonniers allemands, dont un lieutenant de cuirassiers, qui lui paraît fort jeune, et six réservistes, gros et balourds. Ils sont tous étendus sur la paille dans un compartiment de train, le lieutenant, le regard insolent, qui toise ses gardes, et les autres, qui affectent de dormir. La foule au-dehors pousse des cris de haine, puis le train s'ébranle. Raoul a reçu l'ordre de tirer au moindre mouvement suspect, et il se sent quelque peu angoissé dans le passage des tunnels. Parfois, le hussard, qui a été blessé au bras d'un coup de lance, pousse un cri de douleur. *Il paraissait vraiment souffrir, aussi vaincu par la pitié, je lui présentai un quart d'eau qu'il but avidement.* Un peu plus tard sur le trajet, gardes et prisonniers en viennent à partager la même pitance et le lieutenant se met à parler… en français. Il proteste que les cruautés qu'on reproche aux Prussiens sont les mêmes qu'on impute aux soldats français. Raoul, que ne quitte pas le petit carnet noir, obtient un « autographe » de l'officier et la déclaration en allemand : *Nous avons été traités par les soldats français comme des amis, non comme des prisonniers*[1].

Le 12 août, retour au Dépôt. Raoul gribouille au crayon une lettre à la tonalité plaintive. Cela fait dix jours, dix siècles, qu'il est séparé de Cécile. Ils sont nombreux autour de lui, ceux qui sont fiancés. Raoul les jalouse dès qu'ils reçoivent une lettre. *Je me demande que fait-elle que devient-elle m'écrit-elle. Je considérerais comme un blasphème à notre amour que de rester un jour sans écrire. L'as-tu fait, as-tu laissé s'écouler une longue journée sans envoyer un petit mot à celui qui t'aime à en mourir ?* Il semble que l'armée ne sache pas quoi faire de lui, il est ballotté de-çà, de-là, dort sur des bottes de paille, mange d'ignobles ratas, et attend. Il pense qu'il va être versé dans les infirmiers ou bien dans les bureaux. 14 août, *enfin des nouvelles !* Raoul demande pardon d'avoir douté de sa belle petite femme. Elle a même fait l'effort de lui écrire une poésie. *Franchement, je suis étonné, tes petits vers, s'ils sont un peu naïfs sont fort bien équilibrés, et les rimes sont parfaites.* De fait, ma grand-mère ne devait guère avoir eu jusque-là l'occasion de rimailler. Mais c'est encore insuffisant pour Raoul, qui lui demande d'écrire deux fois par jour et de lui dire

1. Voir p. 26.

dans le détail ce qu'elle fait, si elle a trouvé du travail, si elle ne manque de rien, etc. Même en tenant compte de son désœuvrement, je sens chez lui quelque chose de dévorant. C'est sûrement Cécile qui a caviardé trois ou quatre mots à la suite de *Je pose sur tes lèvres...*

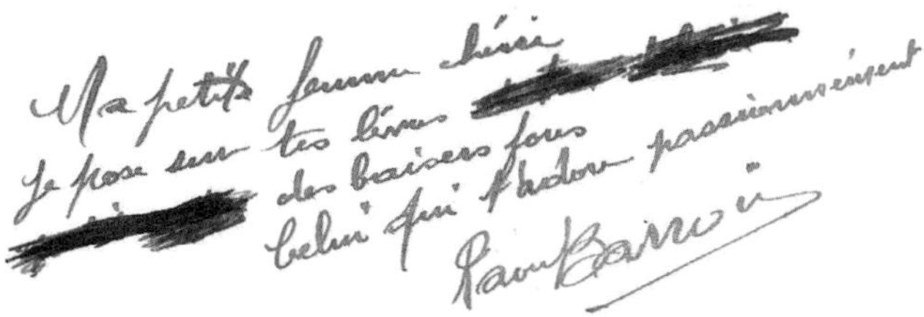
Ma petite femme chérie [redacted]
Je pose sur tes lèvres [redacted]
[redacted] des baisers fous
celui qui t'adore passionnément
Raoul Barrois

Raoul a dû nommer une partie de l'anatomie qu'elle a préféré biffer. Il me semble deviner *et ton délicieux...* délicieux quoi ? Je viens d'appliquer le papier raturé contre la vitre de mon bureau pour que la lumière le traverse. Il me semble lire « petit corps », « et ton délicieux petit corps »...

Pour faire à peu près rien on se lève à 5 heures du matin, écrit Raoul, dont l'écriture se relâche. *Ce que l'on se rase ici à quoi tu emploies tes journées tu ne m'as pas dit si tu avais été chez nous rue Victor-Hugo si tu t'occupes de fabriquer les mille petits riens qui manquent encore à notre ménage, tapis, dessus de coussin, et ma bicyclette que devient-elle ? As-tu encaustiqué la banquette ?* Et une dernière demande en post-scriptum : *As-tu envoyé mon livret, ici la cuisine est immangeable, aussi je vais en avoir besoin, ne m'oublie pas.* Changement d'humeur, le lendemain, car Raoul a reçu deux lettres, des lettres dans lesquelles Cécile a dû donner des détails sur son emploi du temps *et ce dimanche qui me parut si triste me semble à présent de toute beauté puisque je puis le revivre avec toi.* Mais la nourriture de la caserne, des pommes de terre à l'eau et un morceau de gras, le pousse à aller de temps en temps au restaurant, et le petit pécule de départ baisse. Raoul va devoir puiser dans les économies du livret (discret rappel du fait qu'elle doit le lui faire parvenir).

Je m'aperçois à la lecture de ces lettres que maman m'avait dressé un portrait de son père qui manquait de piquant(s). Il se révèle jaloux, ombrageux, fantasque aussi, presque extravagant. Quand j'ai inventorié avec ma fille le contenu du coffret, en découvrant cette photo d'un pitre habillé comme un plouc, j'ai hésité à reconnaître l'artiste délicat dont m'avait parlé maman, celui qui faisait éclore des roses dans le bois. Maintenant, je ne doute plus que c'est lui parce que, dans le portefeuille de ma grand-mère, j'ai trouvé un article de presse où il est dit que « le tout jeune soldat Barrois a suscité les éclats de rire de tous, lors d'une de ces bonnes soirées qu'on organise au 28e régiment », et qu'il a été « roulant dans *La Noce de Blaise* et *Bonjour, toi* ». Ces monologues comiques étaient de son invention. J'en ai retrouvé plusieurs, calligraphiés de sa main, comme celui-ci : dans lequel une Auvergnate entre chez un coiffeur et exige d'être coiffée à la mode de Paris. Le patron lui demande : *« À la Vierge ou à la Joconde ? — À la Choconde comment que ch'est ? »* dit l'Auvergnate. *Et le coiffeur lui répondit d'un ton farceur : « À la Joconde, lisse par-devant, laissant le derrière bouffant. »* La chute du monologue, pour être leste, n'en est pas moins versifiée :

À la Choconde, ch'est épatant,
Dit l'Auvergnate sans manières,
Vous me lécherez le devant
Et me boufferez le derrière.

Ce jeune homme, qui fait le comique troupier, est le même qui lit en cachette les lettres que lui envoie Cécile, *pour éviter les réflexions qui pourraient atteindre notre amour, entre hommes, tu sais, la grossièreté règne en maîtresse.*

Nous sommes à présent le 22 août, ce jour sinistre de l'année 1914 où moururent 27 000 soldats. *Qui m'aurait dit il y a 1 mois que je serais dans un tel costume et que tu serais dans les pleurs.* Solidement établi au café-brasserie de l'Union et dans l'ignorance totale de ce qui se passe un peu plus loin, Raoul écrit deux pages à Cécile pour lui raconter la journée du 22 août telle qu'elle aurait dû être si la guerre n'avait pas été déclarée, depuis le moment où elle passe la robe de mariée jusqu'à celui où… *tu laisses à tes pieds tomber la chemise, dernier rempart, et à mes yeux éblouis de tant de beauté et de blancheur tu livres enfin ton corps superbe et je vais le prendre mais sans heurt, doucement, tout doucement, voulant faire de cette nuit magnifique un souvenir pour toute notre vie.* En conclusion : *Pour la table de nuit tu diras 8 francs 50 tu m'enverras un mandat de 8 francs et tu achèteras quelques fleurs pour toi.* À quoi s'ajoute une autre sorte de comptabilité : *J'ai reçu exactement 6 lettres de toi et j'en ai envoyé 23.* Pas d'autre commentaire que ces chiffres soulignés. Un mauvais feu couve sous la cendre.

On entend le grincement de sa plume lorsque Raoul écrit au 25 août : *Je voudrais souffrir comme toi, tu as très bien arrangé ta petite vie, ma chérie, et je suis heureux que ma famille qui est la tienne soit gentille avec toi… Peut-être en cherchant trouveras-tu dans ta petite tête le moyen de venir me voir ?* Le drame éclate le 26. La correspondance de Cécile est en peau de chagrin, elle a écrit quatre pages au début, puis deux, et enfin le 22 août, elle a griffonné à la hâte une carte militaire. Raoul est hors de lui. *1° Je n'aurais jamais cru que tu aurais recours aux cartes militaires. Je t'ai assez dit qu'au régiment l'on ne respectait rien et toi tu t'en moques tu parles d'amour sur une carte à la vue de tous. 2° Le jour où tu aurais dû être expansive et vraiment triste j'escomptais une longue lettre brûlante d'amour.* Conclusion : *C'est très mal Cécile, je m'en souviendrai.*

Ce 22 août, Cécile a été invitée à Harfleur chez une des sœurs de Raoul, Suzanne ou bien Fernande, et, ma foi, elle a manqué de temps pour écrire. *Il doit bien y avoir du papier et de l'encre chez ma sœur*, persifle Raoul. *Je te connais parfaitement et comprends très bien ce qui se passe. Maintenant que tu me sais en sûreté tu ne t'inquiètes plus de moi. Tu écris tous les jours parce que tu sais que j'y tiens, par devoir. La lettre-carte, je te la retourne, ne la jugeant pas digne de prendre place dans les souvenirs d'amour que j'ai de toi. J'écrirai à l'avenir dans mon petit carnet tout l'amour que j'ai pour toi et je t'enverrai mes nouvelles sur des cartes militaires.* Quelques heures plus tard, zonant une fois de plus au café, Raoul reprend la plume. *J'ai été tourmenté par la lettre que je t'ai envoyée ce matin. Aussi ce soir j'ai repris tout ce que j'avais écrit je me suis mis à ta place je me suis isolé, j'ai pesé le pour et le contre et voilà ce que j'en déduis.* Il réitère exactement ses griefs du matin en les rythmant d'un *c'est mal, c'est très mal* et même en soulignant *je m'en souviendrai*. Autre reproche : le fameux livret qu'il lui a demandé pour faire face à ses dépenses, elle ne s'en est pas occupée. *J'aurais peut-être mieux fait d'en charger ma sœur.* Bref, le seul retour qu'il fait sur lui, c'est de renoncer à lui écrire sur des cartes militaires. *Je continuerai à cacheter mes lettres tu vois que je reviens quand j'ai tort je ne te rendrai pas coup pour coup.* Le 27 août, Raoul reçoit son livret, *mais cinq jours pour venir, vois si j'ai raison et si mes reproches sont mal fondés.* En lot de consolation, il y a aussi cette carte de Cécile avec au

dos : *22 août 1914. Hélas mon beau rêve qui se serait accompli aujourd'hui !*

Le 30 août, les pensées de Raoul changent de cours. Il a été versé dans les brancardiers, aussi *en cas de coup de chien serais-je moins exposé.* L'après-midi, le quartier étant consigné, Raoul se distrait à regarder les visiteurs, un défilé de femmes, jeunes ou vieilles, de pères et de mères, qui s'asseyent sur des bancs ou sur des marches. L'imminence de la séparation rapproche des couples qui, peut-être, ne s'entendaient plus et *donne aux époux lassés de nouvelles fiançailles !* Raoul en conclut qu'ils ne devront plus, elle et lui, *gaspiller des heures sublimes par de vaines bouderies.* Mais c'est sur elle qu'il compte, elle si douce et aimante, pour éviter les discussions. Car… *tu connais mon vilain petit caractère.*

*

La guerre commence pour Raoul le 6 septembre et seules deux lettres retracent sur le vif l'épreuve qu'il traverse. C'est un témoignage plus impressionnant encore que celui du carnet noir, comme le serait celui d'un correspondant de guerre. Ainsi, du 7 septembre, ces mots écrits au crayon gris : *Ma chère toute petite, nous nous trouvons en plein contact avec l'ennemi. Nous les avons refoulés à plus de 25 km en arrière et nous avançons dur. Je me retrouve avec beaucoup de copains du 28e qui partirent les premiers jours il en manque malheureusement à l'appel. Malgré tout, j'ai confiance et je te reviendrai, prie pour ton tout petit soldat qui t'adore.* Puis, du 9 septembre :

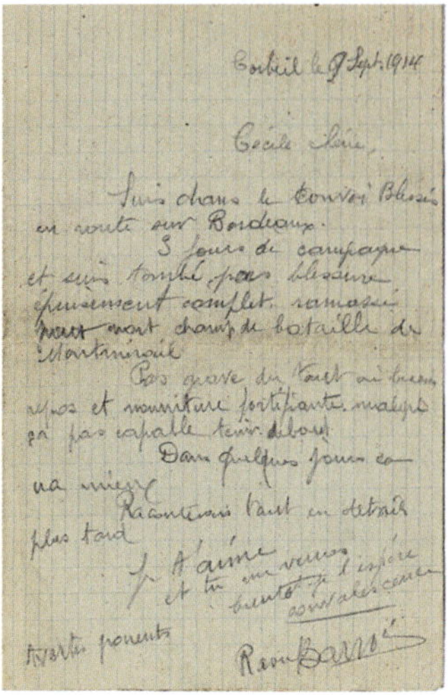
Corbeil le 9 Sept. 1914

Cécile chérie,

Suis dans le convoi blessés en route sur Bordeaux.
3 jours de campagne et suis tombé, pas blessure épuisement complet, ramassé mort champ de bataille de Montmirail
Pas grave du tout ai besoin repos et nourriture fortifiante malgré ça pas capable tenir debout
Dans quelques jours ça ira mieux
Raconterai tout en détail plus tard
Je t'aime et tu me verras bientôt je l'espère convalescence
Avertis parents

Raoul Barré

Suis dans le convoi blessés en route sur Bordeaux 3 jours de campagne et suis tombé, pas blessure, épuisement complet, ramassé pour mort champ de bataille de Montmirail Pas grave du tout ai besoin repos et nourriture fortifiante malgré ça pas capable tenir debout Dans quelques jours ça ira mieux Raconterai tout en détail plus tard Je t'aime et tu me verras bientôt je l'espère convalescence Avertis parents.

Dans la lettre suivante, c'est comme si la guerre n'avait jamais eu lieu. Plus de charognes ni de croix de bois, plus de marche forcée ni de baïonnettes teintées de sang. *Je n'évoque jamais sans te désirer éperdument ton petit pantalon qui renferme en ses plis les trésors d'amour qui me passionnèrent. Rappelle-toi à quel point j'aime ta chair. Oh ! comme je te désire ! Comme je le connais ton corps, Cécile chérie, à moi tu l'as donné pour la vie pour toujours quand amoureuse tu te donnas. Tu étais toute secouée par le bonheur, j'ai vu tes beaux yeux chavirer. Un amour comme le nôtre ne connaît pas de loi. La tentation était trop forte. Tu m'aimais trop pour ne pas céder. Je saurai, je te le jure, faire en sorte que ta vie ne sera qu'un long roman d'amour.* Je ne me suis pas trompée quand j'ai lu sous la rature « et ton délicieux petit corps ». Maman aurait dit qu'ils avaient « fait Pâques avant les Rameaux ».

Raoul est désormais en convalescence à l'hôpital militaire de Pau. Il rêve à sa Cécile qui rit aux éclats, qui coud en chantonnant, assise sur un grand tabouret, la même à qui il reproche parfois sa légèreté. *Dans le lit où je couche je te garde une place.* Il a enfin du temps pour rédiger son roman d'amour et il demande à Cécile si elle a continué de son côté. Ce qui me remet en mémoire que maman m'a parlé d'une seconde version rédigée par ma grand-mère. Mais qu'est-elle devenue ? Et ses lettres à elle, où sont-elles passées ? Raoul dit qu'il les range, toutes classées, dans *la poche confectionnée par ta bonne maman.* En tout, a-t-il compté, il y a 35 lettres et 8 cartes. Dans le coffret en bois, j'ai trouvé jusqu'au minuscule bouquet de fleurs de montagne cueillies par Raoul au cours d'une promenade dans les Pyrénées, mais d'elle, rien d'autre que les deux cartes postales. J'ai indiqué que Raoul était en convalescence, mais lui-même ne parle jamais de blessure ni de soins. En revanche, il est dorloté. Les religieuses de l'hôpital, non seulement lui trouvent une « belle flanelle toute neuve », mais la brodent à ses initiales, R et B. *Vois si je suis bien et si ces braves sœurs ont des intentions délicates.* En effet. *Tous les matins de grands bols de chocolat ou de café au lait nous attendent au saut du lit, un infirmier est chargé dans la matinée de faire toutes nos courses en ville. Toute la journée ce sont des visites de personnes du pays qui s'intéressent à notre sort et ne viennent jamais les mains vides, le plus souvent de mignons paquets de cigarettes enroulés de faveurs tricolores, des livres, journaux, cartes postales, nous sommes comblés.* Je ne crois pas que Raoul fût magouilleur. Mais charmeur, très certainement. *Je suis heureusement tombé dans un milieu très artiste où je suis l'idole*, écrit-il en toute simplicité. Il organise des soirées pour distraire les blessés, et les dames de la Croix-Rouge l'ont « supplié » de leur en réserver une. Ce devra être un concert en ville en présence de tout le gratin, une femme d'ancien ministre, un ténor de l'Opéra-Comique, un grand industriel millionnaire, etc. *J'ai mis au programme mes chansons les plus sérieuses, genre Botrel, et j'ai reconstitué les scènes du Chat Noir, c'est-à-dire sur un grand écran prêté par l'administration je fais défiler en chantant des silhouettes que j'ai découpées. Il me faut plus de 300 silhouettes dont quelques-unes articulées. Vois quel travail !* Le concert est un succès, on a refusé du monde ! Le ténor a même accepté de chanter et a quêté en personne pour qu'on offre des cigarettes aux blessés. Ceux-ci ont fait un ban pour remercier Raoul. *Je suis extrêmement populaire et l'on trouve légal le régime de faveur qui est le mien, c'est à qui me rendra service. Les dames de la Croix-Rouge me consultent pour donner à celui-ci un secours d'argent à celui-là un tricot.*

Les autres talents de Raoul ne sont pas passés inaperçus. *J'ai beaucoup d'argent maintenant*, se vante-t-il, car le millionnaire, qui lui fait faire son buste, lui a déjà donné 100 francs « pour les frais ». Il a quitté la tenue militaire, et on lui a même trouvé un atelier ! Des Parisiennes, dont une comtesse, lui ont rendu visite et se sont « confondues en compliments ». *Je te dis toutes ces choses ma chérie car j'espère que tu seras fière de ton Loulou et que tu ne seras pas jalouse, sachant à quel point je t'aime et l'indifférence absolue que j'ai pour tout ce qui n'est pas toi.* Il a d'ailleurs des occupations pieuses et chante des solos à l'église, où les prêtres le comblent de médailles... religieuses. *Quand tu écriras à Marcel, ne donne pas de détails sur ce que je fais. Ne lui dis pas que je suis guéri, cela pourrait me porter préjudice ainsi qu'à mes protecteurs, la lettre à Verdun pouvant être ouverte.* Je comprends mieux à présent pourquoi la guerre de Raoul s'arrêtait dans mes souvenirs à la carte postale du soldat français donnant à boire au Prussien blessé. Il n'y avait rien d'autre à raconter. Au regard des standards, encore en vigueur dans mon enfance, de virilité et de patriotisme, mon grand-père ne donnait pas entière satisfaction.

Marcel Koch, lui, est en première ligne. *Je suis heureux de vous savoir en voie de guérison*, écrit-il à son futur beau-frère. *Pour moi cela a été toujours on ne peut mieux malgré quelques emplois périlleux. Au début de la guerre, je faisais partie d'une section cycliste formée de 25 hommes. Au cours de nos randonnées nous avons pu descendre quelques douzaines de valets de sa sanglante majesté.* À sa lettre Marcel a joint une photo prise

en studio où il apparaît, fusil au dos, matricule au cou, assez éloigné de l'image du poilu embourbé. *Quand nous aurons le bonheur de pouvoir enfin nous serrer la main, nous pourrons échanger nos impressions de campagne… Plus cela va, plus j'espère… Ce qu'il faut surtout, c'est avoir la grande confiance en soi… Ça, voyez-vous, c'est le principal !!!*

Ce que Raoul pense de cette guerre et qu'il ne prendra pas le risque de faire savoir à Marcel, il l'écrit dans un poème en date du 30 mars 1915 :

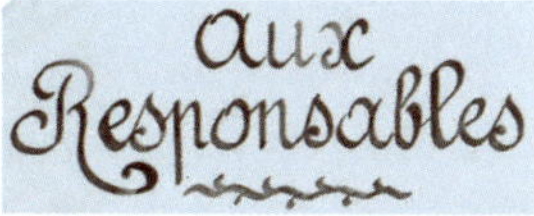
Aux Responsables

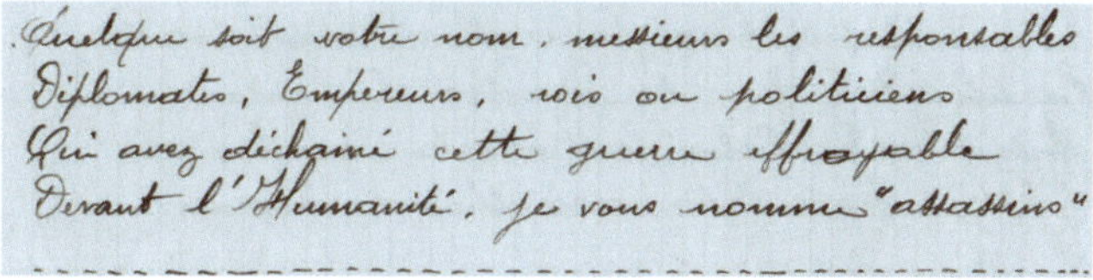
Quelque soit votre nom, messieurs les responsables
Diplomates, Empereurs, rois ou politiciens
Qui avez déchaîné cette guerre effroyable
Devant l'Humanité, je vous nomme "assassins"

Le poème se termine ainsi :

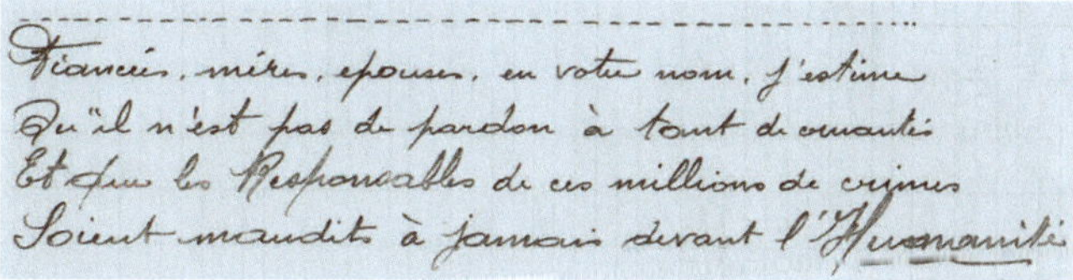
Fiancées, mères, épouses, en votre nom, j'estime
Qu'il n'est pas de pardon à tant de cruauté
Et que les Responsables de ces millions de crimes
Soient maudits à jamais devant l'Humanité

Pas plus que le Déserteur de Boris Vian, Raoul n'est sur terre pour « tuer des pauvres gens ». Mais si la guerre se prolonge, il devra retourner au feu. Le 9 novembre, il annonce à Cécile qu'il a terminé le travail pour lequel il a été payé. Il s'attend à être renvoyé au Dépôt d'Évreux, où on l'opèrera s'il y a lieu. L'opérer de quoi ? C'est dans l'avant-dernière lettre que j'ai pu apprendre ce qui avait valu à Raoul une si longue convalescence. *Voici exactement ma situation à l'heure actuelle : je suis guéri de la commotion pour laquelle j'entrai à l'hôpital, ensuite je pars probablement pour Évreux vendredi matin à seule fin d'être opéré pour ma hernie. Maintenant comme l'opération est assez longue, peut-être les médecins d'Évreux ne la jugeront pas immédiatement nécessaire. On peut très bien au Dépôt me donner un bandage et m'envoyer au feu. Aussi va chez nous et fais-leur bien comprendre que ma seule chance, c'est d'entrer chez Schneider.* J'ai vérifié sur Internet, Schneider était une usine d'armement. De ce que je comprends, monsieur Barrois s'active pour y faire entrer son fils.

25 novembre : *Vendredi matin je suis passé devant le conseil de réforme et résultat l'on n'a pas voulu me réformer et quand j'ai demandé l'opération l'on m'a répondu « nous n'avons pas le temps l'on vous donnera un appareil pour votre hernie et vous reprendrez votre place parmi les autres ». J'attends que l'on fabrique mes papiers pour retourner sur Évreux. Pas de chance que veux-tu ma mignonne il faut des hommes alors je n'échappe pas à mon sort.* C'est la dernière lettre en ma possession. Raoul semble résigné. Dans la boîte en carton, il ne restait plus qu'une photo au format carte postale. C'était Raoul en train de jardiner à l'hôpital de l'Immaculée Conception.

J'ai retourné la photo.

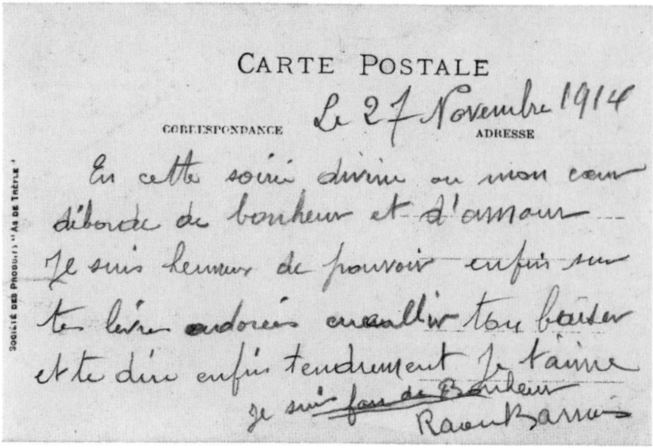
CARTE POSTALE

Le 27 Novembre 1914

CORRESPONDANCE — ADRESSE

En cette soirée divine où mon cœur
déborde de bonheur et d'amour —
Je suis heureux de pouvoir enfin sur
tes lèvres adorées cueillir ton baiser
et te dire enfin tendrement Je t'aime
Je suis fou de Bonheur
Raoul [illegible]

SOCIÉTÉ DES PRODUITS « AS DE TRÈFLE »

Raoul, « fou de bonheur », a retrouvé Cécile le 27 novembre 1914. Et après ? Est-il reparti au front ? En lisant les poèmes de Raoul que ma grand-mère gardait dans une enveloppe kraft, j'ai obtenu le dénouement. La première strophe d'« Ennui » dit ceci :

Ennui

Loin de toi, ma chérie, que longue est la journée
Que lentes sont les heures dans le grand atelier.

Raoul est entré à l'usine Schneider. J'ignore si le jeune artiste a dû fabriquer des obus pendant toute la durée de la guerre douze heures par jour et sept jours sur sept, comme c'était la règle, je ne suis certaine que d'une chose : mes grands-parents se sont mariés au Havre le

19 décembre 1914. Je n'ai pas de photo de la noce, le temps n'était pas aux réjouissances, mais j'ai leur certificat de mariage sous les yeux. Et après ? *Je saurai, je te le jure, faire en sorte que ta vie ne sera qu'un long roman d'amour.* A-t-il tenu sa promesse ? Comment lever le voile de l'amour conjugal ? « On n'est pas dans le secret des ménages. » Chaque année, Raoul écrit deux poèmes à sa femme, l'un pour son anniversaire et l'autre pour l'anniversaire de leur mariage.

Chantez, Nymphes d'amour, dites mon allégresse
Et vous Muses, Vestales, qui courez les chemins
Beautés épanouies, Sylphes enchanteresses
Dites mon allégresse aux échos du matin.

A priori, tout va bien.

Le jour des noces de Lucie Koch, la sœur aînée qui se marie après la cadette, Raoul se détache, altier, sur la photo de groupe, tandis que Cécile affiche sa beauté langoureuse.

J'ai une lettre d'elle à Raoul, une seule, elle est du 11 février 1918. Elle ne veut plus dormir dans le grand lit conjugal, dit-elle, *trop froid et surtout trop triste. Je parle comme si cela faisait longtemps que nous étions séparés mais avec du repos et un régime tu vas guérir et notre bonheur sera vite revenu.* Son mari est parti se soigner à Rouen. Je suppose que d'une manière ou d'une autre l'effort de guerre lui a coûté sa santé.

Au mariage de Marcel Koch, le survivant de Verdun, Raoul porte toujours beau, un an et demi plus

tard. Moins reconnaissable depuis qu'il a renoncé à sa moustache en croc, il se tient debout à la deuxième rangée. C'est Cécile, assise en bas, à droite, un bébé dans les bras, qui a un air d'inquiétant délabrement. Elle a failli mourir d'une éclampsie, mettant au monde un enfant mort-né, puis une nouvelle grossesse très rapprochée lui a donné ce fils, Norbert.

*

La fin du roman d'amour de Cécile et Raoul, tout le monde chez moi la connaît, je l'ai racontée à peu près autant de fois que maman. Raoul attrapa la scarlatine. Comme c'est une maladie un peu ridicule à cause de la chanson (« Ça vaut mieux que d'attraper la scarlatine… »), je rappelle toujours qu'à l'époque il n'y avait pas d'antibiotiques. Raoul n'était pas rétabli quand arrivèrent les fêtes de fin d'année. La prudence aurait voulu qu'il restât à la maison, surtout que le temps était glacial. Mais Raoul était l'indispensable boute-en-train des fêtes de famille. On l'attendait pour rire et pour chanter et s'embrasser sous le gui. Il est sorti. Il a ri, il a chanté, à minuit tout le monde s'est embrassé sous le gui. Dans la nuit havraise, Raoul a pris froid en rentrant chez lui. Pleurésie ou pneumonie. En dix jours, c'était fini.

Dans le coffret, j'ai trouvé un acte de concession d'une place au cimetière Sainte-Marie pour *Raoul Adrien Paul Barrois décédé ce jour. 10 janvier 1922.* Le roman d'amour aura duré huit ans. Dans le portefeuille de ma grand-mère, il y avait une photo format Photomaton.

Cécile en grand deuil, aussi belle que la jeune fille voilée de crêpe dont Raoul tomba amoureux. Quand il mourut dans ses bras, elle était enceinte de cinq mois. La petite fille, c'est ma maman. Ma maman sans papa.

J'ai ce souvenir, presque un rêve, d'une promenade dans les rues de

Paris par beau temps avec ma mère et ma grand-mère, que j'appelle Moussia. Il me semble qu'on va vers un de ces jardins, les Tuileries ou le Luxembourg, où on loue des petits voiliers pour les faire voguer sur un bassin. Ma mère et ma grand-mère se disputent. Pas très fort, mais j'entends. Maman reproche à Moussia de ne pas avoir empêché son mari de sortir alors qu'il venait d'être sérieusement malade. Raoul était à peine remis, et dehors il faisait très grand froid. Il en est mort. Et maman n'aura pas de papa, et elle en veut à sa mère. Je suis une petite fille, mais je crois que c'est bien cela que j'ai compris. Et il me reste une dernière image. Alors que nous sommes revenues du jardin, une femme (mais laquelle des deux ?) repasse des vêtements dans un silence de bouderie.

Une année, alors que j'étais jeune mariée et que je l'avais invitée pour le Nouvel An, maman a vu du gui dans un de mes bouquets. Avec un rire embarrassé, elle m'a demandé d'aller le jeter. Dans ma famille, le gui porte malheur.

Cécile ne se remaria jamais. Quand, sur le tard, on lui suggéra d'y songer, elle eut cette réponse : « Épouser un vieux ? Mon mari est jeune. » C'est à ma maman qu'elle a dit ce que ma maman m'a répété : « Les autres trouvent que je suis gaie. Ils ne me voient pas pleurer la nuit. »

« Se souvenir des jours heureux »

Je n'ai jamais couché par écrit les souvenirs d'enfance de ma mère, je les ai ensevelis avec elle, il y a dix-huit ans. Vais-je les retrouver, et dans quel état ? Je commence par ce qui me tombe sous la main. Le livret de famille.

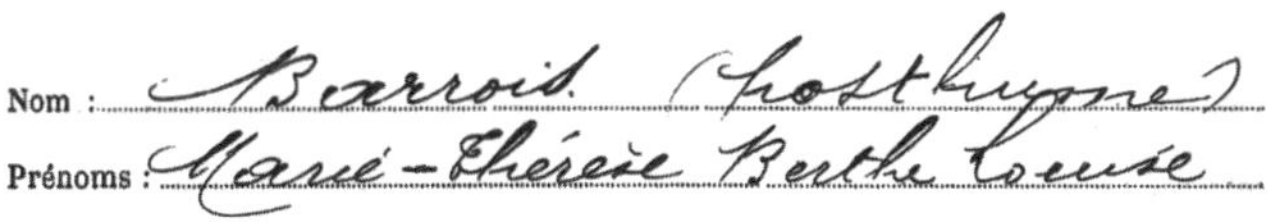
Nom : Barrois (posthume)
Prénoms : Marie-Thérèse Berthe Louise

Ce qualificatif de posthume qui lui était accolé intriguait ma mère, quand elle était petite fille, sans qu'elle n'osât rien demander. Elle est née le 1er mai 1922 au 21, rue Frédérick-Lemaître, là où son père est mort quatre mois auparavant. La veuve et ses deux enfants ne tardent pas à déménager un peu plus loin, au 35, rue Voltaire, dans un logement plus modeste. Cécile a dû vendre les meubles que Raoul lui avait sculptés[1], et céder à son frère Marcel la bonne marche de l'atelier.

1. Mon père les racheta avec ses premiers salaires de journaliste !

Maman ne m'a jamais beaucoup parlé de la pauvreté, parce qu'« il vaut mieux faire envie que pitié ». Habile couturière, ma grand-mère donna le change en habillant bourgeoisement ses enfants. Mais ils vivaient dans deux pièces, l'une où l'on mangeait, faisait les devoirs, se lavait dans une bassine, et où dormait Norbert, l'autre qui servait de chambre à la mère et à la fille, toutes deux couchées dans le même lit, probablement le lit conjugal. Or maman fut longtemps énurétique. Moussia la forçait à se lever en pleine nuit et, quand c'était un peu trop tard, lui donnait quelques calottes. Bourrique, va ! C'était, me disait maman, la seule chose qu'elle avait à reprocher à sa mère de toute son enfance.

Maman évoquait parfois la « passerelle de verre » qu'elle devait emprunter pour aller aux toilettes. En langage clair, les cabinets étaient sur un palier en carreaux de verre dépoli. Mais tel est le pouvoir des mots que la passerelle de verre fut pour moi, enfant, ce qu'elle fut pour elle au même âge, un lieu d'enchantement.

De son enfance maman avait sauvé deux objets, qu'elle gardait dans le tiroir d'une armoire. Tout d'abord, une poupée au visage de porcelaine qui, à sa mort, revint à Naïma, l'aînée de ses petites-filles. Maman joua longtemps à la poupée, jusque vers 15 ou 16 ans. L'autre objet était un petit mouchoir que maman me montra alors qu'elle était dans son lit de malade, puis que la mort emporta Dieu sait où. Ce mouchoir avait une histoire. Au 35 de la rue Voltaire, les enfants Barrois avaient une petite voisine à l'étage du dessous. Un jour, Norbert eut l'idée de communiquer par lettres avec elle en lui descendant un panier au bout d'une ficelle. À l'une des remontées, il aperçut un mouchoir que la fillette avait déposé dans le fond du panier. Maman le conserva comme un trophée.

Quand elle évoquait Norbert, ma mère disait invariablement : « Mon pauvre frère ». Elle aimait me montrer la photo où Norbert allume une cigarette, les paupières à demi baissées, élégant quadragénaire à la fine moustache, dont un début de calvitie dessine deux golfes au front[1].

Marie-Thérèse et Norbert, 3 et 6 ans

Norbert et Marie-Thérèse vécurent dans la promiscuité, et l'amour que maman portait à son frère s'augmentait de l'absence paternelle. J'ai toujours associé leur enfance à un livre sans savoir pourquoi. Je viens de le relire. Dans *Les Enfants terribles*, Cocteau raconte l'histoire d'un frère et d'une sœur, Paul et Élisabeth, vivant seuls avec une mère infirme qui ne sort plus de son lit. Tous deux, après un accident du garçon, se replient sur leur appartement, et même dans leur chambre. « Ça finit mal pour faire intelligent », comme aurait dit maman. Peut-être aussi pour éviter que l'inceste soit consommé. Maman savait que les enfants qui jouent peuvent s'aventurer sur d'étranges territoires. J'ai le vague souvenir qu'elle

1. Voir p. 102.

me parla de « baisers papillons » qu'on fait avec les cils ou encore de « suçons » sur la peau. Elle donna d'ailleurs une tape sèche sur le bras de l'un de nous, enfant – plus possible de savoir lequel –, parce qu'elle avait aperçu la marque d'un suçon. Je me suis alors demandé si quelqu'un qui ne sait pas qu'un suçon est quelque chose de mal fait quelque chose de mal. Comme je me demande toujours en quoi un suçon peut être répréhensible dans l'esprit d'une mère, je suis allée voir ce qu'on en dit sur Wikipédia. « Un suçon (ou sucette au Québec) est une petite marque résultant d'une succion de la peau par la bouche, faite de manière suffisamment appuyée et prolongée pour que les vaisseaux sanguins situés sous la peau éclatent. Les suçons sont pratiqués dans l'intimité, sur un partenaire sexuel, comme un jeu, généralement dans la zone du cou. Les œuvres de fiction présentent souvent le fait de porter un col roulé comme un moyen de dissimuler un suçon. »

J'ai retrouvé dans le coffret un carnet sur lequel Marie-Thérèse prit des notes durant les trois jours de sa retraite de première communion. Nous sommes en 1933, elle a 11 ans. Trois matinées de suite, un prédicateur vient sermonner les petites filles. Ma mère gribouille à la volée sur son carnet, soulignant ce qui lui semble le plus important. *Si nous faisons une bonne retraite c'est-à-dire que nous passons ce temps*

ce sera les épreuves et les douleurs de la vie. Si nous faisons une bonne retraite c'est à dire que nous passons ce temps en réflexions et en recueillement - le bon Dieu sera content de venir

dans notre cœur et nous supporterons plus facilement les difficultés de la vie. Si je n'ai pas l'intention de persévérer je vais faire une mauvaise communion. Si plus tard le bon Dieu m'appelant à le servir dans la vie *en réflexions et recueillement le bon Dieu sera content de venir dans notre cœur et nous supporterons plus facilement les difficultés de la vie. (...) Le prédicateur a dit de faire 8 sacrifices par jour. Je tâcherai d'en faire beaucoup plus. (...) Il faut s'endormir le soir son chapelet au bras ou autour du cou. Mais cela ne fait rien si l'on ne finit pas toutes les dizaines. (...) Il faut être prête à mourir. La mort arrive quand nous y pensons le moins. Les chrétiens abandonnent Jésus pour suivre leurs passions. Jésus ne les punit pas tout de suite comme la justice punit les vauriens car il a pour lui l'éternité. (...) Le catholique ne doit pas écouter des conversations inconvenantes. Il ne faut pas aller voir de vilains films. Il faut aller au cinéma du patronage, pas à un autre.* À la fin de sa retraite, Marie-Thérèse prend une bonne résolution : *Comme Blanche de Castille je dirai à mon enfant que je voudrais plutôt qu'il soit mort que d'avoir commis un péché mortel.*

Au dolorisme de cette éducation, la gaieté de ma grand-mère fournissait l'antidote. Pour l'anniversaire de sa fille, le 1er mai 1944, elle lui récapitule les vingt-deux années écoulées dans une lettre aux accents de Magnificat. *C'est en ce jour béni du 1er mai que tu naquis, le muguet que l'on m'apporta, je te l'offris ma chérie, promettant que chaque année tu en serais parée. Au jardin de mes souvenirs, je vais cueillir les compliments de toi qui m'ont le plus charmée, je vais en faire une gerbe que je dédie à ta radieuse jeunesse. Le plaisir sera double, puisqu'en évoquant ces souvenirs je revivrai d'heureux moments.*

Au regard amoureux de la mère se mêle le coup d'œil expert de la couturière qui accroche une toilette à chaque souvenir. *Tu as trois ans. En visite chez un industriel à Roubaix, un ami de mon oncle, tu avais un ensemble en lainage blanc, la jupe toute plissée et le corsage brodé. Tes cheveux en frange sur le front, souples et frisés, tes jolis yeux, et un ravissant sourire attiraient partout les compliments. Un monsieur me dit : « On vous la désirera, jeune madame, votre petite fille. Je voudrais la revoir à 20 ans. » Noël à Lillebonne. Tu as 9 ans. Tu récites un conte de Noël. Ta robe est en velours blanc, ornée à la jupe de trois plis « à la Vierge », le corsage croisant avec des revers. En te regardant, ta tante Fernande me dit : « On croit voir une petite madone. »*

Tu as 11 ans, c'est ta première communion. Je pense que ton âme est en ce jour de même teinte que la mousseline. Je te compare à un jardin sous la neige lorsque les pas ne l'ont pas encore souillé, à ces roses d'un blanc éclatant que ton papa m'offrait souvent. Muette, je te contemplais. J'étais émue et ravie : cette pureté en cette première enfance, je la verrai au fil des jours moins éclatante lorsque la vie t'apparaîtra, hélas, dans tout ce qu'elle représente d'imparfait. Les éloges de ce jour furent nombreux, je n'en ai retenu aucun. Mon bonheur était si grand que je

n'entendais rien, je me grisais de ta vue pour longtemps… Longtemps… Toujours.

Tu as 12 ans. C'est le certificat d'études. On ne saura rien des épreuves ni des résultats. Mais la candidate portait *une jupe à bretelles écossaise, rouge, blanche et bleue, le corsage blanc orné de bouquets de cerises. Une amie me dit de toi : « Que de grâce et de fraîcheur, un joli bouquet de printemps. »*

Tu as 14 ans et c'est le deuxième voyage à Roubaix. On rend visite au directeur des Laines du Pingouin. Au retour l'oncle me dira : « Le directeur trouve que ta fille incarne la jolie fille française. »

« La jolie fille française » est aussi une tête de classe, ainsi que le confirme un livret scolaire de 1933. Les annotations sur ce carnet m'ont permis de constater la rassurante permanence de nos méthodes pédagogiques, puisque, quand maman est 2e sur 39, il est indiqué que Marie-Thérèse devrait toujours être première et quand elle est 1re, elle a droit à « écriture négligée ». Je comprends mieux, à voir écrit chaque mois sur le livret : *leçons bien sues*, pourquoi la question de maman, quand nous revenions de l'école, était rituellement : « As-tu su ? »

Au mois de juin, madame la directrice concède :

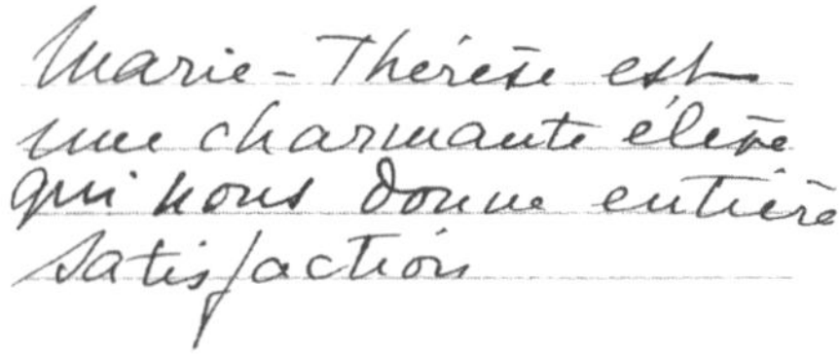
Marie-Thérèse est une charmante élève qui nous donne entière satisfaction

Norbert, dit Nono, était un enfant précoce. Il se vit offrir à 18 mois deux culbutos ridicules, un vieux et une vieille, qu'il baptisa « rigolo-bonomes ». Apercevant pour la première fois ses grands-parents, tout vieux et tout fripés, Nono s'écria avec enthousiasme : « Rigolo-bonomes ! »

Cette anecdote était une variation maternelle sur le thème « Mon pauvre frère était doué ». Le premier du département au brevet. Il me revient à la mémoire une chose que maman m'a dite un jour sur un ton de voix étranglé comme si *ça* ne passait pas. Dès l'âge de deux ans et demi, Norbert était orphelin. Son parrain, son appui dans la vie, était le « cher oncle Maurice », comme on le désigne dans l'album de photos. Banquier de son état, le cher oncle, au lieu de pousser son filleul vers le lycée, réservé à la classe bourgeoise, lui offrit une place de grouillot à sa banque.

Car, aussi beaux et bons élèves fussent-ils, les enfants Barrois dépendaient de protecteurs familiaux. Si maman eut cette somptueuse toilette de communiante et si le dîner du 15 juin 1933 fut copieux, c'est que la fête fut aussi donnée en l'honneur de Colette et Robert, cousins de Marie-Thérèse, dont le papa était courtier en café. Maman me confia sur un ton mi-figue mi-raisin qu'elle avait appris à dire merci quand elle était petite fille. Sa jolie figure souriante rendit bien des services

DINER du 15 JUIN 1933

Consommé Reine Margot

Langouste à la Parisienne

Médaillons de Charollais Grand Veneur

Chapons de la Bresse Rôtis
Salade Aïda

LÉGUMES

Asperges en Branches Sauce Maltaise

DESSERTS

Fromage
Glace Café
Langues de Chat
Croûtes aux Fruits au Marasquin

Café Fine ou Calvados
Liqueurs

Vins Fins
–
Montbazillac 1926
"Un Bec Fin"
Pommard 1926
Mercurey 1928
Champagne

à sa mère, qui lui souffla souvent à l'oreille : « Va dire merci. » Mais la chaleur de la tribu familiale et la gaieté de la *cousinaille* adoucirent l'amertume de ces souvenirs.

Ils avaient pour noms Pierre, Jacques, Colette, Maimaine, Mimita, Claudine, Robert, Jean ou Philippe. Ils s'aimaient, ils grandirent ensemble, pauvres ou fortunés, ils allaient au spectacle le plus souvent qu'ils pouvaient – le poulailler, c'était pour rien –, ils s'échangeaient les livres de la bibliothèque, les *Pasquier* contre *Les Hommes de bonne volonté*, ils écoutaient les retransmissions théâtrales, l'oreille collée au poste, ils préféraient Jean Sablon, « Vous qui passez sans me voir… », à Tino Rossi, « l'amour t'appelle,

tchi, tchi », ils se déguisaient, ils montaient des spectacles, ils dansaient à la cabane sur la plage, se baignaient dans une eau à 17° C, ils étaient swing, et maman, qu'on appelait Miou, était la plus belle. Quand elle me racontait sa jeunesse au Havre, mon

cœur saignait d'envie, c'était un bel été comme il n'y en aurait plus jamais.

Puis, ce fut l'hiver. À 16 ans, maman, ayant obtenu son brevet de capacité pour l'enseignement primaire, devint institutrice. Qu'il pleuve ou qu'il neige, elle se rendait à vélo, récitant des Pater et des Ave, jusqu'à sa classe de campagne où il fallait le matin remplir de bois le poêle et le soir balayer le plancher. Les élèves avaient parfois son âge et venaient à l'école quand ils n'avaient pas mieux à faire à la ferme. S'ils avaient été sages, à la fin de la journée, elle leur lisait *La Chèvre de monsieur Seguin* si souvent qu'elle en savait encore des morceaux par cœur. « Ah, qu'elle était jolie, la petite chèvre de monsieur Seguin avec ses yeux doux, sa barbiche de sous-officier et ses longs poils blancs qui lui faisaient une houppelande ! » Comme la petite chèvre, mademoiselle Barrois était jolie, ce qui lui tenait lieu d'autorité. De son côté, Norbert avait pris le chemin de la banque.

On ne peut pas toujours danser.

*

La guerre changea la donne. Dans une des boîtes en carton, j'ai trouvé une autre correspondance de soldat, ficelée de la même façon. Le fils après le père. Et adressée à la même femme, Cécile. Dans la première lettre à sa mère, sur le dessus du paquet, Norbert se montre guilleret. Comme quelqu'un qui échappe à sa destinée. *Hier matin, je me suis présenté pour être élève officier de réserve. Hein ! Quel culot ! ! Et pour le moment, quelle planque !! Regarde un peu : j'ai touché un beau costume de canonnier conducteur, c'est-à-dire : culottes bouffantes, une belle paire de grolles, le manteau ample et flottant. Le calot bien entendu. En somme, l'équipement est épatant.* On sent à sa manière d'écrire, parsemée d'argot militaire, que Norbert veut faire l'homme. *Demain matin briquage de la piaule puis passage de revue par le capiston.*

Moussia avait conservé, bien serrées par une ficelle et qui m'attendaient, 82 lettres de son fils, allant du 2 juin 1940 au 27 août 1943. *Je vais faire tout mon possible pour t'envoyer 1 mot tous les jours*, écrit-il au début de la séparation. Bien sûr, il ne tiendra pas sa promesse et il en arrivera même à oublier de souhaiter son anniversaire à sa mère. Il s'en excusera sur un ton de lassitude : *Oui, je sais, j'ai oublié ! Complètement. Nous faisons des marches, des revues, des corvées de charbon, du déchargement de wagons. Le reste du temps se passe en lectures et belotes qui nous permettent d'éviter de broyer du noir, car on s'embête ici. Tous mes camarades sont comme moi, je manque de courage, pour sortir, pour écrire, pour recoudre un bouton, laver un mouchoir.* Norbert, qui se qualifie de grand zigue, est un gaillard de 20 ans et d'un mètre quatre-vingt-dix, qui a tout le temps les crocs et qui organise des petites réjouissances dans la chambrée avec les copains, *c'est-à-dire que nous achetons du pinard à la cantine, des biscuits, un cigare, et tout le monde chante. J'en suis donc de mon répertoire. Je te prie de croire qu'on a bien rigolé et que mes monologues ont eu du succès.* J'ai l'impression de relire la correspondance de Raoul, à cela près que le père fut brutalement plongé dans l'horreur, et le fils, dans l'absurdité.

Raoul et Norbert

Tout commence le 12 juin 1940. À 3 h 45 du matin, Norbert a ordre de quitter sa caserne de Poitiers, non seulement avec les chevaux, mais avec les canons et les caissons, pour rallier un tout petit village de Dordogne, Grignols. Des journées de plus de 70 km à cheval sans rien à manger. *C'était une course contre la montre : le matin du 24, Messieurs les Allemands étaient à trois heures de nous, à 4 h 30 ils nous suivaient à dix minutes. Nous sommes arrivés à Brantôme pour apprendre la signature de l'armistice. Nous avons d'ailleurs plusieurs camarades qui ont été faits prisonniers.* Aucune émotion particulière dans le ton de Norbert, aucune honte devant la défaite. Pourtant, nom de nom, on était patriotes chez les Koch ! On faisait chanter « La Marseillaise », debout sur la table, à la petite Cécile ! Mais Norbert ressemble à un petit garçon qui voit qu'en raison du beau temps les maîtres laissent la récréation se prolonger. Il est arrivé à Grignols avec ses copains de l'armée en déroute et *depuis bientôt quinze jours, je suis en vacances ; nous faisons du camping, et si la nourriture était suffisante, je crois que j'engraisserais à vue d'œil. Nous prenons des bains et des goujons dans une rivière de 30 centimètres de profondeur. C'est incroyable ce qu'on devient fainéant. On ne s'occupe plus des nouvelles, elles sont tellement idiotes et incompréhensibles qu'on s'y casserait la tête. Bref, il ne manquait qu'une chose : une lettre, et je l'ai. Aujourd'hui même, j'ai reçu une lettre de parrain, me donnant ton adresse et une promesse de mandat. Alors, tu es rassurée ? Tu n'as plus de raison de te faire de bile pour moi. Après la pluie le beau temps, c'est régulier.*

Ce courrier est adressé à « Madame Barrois chez Monsieur Gendron au 12 rue des Fraises ». C'est chez ce vieux Nantais que Cécile et sa fille, fuyant les bombes, ont trouvé refuge. Je sais que maman m'a parlé de cet épisode de l'exode quand j'étais adolescente, mais je l'ai mal mémorisé parce que je n'ai rien compris à ce qui s'était passé. Je me souviens seulement que maman a pu prendre le train d'avant celui qui a été bombardé, qu'elle et sa mère ont échappé de peu à la mort. Le 20 juillet, un Ordre de rappel parvient à mademoiselle Barrois, lui enjoignant de retourner à son poste du Havre, l'école primaire ne s'arrêtant qu'au 1er août. Munies d'un laissez-passer,

Cécile et sa fille vont revenir au 35 de la rue Voltaire. Pourquoi ma grand-mère a-t-elle conservé dans le coffret ce *Passierschein* qui lui fut délivré par la *Feldkommandantur* ? Pensait-elle que, traversant une tourmente exceptionnelle, elle devait garder ce qui pourrait en témoigner ?

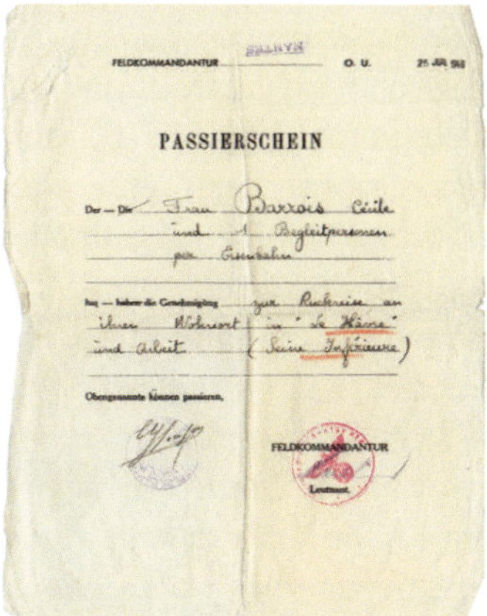

FELDKOMMANDANTUR O. U.

PASSIERSCHEIN

Der — Die Frau Barrois Cécile
und 1 Begleitpersonen
per Eisenbahn

hat — haben die Genehmigung zur Rückreise an
ihren Wohnort in " Le Havre "
und Arbeit (Seine Inférieure)

Obengenannte können passieren.

FELDKOMMANDANTUR

Leutnant.

Norbert, déconnecté des événements et qui s'inquiète pour sa collection de timbres restée sous les bombardements, annonce à sa mère ce qu'il appelle une bien triste nouvelle. *Je quitte les copains, les vacances de Grignols sont finies, les pique-niques sur l'herbe, la gentillesse des habitants d'ici. Bref, tout ce que je possédais ! Et je pars tout seul pour Bergerac travailler à l'Intendance.* Dans la carte suivante, il signale sous la forme fataliste d'un *alors, c'est fait* qu'il a renoué avec la vie de bureau. Il regrette son cheval, qu'il avait spirituellement baptisé Mavache, et aussi les deux petites Parisiennes avec lesquelles il pique-niquait. Il insiste bien sur le fait que ce sont deux charmantes *camarades* et qu'elles lui ont promis un gâteau d'anniversaire pour dimanche prochain avec 21 bougies. Le 30 juillet, Norbert fait à sa mère le récit de son équipée d'anniversaire sur un ton particulièrement décontracté. Il a retrouvé ses copains en faisant du stop dans une camionnette au milieu de douze petits cochons roses. Toute la journée s'est passée à manger et chanter jusqu'à dix heures du soir. Les deux Parisiennes, qu'il appelle ses *petites marraines d'après-guerre*, lui avaient apporté du chocolat, un cigare et un bouquet de fleurs de bruyère. Il a eu du mal à rentrer à l'Intendance. On devine qu'il s'est fait remonter les bretelles par sa mère, qui lui a envoyé pour son anniversaire une lettre « pathétique », dit-il, et « presque cornélienne ». Il proteste qu'il n'a pas mérité un pareil sermon, juste parce qu'il regrettait son mois de liberté. *Je ne sais pas ce qui a guidé ta plume ce jour-là mais je passe pour un égoïste qui ne te remercie pas de l'argent que tu as pourtant du mal à m'envoyer.* Un peu plus loin : *Songe que j'ai trois fois l'âge de raison. Même à 500 ou 600 km, tu me couves. Pourquoi, maman ?* Elle lui a conseillé dans sa lettre de ne pas convertir les 50 francs *de son mandat en pots de vin mais plutôt en beefsteak. Mais*, dit-il, *il n'y a pas de viande à acheter et puis rassure-toi le vin est très naturel, il vaut bien la Quintonine.* Comme il a reçu de l'argent de son parrain, il termine sur un ton narquois : *Me voilà à la tête d'une petite fortune. 125 francs divisés par 8 francs = 15 litres de monbazillac… C'est du joli, hein ?*

Au début de la guerre, Norbert est un jeune homme au cœur léger, souple, nonchalant, peut-être susceptible de laisser-aller. Il semble en tout cas que ce soit cette pente douce et fatale que redoutait sa mère. Comme il le lui dit : *Tu blâmais souvent ma nature insouciante, ne crois-tu pas qu'elle me serve énormément ? J'ai toujours la tête à la rigolade. Fais-en autant, tu verras comme on s'en porte bien !* Mais la situation s'éternise. La France est coupée en deux,

Norbert est en zone prétendument libre, sa mère et sa sœur en « zone oc ». *Je ne suis pas tranquille de savoir que c'est moi, le soldat, qui suis en sécurité et vous deux, en danger. Je sais que depuis quelques jours notre chère grande ville est martyrisée par ces* ***. Il y a là trois mots gommés que j'ai pu retrouver en examinant le papier à la lumière rasante. Norbert avait écrit *salauds de nazis*, ce qui prouve que le courrier était relu par la censure. D'ailleurs, le courrier suivant est une carte militaire pré-remplie qui encadre strictement l'information. Il n'y a plus qu'à cocher **« en bonne santé... fatigué... légèrement, gravement malade... blessé »**, et même... **« décédé »**.

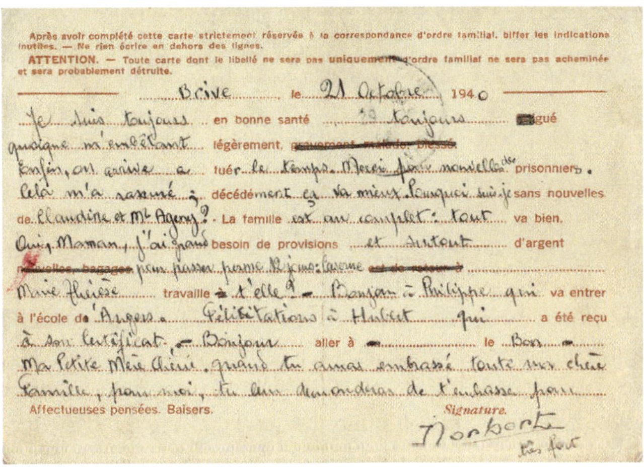
Après avoir complété cette carte strictement réservée à la correspondance d'ordre familial, biffer les indications inutiles. — Ne rien écrire en dehors des lignes.

ATTENTION. — Toute carte dont le libellé ne sera pas uniquement d'ordre familial ne sera pas acheminée et sera probablement détruite.

Brive le 21 Octobre 1940

Je suis toujours en bonne santé et toujours [redacted]gué
quoique m'entêtant légèrement, gravement malade, blessé.
Enfin, on arrive à tuér le temps. Merci pour nouvelles des prisonniers.
Cela m'a rassuré ; décédément ça va mieux. Pourquoi suis-je sans nouvelles
de Claudine et Mr Ageny ? - La famille est au complet : tout va bien.
Oui, Maman, j'ai grand besoin de provisions et surtout d'argent
nouvelles, bagages pour passer permis 12 jours : caserne est de retour à
Marie Thérèse travaille à t'elle ? - Bonjour à Philippe qui va entrer
à l'école de Angers. - Félicitations à Hubert qui a été reçu
à son certificat. - Bonjour aller à - le Bon -
Ma Petite Mère Chérie, quand tu auras embrassé toute ma chère
famille, pour moi, tu leur demanderas de t'embrasser pour
Affectueuses pensées. Baisers.

Signature.
Norbert
très fort

C'est là que fait merveille l'humour flegmatique de Norbert. Caviardant ou déformant les mots, il arrive à faire dire à la carte pré-imprimée qu'il est *toujours* ***gué*** et que *décédément, ça va mieux.* Cette carte d'octobre 1940 est adressée à « Madame Barrois chez Monsieur Sieurin, 4 rue Edmond-Pigoreau à Lillebonne ». Car Le Havre a de nouveau été bombardé. Cécile et sa fille ont trouvé refuge chez l'oncle Philippe Sieurin, un ingénieur qui a naguère épousé une jolie ouvrière aux yeux bleus, Louisette Barrois, la petite sœur de Raoul. Maman se trouve transplantée dans un milieu social plus favorisé que le sien. C'est chez les Sieurin qu'elle s'initie au tennis et manque de se faire éborgner par un club de golf.

L'oncle Philippe et la tante Louisette ont quatre enfants, dont la puînée, Germaine dite Maimaine, devient la sœur d'élection de maman. Dans la grande maison des Sieurin, partiellement occupée par l'ennemi, les deux cousines jouent des tours à l'officier allemand, nouant des rubans tricolores dans sa chambre au jour du 14 Juillet ou dégonflant les pneus de son vélo. Norbert, de son côté, est soldat d'une armée sans gloire dont il a plus que soupé. Deux ans qu'il n'a pas revu sa famille ! Aussi envisage-t-il à mots couverts de déserter en passant la ligne de démarcation : *Si tu acceptais à mes risques et périls, je tenterais, si tu le veux... (d'autres ont réussi sans trop de mal).* Il ne mettra pas à exécution ce projet risqué puisque, dans la carte suivante, il annonce à sa mère qu'il a une permission pour le mois de juin… Oh, mais ça y est, j'y suis ! Le télégramme que j'ai retrouvé dans le portefeuille de ma grand-mère, où donc est-il ? Le voilà ! Le cachet de la poste est du « 6-6-42 ». Norbert annonce à sa mère : *arriverai ce soir ou dimanche*

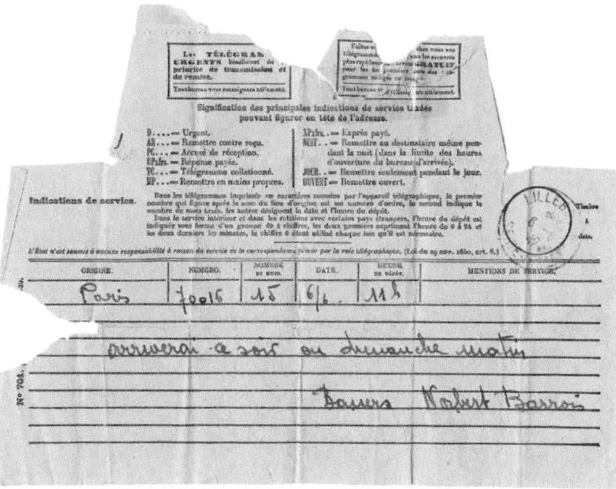

Les TÉLÉGRAMMES URGENTS bénéficient de priorité de transmission et de remise.

Signification des principales indications de service taxées pouvant figurer en tête de l'adresse.

D….— Urgent.
AR…— Remettre contre reçu.
PC…— Accusé de réception.
RPx frs. — Réponse payée.
TC…— Télégramme collationné.
MP…— Remettre en mains propres.
XPx frs. — Exprès payé.
NUIT. . — Remettre au destinataire même pendant la nuit (dans la limite des heures d'ouverture du bureau d'arrivée).
JOUR. . — Remettre seulement pendant le jour.
OUVERT — Remettre ouvert.

Indications de service.

Dans les télégrammes imprimés en caractères romains par l'appareil télégraphique, le premier nombre qui figure après le nom du lieu d'origine est un numéro d'ordre, le second indique le nombre de mots taxés, les autres désignent la date et l'heure du dépôt.
Dans le service intérieur et dans les relations avec certains pays étrangers, l'heure du dépôt est indiquée sous forme d'un groupe de 4 chiffres, les deux premiers exprimant l'heure de 0 à 24 et les deux derniers les minutes, le chiffre 0 étant utilisé chaque fois qu'il est nécessaire.

L'État n'est soumis à aucune responsabilité à raison du service de la correspondance privée par la voie télégraphique. (Loi du 29 nov. 1850, art. 6.)

Timbre à date.

ORIGINE.	NUMÉRO.	NOMBRE DE MOTS.	DATE.	HEURE DE DÉPÔT.	MENTIONS DE SERVICE.
Paris	70016	15	6/6.	11 h	

arriverai ce soir ou dimanche matin

Barrois Norbert Barrois

N° 704.

matin. J'avais en mémoire deux jeunes filles courant vers une gare sur une route ensoleillée, puis sautant au cou d'un grand gaillard bronzé qu'embarrassent leurs démonstrations d'affection. Mais c'était comme les images d'un film avec James Stewart en vedette masculine. Maintenant je sais, maintenant je vois les deux cousines qui embrassent Norbert à sa descente du train. En tisonnant mes souvenirs, je peux « ranimer les miroirs ternis et les flammes mortes » et partager la joie de ma mère quand elle écrit dans son album :

Tout vient à point et nous avons attendu deux ans !

Le cafard reprend le jeune soldat de retour à son cantonnement. *Les dimanches se suivent mais ne se ressemblent pas ! Il y a 15 jours, j'étais sur la plage du Havre, et aujourd'hui en caserne : levé à 11 heures et recouché à 13. Il faisait très chaud, j'ai bu, j'ai dormi… Je ne savais que faire.* Par moments, l'écriture de Norbert est si menue qu'il me faut une loupe pour la déchiffrer, comme dans la carte du 17 août 1942, où il s'adresse à sa *pauvre petite sœur qui méritait tant son bonheur… Et pauvre Pierre qui n'a pas su te comprendre !*

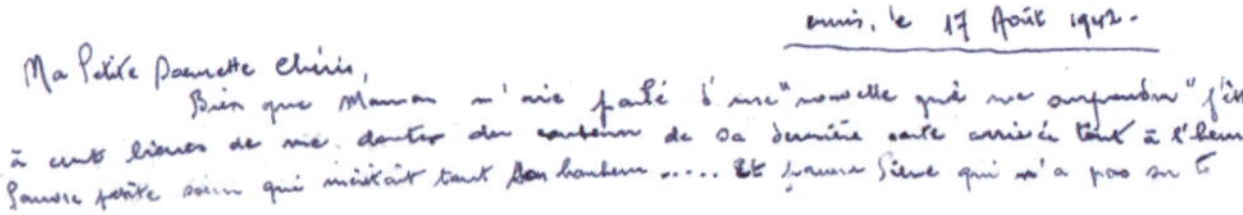

le 17 Août 1942.

… qui méritait tant son bonheur .... Et pauvre Pierre qui n'a pas su te

J'avoue que je ne sais pas à quoi Norbert fait allusion sinon probablement à une histoire d'amour qui aurait tourné court. *Une belle page pour la « boîte à souvenirs »*, la console son grand frère. *Ne ferme pas ton cœur surtout !* Dans une carte adressée en parallèle à sa mère, Norbert s'inquiète davantage. *Quelle est la réaction de Marie-Thé devant ce choc imprévu ?* Je me demande s'il n'y a pas eu quelque chose comme des fiançailles rompues avec un jeune homme de bonne famille. En relisant les cartes précédentes, je m'aperçois que j'ai fait l'impasse sur des allusions à ce Pierre à partir de février 1942 : *Ma chère petite Mathé, je suis bien content que ton Pierre soit guéri.* Ou encore : *Un vigoureux check-hand à Pierre.*

Et cette plaisanterie sur le mariage de sa sœur qui lui vaudrait une permission ? Elle est de novembre 1941, l'histoire d'amour aurait duré près d'une année… C'est drôle, je viens de me souvenir que, le jour où j'ai présenté à maman un jeune homme prénommé Pierre, me prenant par l'épaule un peu brusquement (ses gestes étaient brusques, maladroits peut-être, comme si elle s'agrippait), elle me glissa à l'oreille : « Ça me fait revivre ma jeunesse. »

Après la rupture avec Pierre, et peut-être à cause d'elle, Cécile et sa fille quittèrent la résidence bourgeoise de l'oncle Philippe pour s'établir rue Kinkerville, chez une logeuse, veuve comme l'était Cécile. Mais quelle importance, ce changement de standing ? « Trouve-toi une passion et tu es sauvée », me disait maman quand j'étais adolescente. Elle, elle l'a trouvée ! Une passion qui la dévore, et qui s'épanche sur un cahier qu'elle a baptisé, en lettres rouges, *Le Feu sacré*. Elle veut être comédienne.

Elle fait ses premières armes en janvier 1943 dans une troupe de filles, où son mètre soixante-dix et sa beauté androgyne lui réservent les rôles masculins. La voici, incarnant Gérald, dans un drame romantique en quatre actes, *La Fille de Roland*. « Je sens en moi

un tourbillon de passions saines ! » s'écrie-t-elle dans son cahier en un oxymore qui exprime à merveille son romantisme solidement charpenté. Quant à Norbert, dans sa caserne, qui rêve comme sa sœur de brûler les planches, il lui réclame : *Marie-Thé ! Réserve-moi un rôle dans une de tes prochaines productions. D'accord ?* La vie qu'il mène au fort de Quélern en Bretagne fait penser à ces descriptions de bagne que j'ai lues dans les mémoires de Vidocq. Il travaille dix heures par jour à charrier des tas de cailloux ou des sacs de ciment, il dort, enroulé comme un saucisson dans deux couvertures, sur un lit en bois muni d'une paillasse infestée de puces. *Le travail est dur. Mais dur, je le deviens également. Je me sens capable de faire n'importe quoi… Même de manger deux gamelles de l'affreuse mixture qu'on nous sert midi et soir. Hier, c'était un morceau de barbaque dont l'odeur seule eût mis en fuite un troupeau de boucs.*

Cinq années de sa vie se seront ainsi absurdement consumées. En 1945, alors qu'il se trouve à Rouen, pas encore démobilisé, Norbert fait la connaissance de Geneviève, fille de monsieur Savoye, un riche courtier, et de madame Savoye, dont nous avions entendu dire, quand nous étions enfants, qu'elle avait des lingots d'or dans un coffre. Ma grand-mère a conservé la lettre de madame Savoye lui apprenant que Norbert a été agréé. *Lundi soir sans aucun protocole mais dans une grande simplicité touchante, il nous a demandé notre Geneviève. Certainement nous avons donné satisfaction à sa demande mais nous ne voulons pas une réponse ferme de sa part avant, Madame, que vous connaissiez notre fille. Vous avez trop bien élevé vos enfants pour ne pas les diriger jusqu'au bout de leur vie.* Dans le même temps, Norbert raconte à sa mère la demande qu'il vient de faire. *Ma petite maman chérie, eh bien, vois-tu, ça n'a pas été tellement difficile… Un peu le trac comme avant d'entrer en scène… Si tu savais quelle bonté, quelle compréhension chez ces gens. Et tu verras mon enfant terrible !!! Le bon Dieu est bon ! J'en suis encore à me demander si tant de bonheur est possible !!!*

Dans l'entourage des Barrois, alors que la guerre s'effiloche, on se marie à qui mieux mieux. La petite cousine Germaine épouse son partenaire au tennis, la cousine Colette son pharmacien, et Marie-Thérèse son destin. Elle s'est choisi un pseudonyme d'actrice, Michèle Brune, et l'aventure démarre.

Non, ce n'est pas la route de l'exode comme je l'ai cru au premier coup d'œil, c'est la troupe du Théâtre 44,

emmenée par Norbert au pas du soldat. Marie-Thérèse tient son journal de bord.

Saint-Romain – le 14 janvier. Cette fois la neige ! Des kilomètres à pied, des kilomètres à bicyclette, un froid plus pénétrant encore. La fatigue et le froid ne comptent plus quand le rideau se lève.

Gravenchon – 18 mars. Durs à dégeler, les Gravenchonnais ! Nous y arrivons toutefois.

Angerville-l'Orcher – 8 avril. Un public bête. Une salle comble. Une scène affreusement petite. Mais on joue et c'est déjà beaucoup.

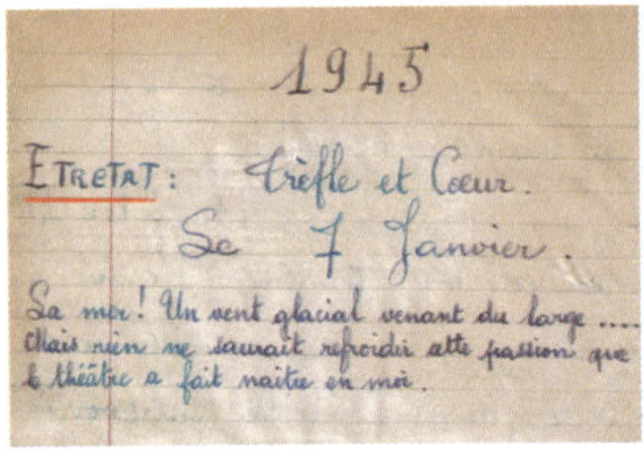

1945

Etretat : Trèfle et Cœur.
Le 7 Janvier.
La mer ! Un vent glacial venant du large....
Mais rien ne saurait refroidir cette passion que le théâtre a fait naître en moi.

Avant le lever du rideau, à Yvetot ou Étretat, on observe une minute de silence pour les victimes des bombardements, ces 3 000 Havrais qui sont morts en septembre 1944, asphyxiés dans les abris, écrasés en pleine rue, brûlés dans leurs maisons… Mais la pièce de théâtre qui est donnée ce soir veut oublier les drames. C'est un chassé-croisé sentimental entre cousins et cousines, et ce sont les jours d'autrefois qui renaissent, quand on dansait, quand on s'aimait à la cabane sur la plage. La pièce s'intitule *Les Jours heureux*, oui, les jours heureux.

Les fantômes du Havre

J'ai quitté Le Havre en 1962, j'avais huit ans. Je me souviens d'un vaste boulevard tout droit, où s'engouffrait le vent, et d'une trottinette faisant défiler sous mes pieds un joli trottoir rose. Jusqu'à ce jour je n'avais pas eu envie de revoir cette ville sinistre et sinistrée, objet familial de quolibets, où le vent qui tombe est signe qu'il va pleuvoir. Sur un coup de tête, comme s'il y avait urgence, j'ai décidé pour ce 6 mai de m'offrir Le Havre en cadeau d'anniversaire. Je voulais partir à la recherche des rues, des monuments, des statues que mon grand-père cite dans son journal. Je ne me faisais pas trop d'illusions, ayant récemment appris par le film *Table rase* de Christian Zarifian que Le Havre a été détruit à 80 % par le bombardement anglais du 5 septembre 1944. Avant de partir, j'ai téléphoné à Béatrice, ma cousine du Havre. Pour une raison dont je ne parlerai peut-être pas, nous sommes fâchées, du moins, nos familles le sont. Mais nous avons décidé, elle et moi, de renouer téléphoniquement. Béatrice est l'une des trois enfants de Norbert, la petite dernière. Je lui ai exprimé mon souhait de me rendre au cimetière Sainte-Marie, où son père a été enterré. La veuve de Norbert, Geneviève, étant encore en vie, j'avais l'espoir que la concession avait été renouvelée. Non seulement la tombe existe toujours, mais j'ai eu la joie d'apprendre que Raoul y est enterré avec son fils. J'exprimai alors à Béatrice mon désir de voir aussi sa mère, la pomme de discorde entre nos familles, et de lui montrer mes albums de photos pour qu'elle m'aide à identifier certaines personnes.

En triant les photos à emporter je suis tombée sur un cahier de fourniture scolaire, déjà aperçu dans mes remue-ménage. J'étais persuadée qu'il s'agissait d'un cahier d'écolier du petit Norbert. Une impulsion me le fit ouvrir. Une écriture ferme m'accueillit, tout en boucles élégantes.

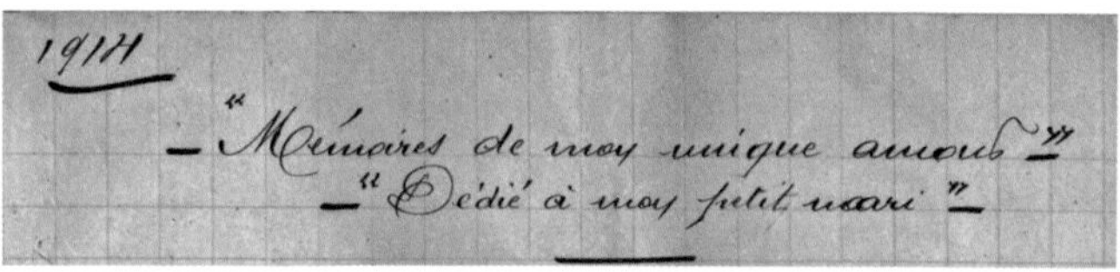

1914

— « Mémoires de mon unique amour » —

— « Dédié à mon petit mari » —

C'est le récit écrit par ma grand-mère de sa rencontre avec Raoul, celui que je croyais disparu ! *À l'époque où commence mon récit j'ai 18 ans et demi.* Dès les premiers mots, elle se présente telle que je l'ai connue : *d'une nature très aimante et sensible, d'un caractère gai et moqueur malgré cela sans méchanceté.* Ce sont les mêmes épisodes que ceux racontés par Raoul, mais vus de l'autre côté de la vitrine.

En contemplation devant tes chefs-d'œuvre que je ne me lassais pas d'admirer je t'aperçus un jour les yeux fixés sur moi, l'insistance de ton regard me troubla et je partis. Le lendemain je m'arrêtai de nouveau devant ton atelier tes yeux cette fois ne me quittèrent pas, ils semblaient vouloir deviner les traits de mon visage à travers le voile de crêpe que le deuil de mon père me faisait porter. Tes yeux profonds me pénétrèrent me troublèrent même et obéissant soit à un sentiment naissant, soit à une simple curiosité, je me plus dès lors à m'arrêter devant ta maison. Chaque jour qui s'écoulait, accompagnée de ma jeune sœur Denise je passais régulièrement à 1 h 20. J'aurais voulu connaître l'artiste qui faisait de si jolis travaux, le sculpteur de si belles choses et surtout le jeune homme aux grands yeux bleus qui chaque jour à pareille heure semblait attendre mon passage.

Je ne sais à quoi attribuer la différence de style entre Cécile et sa sœur aînée Lucie, « *ayant était* » en Espagne. Rien que la description du premier rendez-vous avec Raoul est d'une incroyable élégance pour une jeune fille qui n'a sans doute pas poussé les études jusqu'au brevet. *Après t'avoir serré la main et prononcé quelques paroles banales, je me remis de mon émotion et voyant ton apparente timidité je crus devoir causer plus librement afin de te mettre à l'aise. Comme je t'avais parlé durant quelques minutes et que de toi j'attendais une réponse, tu me dis : pardonnez-moi Mademoiselle mais je suis ému, à quoi je répondis en riant il n'y a vraiment pas de quoi, et me rappelant le proverbe disant que le premier symptôme de l'amour vrai chez l'homme est la timidité, et chez la femme la hardiesse, je me mis à te parler de ma famille, et à te questionner sur ton identité et sur ton travail.* Je sens que ma grand-mère aime les mots, la musique des mots. Spontanément elle casse le moule de la syntaxe ordinaire, « de toi j'attendais une réponse », écrit-elle. Elle cherche son rythme. *Chaque soir marchant près l'un de l'autre j'écoutais tes tendres aveux et je brisais souvent le charme des plus doux moments par d'ironiques paroles. Je me souviens un soir au moment de partir comme tu me disais : Je vous aime, d'avoir répondu souriante : N'en mourez pas.*

Mais Cécile doit gagner sa vie et ses loisirs sont comptés. Aussi le récit tourne court : *Dans la semaine qui suivit, je t'accordai sur mon travail un après-midi entier que nous avons bien employé. Malheureusement le temps n'était pas très beau et nous fûmes forcés de nous mettre à l'abri dans une allée rue d'Étretat. En chemin nous nous étions assis quelques minutes*
Ici s'arrête, suspendu au milieu d'une phrase, le journal de Cécile. Je l'ai glissé dans ma valise entre la polaire et le K-Way. Parée pour Le Havre. Direction l'hôtel des Voiles.

*

Allongée sur mon lit, je vois par la fenêtre, comme à travers un hublot, la mer sillonnée de bateaux. « C'est curieux, dis-je à Pierre, je n'ai aucun souvenir d'avoir joué sur la plage du Havre quand j'étais enfant. » Avec en main la liste des noms de lieux cités par Raoul et Cécile, nous sommes allés à leur recherche. Les noms existent encore sur les plaques, la rue de La Mailleraye où Cécile se rendait chez mademoiselle Noël pour une journée de couture, la rue Saint-Jacques où vivait la famille Koch, la rue Victor-Hugo où travaillait Raoul. Mais toutes les maisons ont été reconstruites et le numéro de l'atelier de Raoul, le 112, n'existe pas. On passe du 110 au 114, ce qui est tout de même pousser un peu loin la volonté d'effacer toute trace des miens ! Par acquit de conscience, Pierre a photographié la statue de Bernardin de Saint-Pierre, rescapée des bombardements. Mais elle n'est plus à l'endroit où Raoul avait donné rendez-vous à Cécile. Le Havre se joue de mes attentes. J'ai même dû en cours de journée troquer mon parapluie contre de la crème solaire.

La ville qui m'environne n'a guère à voir avec mes grands-parents. Le seul fantôme que je risque d'y croiser, c'est moi, du temps où Moussia m'appelait Nénette. Je suis née le 6 mai 1954 au 109, boulevard de Strasbourg. Je savais que je retrouverais le 109, achevé de construire l'année de ma naissance, mais le trottoir rose, pailleté de mica, a disparu, je n'ai plus ma trottinette, et le vent du Havre est tombé. J'ai sonné chez moi, personne ne m'a laissée entrer. À défaut, j'ai fait la visite guidée de l'appartement-témoin d'Auguste Perret, l'architecte de la reconstruction du Havre, dont les immeubles en béton armé, à la laideur assumée, ont été inscrits il y a quelques années au Patrimoine mondial de l'Humanité, ce qui a bien fait rire mon père.

Pendant que Pierre achetait les tickets, mes yeux se sont posés sur un bureau d'écolier, reconstitution des années 1950. Sur une ardoise, cette phrase était écrite à la craie : *Je prenais des cours de*

solfège chez madame Pinchard. Jusque-là, c'était moi qui allais à la rencontre du passé, soudain le passé saute à pieds joints jusqu'à moi. Madame Pinchard s'appelait Jacqueline. Maman se méfiait d'elle. Elle se méfiait de toutes les femmes qui s'approchaient de son mari. Que vient faire la madame Pinchard de mon enfance sur cette ardoise ? J'ai eu la réponse dans un livre vendu au guichet, *Une enfance havraise.* L'écrivain Pascal Quignard prenait des cours de solfège chez madame Pinchard, et la phrase est de lui. De même que cette description d'une enfance dans les baraquements : « Qui est capable d'imaginer la ville "absente" où j'ai vécu ? Qui peut avoir idée de la violence du vent quand le sol était nu, quand l'herbe peinait à repousser dans les décombres, quand rien ne venait s'opposer au déferlement du vent du large sur les ruines ? »

En lisant ces lignes, j'ai pensé à mes deux frères, surtout à Tristan, né en 1947, qui ont fait leurs premiers pas dans une ville anéantie. Ce n'est pas la première fois que je suis frappée par cette idée, du reste une évidence, que mes frères n'ont pas eu la même enfance que moi. Je suis née dans une ville elle-même en pleine renaissance, j'ai étrenné un 200 mètres carrés avec ascenseur, vide-ordures et salle de bains, le luxe américain !

Sortant de la visite guidée, nous poussons jusqu'au lycée François-Ier où je fis ma scolarité de la onzième à la neuvième. Mais cinquante années se sont écoulées. Cette ville m'est étrangère. Je ne reconnais rien. Je ne croiserai aucun fantôme, pas même le mien. Le lien le plus sûr avec le passé, ce sont les vivants, ou plutôt ceux qui s'interposent entre nous et la mort, les survivants.

Ils ont aujourd'hui entre 90 et 100 ans, ils sont le dernier souffle de ceux qui connurent la Grande Guerre.

De sa belle-sœur Geneviève, maman m'avait brossé le portrait en quelques touches. Madame Savoye, la mère de Geneviève, avait dit à ma grand-mère, peu avant le mariage : « J'ai très mal élevé ma fille. » Pour maman, tout en découlait. Les trois enfants de sa belle-sœur, Olivier, Donatienne et Béatrice, chez qui je dîne ce soir, étaient, eux aussi, mal élevés. Quand leur père arrivait en retard pour le dîner, sa part de dessert avait déjà été mangée (je vais tâcher d'arriver à l'heure). De Geneviève, je connais deux phrases que ma mère m'a transmises. L'une était une plaisanterie à répétition. Quand elle arrivait chez les gens, Geneviève demandait à boire en disant : « On ne vous a pas coupé l'eau ? » L'autre avait été prononcée dans de terribles circonstances alors que Norbert, atteint d'une tumeur au cerveau, venait d'être opéré.

La jeune femme brune au menton énergique, qui signait ses lettres « la sale gosse de Norbert », est désormais une vieille dame aux cheveux de neige qu'on voudrait entourer d'ouate comme un saxe fragile. Une question me brûle les lèvres dès que je la vois entrer dans le salon de Béatrice au bras de son fils aîné. Pourquoi ma mère et elle se sont-elles fâchées ? « On peut s'asseoir, me dit-elle, ma fille ne fait pas payer les chaises. » D'entrée de jeu, le même genre de blague qu'il y a soixante ans, et cette certitude qui me foudroie : on ne change pas.

Au moment de l'apéritif, je sors de mon sac une lettre de Norbert à sa mère. Je l'ai apportée, mue par le mouvement du chef de tribu qui vient faire la paix.

Ma petite maman chérie, je suis extrêmement heureux et j'adore Geneviève qui est la plus prenante et la plus rare ! Ayant tenu à faire cette déclaration d'outre-tombe à voix haute pour plus de solennité, j'ai mis la vieille dame dans tous ses états. « Je l'aimais beaucoup, je l'aimais beaucoup. — Tu l'as idéalisé », la taquine sa fille. Mais elle : « Nous avions nos disputes, nos difficultés comme tout le monde. Il avait des défauts. Mais des dons aussi. Il était doué. Très doué. » Je reconnais l'antienne de maman.

— Ma belle-mère m'aimait beaucoup, reprend Geneviève, toujours fébrile. Elle venait nous voir tous les jeudis, elle disait : « Le jeudi, c'est sacré. » C'est moi qui lui ai trouvé ce nom de Moussia. C'est moi.

— Je me fais appeler Moussia par mes petits-enfants. En somme, dis-je pour lui complaire, je vous le dois.

— On se tutoie, on se tutoie !

Nous nous échangeons quelques nouvelles, la mort de la cousine Claudine, que j'ignorais, contre la mort de la cousine Germaine, dont elle ne savait rien. Que peut-on ressentir à être une survivante ? Il m'arrive de penser au peu d'années qui nous restent à vivre ensemble, Pierre et moi. Dix, quinze, vingt ? Chaque jour qui passe entame ce petit capital. Il me semble que, pour les gens très âgés, le compteur tourne autrement. Chaque jour qui passe est un jour en plus, remporté sur la mort. L'hiver dernier, Geneviève s'est cassé les poignets en tombant, elle a été hospitalisée, elle s'est amenuisée, on aurait pu croire le début de la fin. Et puis non, la flamme brûle de nouveau dans ses yeux bleus. À ma demande, Geneviève me parle d'Isaac Koch, mais en baissant la voix comme si sa veuve était dans la pièce à côté. « C'était quelqu'un de bizarre, je ne sais pas si tu sais… il était déjà marié. Il avait un fils aussi. Paul. »

Je voudrais la faire répéter pour être sûre d'avoir compris cette nouvelle qui, apparemment, n'a stupéfié que moi dans cette salle à manger. Quoi, Isaac a eu un fils avec sa première femme ?! Mais la conversation vient de se déporter vers une certaine madame Olphand, amie de mes parents. Maman se méfiait de madame Olphand, végétarienne, yogi, adepte de Maître Philippe de Lyon, qui avait endoctriné papa. Je voudrais qu'on épuise chaque sujet avant de passer au suivant et je me sens tourmentée comme quelqu'un qui, descendant du train, a le sentiment d'oublier quelque chose derrière soi. À cela s'ajoute ma surprise de détenir parfois plus d'informations sur notre famille que mes cousins. Ils ignorent qu'une des rues du Havre porte le nom d'un des nôtres, la rue Jean-Philippe-Neveu. Jean, « le cousin Jean qui aimait tant la vie », comme l'a écrit maman sous cette photographie, est mort le 5 septembre 1944 à 20 h 25. Il faisait partie des Équipiers nationaux qui assuraient des tâches de déblaiement pendant les bombardements anglais. En tentant de sauver des gens dans l'immeuble du Guillaume-Tell en flammes, Jean a été écrasé dans l'écroulement de la façade. 24 ans.

De son côté, mon cousin Olivier possède une chose incroyable. Une photo d'Isaac Koch, dont il m'a fait une photocopie. Il se dégage de ce quinquagénaire à barbiche et lorgnon une respectabilité bourgeoise

que contredisent ses fines mains d'artiste et son sourire rentré. Mais je fantasme certainement. J'ai toujours eu un faible pour Isaac, le confondant avec Édouard Rochester, le ténébreux héros de Charlotte Brontë, prêt à devenir bigame par amour.

Cependant l'heure tourne, on est rendus à la tarte aux pommes, je suis en train de laisser passer une occasion unique, et je ne sais même plus de quelle occasion il s'agit. Je prends un de mes albums pour le feuilleter. Sous une photo de Norbert et Geneviève, maman a écrit : *1946 on part servir la France et l'on ramène une charmante fiancée.* C'était au temps où personne n'était fâché. Ah oui, c'est cela ! Je dois demander à Geneviève pourquoi elle s'est fâchée avec ma mère. Mais je ne peux pas lui poser la question à brûle-pourpoint.

— Tu as vécu dans les baraquements ? dis-je au hasard.

— Oui, rue d'Ingouville. Norbert et moi, on a recueilli ton père et ta mère.

Mon regard s'arrondit. Comment ça : « recueilli » ?

— Tu comprends, m'explique Geneviève, tes parents n'avaient pas de travail et ils n'avaient pas de logement. On a dû s'entasser à deux couples.

Mais non, ce n'est pas du tout ça ! C'est mon père, ce héros, qui a « recueilli » ma grand-mère après la destruction du Havre, et qui s'est trouvé du travail à la hache dès la sortie de la guerre. Lui, le sans-diplôme, le sans-famille, le sans-fortune, il est devenu journaliste dans une fulgurante ascension sociale ! C'est le récit qui a cours chez les Murail. Mais dans la bouche de Geneviève, c'est Norbert, déjà établi dans un cabinet d'architectes, qui a patronné mon père en l'introduisant au journal *Le Havre libre*. Cela ne doit pas faire partie du vocabulaire de Geneviève mais, pour un peu, mes parents auraient « squatté » son baraquement. « Pour des jeunes mariés, c'était difficile, souligne-t-elle malicieusement. Alors, quand je pouvais, je m'échappais. J'allais chez mes parents à Rouen. Hmm ! Prendre un bon bain dans ma baignoire ! »

Depuis un instant, j'ai un peu de mal à suivre la conversation. Je proteste intérieurement : maman m'a toujours raconté qu'après leur mariage, elle et son mari avaient vécu dans une chambre de bonne sous les toits de Paris. Se sont-ils retrouvés à la rue, obligés de se faire héberger par le beau-frère et la belle-sœur ? Je me sens en position de faiblesse. J'ai en face de moi un témoin, quelqu'un qui pourra toujours m'objecter : « Je sais, j'y étais. » Moi, je n'ai que mes « maman m'a raconté ». Pour revenir sur un terrain plus sûr, je tente un dégagement :

— C'est curieux, dis-je, je n'ai aucune photo de moi, enfant, sur la plage du Havre. Ni aucun souvenir.

— C'est normal ! s'esclaffe Béatrice. Vous n'y alliez jamais.

Nouveau malaise. Le boulevard de Strasbourg n'est qu'un long travelling vers la mer. Pourquoi n'allions-nous JAMAIS à la plage ? « Parce que vous ne sortiez pas de chez vous », m'assène Béatrice. Quand il m'est arrivé de dire en public que, pour faire de ses enfants des artistes, il faut les enfermer dans un placard, je pensais que c'était une boutade… « Vous étiez tellement sages, et nous, tellement turbulents ! s'égaye Béatrice. Toujours dehors avec nos copains. Maman nous laissait très libres. »

En effet, je me souviens de mon effroi devant ces cousins Barrois qui mangeaient leur pot de colle Glatigny avec la petite pelle sans tenir compte de l'avertissement parental : « Ça va te coller les boyaux », et qui, s'enfonçant dans la délinquance, versaient de l'eau sur les passants du haut de leur balcon. À rebours, mes cousins se souviennent de leur étonnement devant mon frère aîné, premier de classe avec deux ans d'avance, qui jouait encore aux petites voitures à 12 ans ! Je ne proteste pas, à quoi bon ? J'ai dans l'oreille l'adage de maman : « Un enfant qui joue bien travaillera bien. » Mais le travail n'a pas si bonne presse chez les Barrois. Geneviève rit encore de l'appréciation sur le bulletin scolaire de sa benjamine : « Béatrice n'attend qu'une chose en classe, la récréation. »

Je suis repartie houleuse dans la nuit havraise, mi-douloureuse, mi-amusée. Je n'avais encore jamais vu mon enfance à travers le regard de quelqu'un d'autre.

*

Le lendemain, j'avais rendez-vous à la brasserie Paillette avec ma cousine et son mari. Comme j'ai laissé passer plusieurs semaines depuis, je sais que je ne parviendrai pas à plier bord à bord les mots que j'écrirai sur ceux qui furent réellement prononcés. Mais je vais faire un effort. Béatrice m'a d'abord fait savoir que sa mère était très heureuse de sa soirée. Elle se sentait délivrée d'avoir pu me parler. Béatrice a-t-elle dit « délivrée » ou « libérée » ? Je crois que c'était « libérée ». Parce que j'ai pensé à Jean sous les bombardements. Puis je me suis bercée d'un rythme ternaire : « Le Havre brisé, Le Havre martyrisé, mais Le Havre libéré ! », et encore « Le Havre que j'avais oublié, Le Havre que j'avais méprisé, mais Le Havre… » Je cherche souvent des phrases dans ma tête tout en laissant parler les gens. Cela doit me donner un air très attentif.

« Et qu'est-ce qui s'est passé entre vos deux familles pour que vous soyez fâchés ? » dit soudain Pierre. Mais… ? C'est ma question, ça ! Si j'avais été plus présente à la conversation, c'est moi qui l'aurais posée. J'en reste comme deux ronds de flan. Je n'ai plus qu'à attendre une réponse, maintenant. Si quelqu'un, en dehors de Geneviève, sait quelque chose, c'est Béatrice. Elle commence prudemment, en posant les mots entre nous, un à un.

— Moussia était une mère possessive… La maman juive.

Elle ne veut pas me blesser, mais elle ne veut pas dire du mal de sa mère. Tout s'est cristallisé autour de la phrase que Geneviève aurait dite à Moussia à l'hôpital de Suresnes après l'opération de Norbert : « Je préfère qu'il meure plutôt que de le pousser dans un fauteuil roulant. »

— Elle a dit ces mots parce qu'elle n'imaginait pas son mari si beau, si fort, réduit à l'état d'invalide.

Moussia a répété la phrase à ma mère qui, des années plus tard, l'a répétée à ses nièces, de passage à Paris. Maman commit alors l'imprudence d'ajouter que son frère « méritait mieux ». Mieux que Geneviève ? Les deux jeunes filles, bouleversées par ces propos, les rapportèrent à leur mère. La rupture s'ensuivit.

Le destin de son frère, ce frère tant aimé, tant admiré, « beau comme Errol Flynn », était resté une douleur incroyablement vive pour maman, qui m'en parlait encore aux derniers jours de sa vie. « Il méritait mieux » était une phrase plus générale que ce que Béatrice a supposé. « Mon pauvre frère », me disait maman, et dans ces trois mots, dans la voix qui fléchissait en les prononçant, j'entendais autre chose : une faille, une faiblesse, que je voyais aussi sur les photos de Norbert, sur son visage qui s'est marqué trop tôt, son grand corps nonchalant qui s'est trop vite consumé.

Nous marchons côte à côte, Béatrice et moi, dans le cimetière Sainte-Marie, jusqu'au lieu où reposent Raoul et Norbert Barrois, le père et le fils, décédés respectivement à 32 et 40 ans.

C'est un bonheur inespéré de pouvoir poser la main sur leur tombe comme si je la posais sur leur épaule. À côté d'eux est enterrée *Marie Lecouillard*, ce qui me remet en mémoire les patronymes des trois gendarmes de Lillebonne, du temps où maman était institutrice, Cocu, Lecul et Couillard. Ma mémoire cauchoise est de plus en plus performante. Cherchant la tombe d'Isaac Koch, sur laquelle Geneviève se rappelait avoir prié, nous plaisantons, Pierre et moi, en passant devant la *Famille Ouf* qui jouit d'un repos bien mérité. Un jardinier nous indique le carré juif dans le « bi du bout », comme aurait dit ma mère. Le carré est en fait un triangle où quelques tombes se dressent vers le ciel entre les mauvaises herbes. Des noms surgissent, chargés d'histoire, des Blum et des Dreyfus, prêts à bondir à l'appel du Messie, mais il n'y a pas d'Isaac Koch. Certaines pierres tombales sont effondrées, ouvertes ou fracassées. Cent ans après, je me doutais que je ne retrouverais rien.

Dans un petit local à l'entrée du cimetière, quelques fonctionnaires essaient de rentrer les morts dans un fichier informatisé. « Isaac, comment vous dites ? Koch ? Non, il n'est pas là. » Geneviève nous avait pourtant certifié qu'elle s'était rendue sur sa tombe en compagnie de Moussia. Mais c'est une vieille dame, sa mémoire n'est pas informatisée. « Je l'ai ! » nous annonce soudain un jeune homme, qui est allé chercher les registres d'autrefois, écrits à la main. Isaac a bien été enterré le 11 janvier 1914 dans la partie juive du cimetière Sainte-Marie.

Nous nous quittons, ma cousine et moi, sur un bord de trottoir ensoleillé. Je reviendrai. Je veux revenir.

Le Havre que j'avais oublié, que j'avais méprisé, Le Havre brisé, Le Havre martyrisé, mon Havre de vent, de pluie, de grâce, mon Havre cubiste sous des ciels impressionnistes, qu'on doit peindre ou filmer pour l'aimer, Le Havre est la plus belle ville de ma vie.

Peut-on prouver le bonheur ?

À écouter ma cousine du Havre me parler de son insouciance scolaire, des copains de classe que sa maman accueillait généreusement, il m'a semblé qu'elle revendiquait une enfance heureuse, comme moi-même par le passé quand je disais : « Une enfance heureuse, ça dure toute la vie. » J'ai toujours pensé que j'avais eu une belle enfance, immobile et joueuse, mystique et rêveuse. C'est une impression d'ensemble, sans preuves.

« Le bonheur, c'est d'être heureux. Ce n'est pas de faire croire aux autres qu'on l'est. » Jules Renard

Au-dessus de mon bureau d'enfant j'avais épinglé cette phrase : « Il fait toujours beau dans ma chambre », parce que papa avait peint le plafond en bleu ciel.

Quand nous partions pour un mois en vacances, maman tenait un petit registre météorologique, quitte à tricher un peu pour pouvoir aligner jour après jour sur son cahier : TBT (« très beau temps »). J'avais donc décidé que dans ma chambre d'enfant rue de Bretagne, c'était TBT toute l'année. Maman tenait un autre registre, celui de notre enfance, dans un gros livre de comptes reconverti en album de photos. Elle avait coutume de dire que c'était la seule chose qu'elle emporterait en cas d'incendie. À sa mort, j'ai repris l'album qui m'était consacré, il y en avait un par enfant. Sur les photos, ce ne sont que fêtes, baptêmes, mariages, tablées souriantes, jeux, vacances et déguisements. Il n'y a que Facebook qui puisse rivaliser. Mon album commence de cette façon : *Je m'appelle Marie-Aude Cécile Brigitte Murail. Je suis née le 6 mai 1954, un jour ensoleillé du mois de Marie, à 11 h 30, alors que le soleil baignait les murs de notre belle maison. La première chose que je vis, ce fut mon beau berceau où deux roses venaient d'éclore. « Tiens, me dis-je, on attendait une fille ! »* En lisant ces lignes, j'ai pensé à la première phrase de *David Copperfield*. « Deviendrai-je le héros de ma propre vie, ou bien cette place sera-t-elle occupée par quelque autre ? » En d'autres termes, comment faire pour que mes souvenirs d'enfance, heureux ou malheureux, soient vraiment mes souvenirs ?

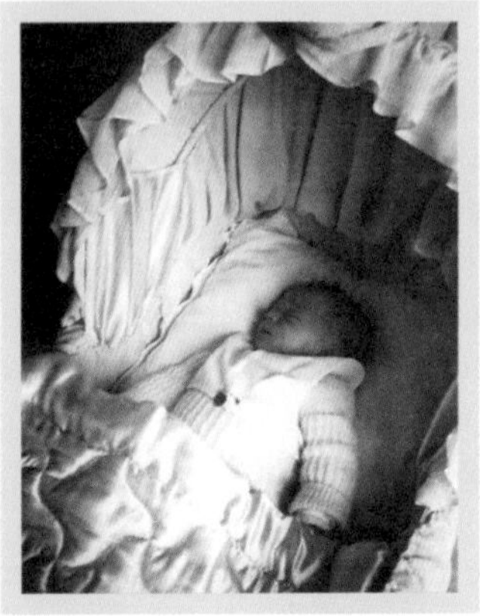

J'aurais une solution, mais elle me répugne. Dans le bas d'une vitrine, sculptée par mon grand-père, que maman m'a donnée quand j'étais jeune mariée, j'ai entassé des lettres personnelles et des journaux intimes. Je les aurais volontiers jetés, mais mon mari les a préservés de déménagement en déménagement. Je suis d'une nature jeteuse depuis que j'ai lu sous la plume de je ne sais quel crétin misogyne, peut-être Montherlant, que les femmes gardent les lettres qu'on leur a envoyées comme la preuve qu'on les a aimées. Et parce qu'un autre crétin misogyne, ou bien le même, a remarqué que le point d'exclamation était la ponctuation préférée des jeunes filles qui tiennent un journal intime, je n'ai jamais souhaité relire les miens. Tout en débattant avec moi, me relirai-je ou ne me relirai-je pas, j'ai fouillé le bas de ma vitrine et j'ai trouvé parmi d'autres débris du passé un cahier de brouillon à la mince couverture, déchirée et bariolée comme un habit d'arlequin. *Murail Marie-Aude Cécile Brigitte née le 6 mai 1954 au Havre, ça c'est pour la mairie et l'album de famille car, en fait, qui suis-je ?* Voilà ce que porte la page inaugurale. J'aimerais savoir quel âge j'avais quand j'ai voulu faire une rétrospective de ma vie. Je feuillette mon cahier pour l'apprivoiser, mais je me sens comme une mère qui fouillerait dans les affaires de sa fille. Ah, voilà, c'est écrit : *Hélas, ils sont si loin les jeux de mon enfance que je me permets d'en sourire, comme l'adulte sourit à l'enfant, amusé, condescendant, intrigué. Est-ce si loin ? **À 17 ans**, peut-on parler de son enfance ?*

Je vais donc me lire en évitant tout sourire condescendant et en dictant mon texte à un logiciel de reconnaissance vocale, Dragon de son petit nom. J'avais fait un premier essai de cette technique il y a une douzaine d'années, mais elle n'était pas encore tout à fait au point puisque, à la phrase du type « J'ai bien reçu votre lettre » que je lui dictai, mon ordinateur préféra cette surprenante proposition : « Dont la commission des baleines ». Dragon est plus malin, même s'il a récemment transformé mon héros Kenneth Ashley en une « canette desséchée ». Si je persévère, c'est en prévision du jour où je serai aveugle. J'aime anticiper. En cas de surdité, je n'ai encore rien trouvé.

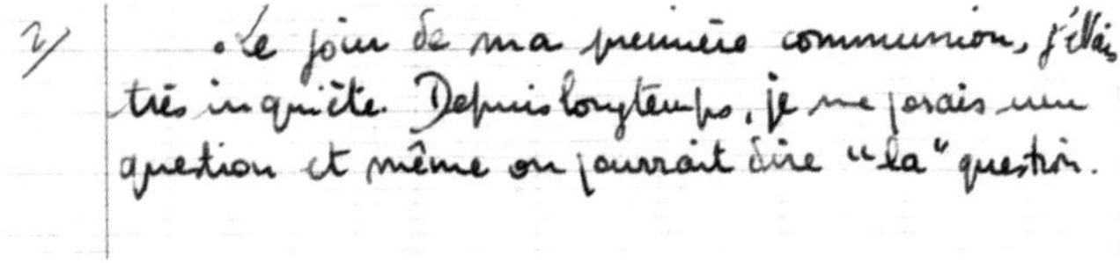
2/ Le jour de ma première communion, j'étais très inquiète. Depuis longtemps, je me posais une question et même on pourrait dire "la" question.

Le jour de ma première communion, j'étais très inquiète. Depuis longtemps, je me posais une question et même on pourrait dire « la » question. Et la réponse en serait donnée le jour de ma première communion, qui modifierait mes futures relations avec le p'tit Jésus. Quel goût l'hostie aura-t-elle ? Voilà ce qui me torturait. Et je me répondais de façon catégorique : « Si "ça" a goût de petits pois, je n'en prendrai jamais plus[1]. » J'avais oublié cette histoire de petits pois, mais on m'avait expliqué – et c'était plus inquiétant – qu'on devait laisser fondre l'hostie dans la bouche, et non la mordre, car c'était le corps de Jésus-Christ. Il faut dire que ma dame catéchiste s'appelait mademoiselle Baratin. *À 9 ans, j'ai voulu être sainte, mais alors une vraie sans péchés. Et cette vocation me faisait bien souffrir car je me sentais surveillée et obligée de toujours sourire, toujours ranger, toujours rendre service. J'en eus vite assez d'être sainte et je décidai de me préparer à entrer dans les ordres. Après tout,*

1. Tous les textes en italique sont extraits de mon autobiographie écrite à 17 ans et jamais lue par quiconque à ce jour.

Commentaire de maman :
« Notre petite chérie a reçu Jésus. »

c'est moins fatigant et puis c'est une situation. Jusqu'à l'âge de 8, 9 ans, mon avenir me semblait donc assuré : une vocation religieuse puis le paradis. Maintenant, je sais (je crois savoir… soyons prudente !) que je serai prof de français parce que j'aime les livres d'un amour religieux. Je voyagerai avec Elvire (Elvire, c'est ma sœur : nous sommes unies comme les deux doigts de la main… Non ! Cette expression est stupide : nous sommes le même doigt et si l'on me disait de choisir lequel, je répondrais l'index). Avant, je rêvais que j'irais chasser le phoque avec les Esquimaux et causer chiffons avec les femmes jivaros. Maintenant, je suis nettement plus réaliste : je ferai le tour du monde dans une Méhari vert bouteille avec, peints sur le capot, les noms des pays déjà visités (Elvire regarde déjà toutes les Méharis stationnées dans Paris). J'ai besoin de m'accrocher à ces détails. S'il n'y avait pas de Méhari vert bouteille, je ne croirais pas au départ.

Les parenthèses et les points de suspension vont me faire souffrir. Sinon, cet humour pincé me convient.

Les paragraphes se suivent sans chronologie, à peine la ligne de démarcation qu'est la mort de Moussia. *Un souvenir m'obsède, c'est un village de l'Aveyron… Betz. Je me rappelle la maison poussiéreuse en face de l'église, les papiers tue-mouche où s'accrochaient les cheveux, l'eau qui avait goût de rat crevé, l'épicière que j'avais baptisée Berthe, un chien vagabond, ma grand-mère malade, la bicyclette rouillée… Trop de souvenirs pour une période aussi courte… C'est qu'elle fut remplie d'événements inhabituels et de découvertes. Il y avait des lézards volants dans le jardin et des sangsues dans l'eau de la fontaine. Et puis surtout, je me rappelle l'odeur de la mort, oui, réellement, l'odeur… Moussia était malade et je me revois questionnant Lorris*

sur la route : « Tu crois qu'elle va mourir ? » Je priais Dieu pour Moussia mais je lui disais : « Guéris Moussia et veille aussi sur Flash » (c'était le nom que nous avions donné au chien vagabond). Et puis, Moussia a dû être transportée à Paris en ambulance, accompagnée par maman et Tristan. Papa est resté seul avec nous trois. Il a appris à faire les tresses d'Elvire et à soigner (si l'on veut) mon angine. Dès que j'allais un peu mieux, je partais en forêt à la cueillette des champignons. Puis, le sang à la tête à cause de la position courbée, les mains moites, les idées troubles, je m'asseyais et je mangeais de la fouace avec de la crème Mont Blanc. Écœurée, épuisée, je rentrais à la maison avec 40 °C de fièvre et papa, affolé, me faisait avaler un bol de vin chaud, à moi, la future nonne que la plus petite gorgée d'alcool brûlait de tous les feux de l'enfer… Je me souviens de ma terreur quand Lorris, ayant remarqué à l'église que j'avais communié sans m'être confessée depuis au moins trois mois, me glissa pendant la messe : « C'est un péché mortel ! »

Je me demande comment les enfants d'aujourd'hui font pour se passer de la religion. Je ne parle pas de Dieu ni de la foi, mais de la place que tenait la religion dans notre quotidien. *Le diable me tendait des pièges et quand Elvire et moi partions d'un fou rire au moment de la prière, je lui expliquais gravement : « C'est le diable. » J'avais peur d'être possédée. Je pensais : « Le diable est sûrement furieux de voir une petite fille déjà sainte. »* Nous faisions notre prière, Elvire et moi, tous les soirs, agenouillées sur notre lit, les mains jointes et le visage tourné vers le mur. J'avais entrepris de donner à ma petite sœur la version sous-titrée du *Notre Père*, mais j'ai dû avoir quelques difficultés en arrivant à « Ne nous soumets pas à la tentation », même si le fou rire qui nous saisissait en était l'illustration. Comme nous ne parvenions pas à le maîtriser, je disais à Elvire de réciter le *Je vous salue Marie* dans sa tête. Puis nous nous demandions : « Où tu en es ? » L'une ou l'autre répondait : « mère de Dieu » (= merde Dieu) et le fou rire nous reprenait.

La messe était un long supplice. Quand j'y allais (en retard bien sûr) je me disais en chemin : « À quoi vais-je penser ? » Car à part le sacristain et son lourd bâton, il n'y avait guère de distraction... J'aimais deux choses à la messe, les formules cabalistiques en latin et le récit de la Passion à la fin de mon missel. La flagellation, la couronne d'épines, les clous dans les mains, la lance dans le côté, cela m'occupait bien. *Quand j'étais sainte, j'avais remarqué une belle Hindoue, en costume national, qui priait avec ferveur à la messe. On avait dit devant moi qu'elle était très pieuse et je me mis à l'imiter : tête inclinée, yeux fermés, mains jointes. Mon espoir, bien sûr, c'était que les gens disent de moi : « Oh, j'ai vu une petite fille très pieuse à l'église. » Hélas, il me manquait le sari.*

Maman, qui avait une dévotion particulière pour Thérèse de Lisieux, sa sainte patronne, m'avait offert une version pour la jeunesse de sa biographie, dans laquelle j'avais appris que la petite Thérèse, voulant atteindre le Ciel, refusa de descendre de la balançoire. Lors d'une maladie qui avait mis sa vie en danger, elle avait vu près de son lit sa statuette de la Vierge qui lui souriait, ce qui me décida à avoir, moi aussi, une apparition. C'est dommage que les expressions « les cheveux se dressèrent sur ma tête » ou bien « j'en eus le souffle coupé » soient à ce point rebattues parce que c'est exactement ce que je ressentis. La Vierge m'apparut une nuit sur mon bureau d'écolière, immobile, argentée, environ vingt centimètres de haut. Je ne peux évidemment pas me prononcer en ce qui concerne sainte Thérèse, mais je dois reconnaître qu'au petit matin mon apparition se révéla être ma collection de capsules en plastique que la lune avait astucieusement éclairée.

La confession était une torture inventée par un monsieur bonasse qui disait derrière sa grille : « Et après, mon petit ? » Après ? Après ? Vite, vite, je cherchais des crimes, des vols, des colères, des horreurs qui puissent enfin le rassasier. « C'est bien tout ? » Ah, il est déçu… J'aurais dû prévoir. Dans l'interrogatoire de mon missel, il y a si peu de choix. « Avez-vous fait votre toilette ? » Pour qui me prend-on ? « Avez-vous désobéi à vos parents ? » Comme tout le monde.

Mon Père je m'accuse :

— d'avoir eu *volontairement* des pensées impures... des désirs impurs... des regards impurs...

— d'avoir fait des actes impurs.... seul... avec d'autres...

— d'avoir fréquenté de mauvaises compagnies... fait des conversations impures... d'en avoir écouté avec plaisir...

— d'avoir fait de mauvaises lectures... assisté à des spectacles inconvenants...

Là, ça se complique.

Éclairez-moi, Saint-Esprit ! Je jette hâtivement : « Je suis arrivée en retard à la messe. » Ça, ça marche à tous les coups. « Oui », fait le monsieur dans sa cage avec une intonation qui signifie : et après ? Je poursuis avec un « Je me suis mise en colère »… Ce n'est pas vrai mais tant pis ! « Rien d'autre ? » questionne mon tortionnaire. Navrée, je secoue la tête. « Ce n'est pas bien grave ! » Je n'y peux rien ! Bon, maintenant, c'est le petit sermon… J'ai le temps de souffler et de me répéter mon acte de contrition pour ne pas faire de fautes tout à l'heure. « Il faudra faire des efforts. Votre foi devient une foi d'adulte. » Je fais « Oui, mon père »… « Tâchez d'être plus calme et aimez bien fort vos amis, votre famille. » Oui, tout ce que vous voudrez… Mon acte de contrition ? Allons-y… J'ai un trou après « infiniment bon ».

ACTE DE CONTRITION

Mon Dieu, j'ai un très grand regret de vous avoir offensé, parce que vous êtes infiniment bon et que le péché vous déplaît. Je prends la ferme résolution, avec le secours de votre sainte grâce, de ne plus vous offenser et de faire pénitence.

De toute façon, il n'écoute plus… Je marmonne n'importe quoi… Je m'en tire avec trois Je vous salue Marie et l'absolution. Quand je ressortais de l'église, j'étais légère, légère. Je me disais : « C'est que mon âme est toute blanche »… Mais avec le recul, je crois plutôt que je bondissais de joie à la pensée d'être tranquille pour trois mois. C'est confondant d'avoir si peu changé en quarante ans. Je me suis calmée sur la ponctuation. Pour le reste, je peux discuter d'égale à égale. J'avais même déjà compris qu'en nous beaucoup d'hommes respirent qui vinrent de très loin.

Ma vie si courte a été peuplée de fantômes, de souvenirs, de morts. J'ai un long passé, des années et des années derrière moi, d'autres vies. Mais ces fantômes ne se contentaient pas d'être « un sous mon front », ils venaient hanter ma chambre. *J'avais des fantômes autour de moi, inquiétants parfois, familiers le plus souvent. Je les voyais rôder le soir, s'asseoir sur une chaise, s'enrouler dans un rideau. La nuit, l'un d'eux m'a caressé les cheveux... J'ai frissonné : je savais le nom de ce fantôme, c'était Moussia que la vie venait de quitter et qui voulait revoir une dernière fois sa petite-fille.* Moussia est morte longuement dans la chambre voisine de la mienne. Je l'entendais la nuit qui appelait « De l'air, de l'air ! » Ou peut-être était-ce « À l'aide » ?

Moussia ne voulait pas mourir. Quand sa sœur Denise lui apporta un bouquet de marguerites, elle les fit jeter à la poubelle « parce que ça fait cimetière ». Un jour, elle nous fit demander dans sa chambre, Elvire et moi. Elle était assise dans son fauteuil, une couverture sur les genoux, et une boîte ouverte sur la couverture. C'était une de ces boîtes en fer où il y a une grande variété de biscuits, et les meilleurs sont au chocolat. Moussia m'a questionnée : « Est-ce que tu pries pour moi, ma Nénette ? » J'ai dit oui et elle m'a fait choisir un biscuit. Ma petite sœur s'est empressée de dire qu'elle priait aussi.

Je me revois dans la rue avec maman quelque temps plus tard, et maman me disant : « Il faut que tu pries le bon Jésus pour qu'il rappelle Moussia au Ciel. Elle souffre trop. » Je ne savais plus ce que je devais faire, prier pour qu'elle meure ou prier pour qu'elle vive. C'était une grosse responsabilité.

Quand tu étais malade, j'ai prié pour toi. Quand tu es morte, moi, je t'ai ressuscitée. Dans la rue, je pensais à toi et je me disais : « Moi, j'aurais trouvé un médecin qui t'aurait guérie »... Oui, tu es guérie, tu viens dans ma chambre et tu me grondes : « Allons, Marie-Aude, range un peu tes affaires et change de linge, voyons. » Puis tu souris. Quand mon histoire se finissait, je revoyais le jour où, en ouvrant la porte de ta chambre, je découvris que ton lit était vide.

Je n'ai pas souvenir que quelqu'un m'ait parlé. C'était un temps où « on épargnait les enfants ». Un midi, à mon retour d'école, j'ai aperçu des gens habillés de noir dans notre appartement. Je suis allée vérifier que Moussia était morte en poussant la porte de sa chambre. Le lit avait été refait, des petits grains de poussière dansaient dans un rayon de soleil.

Longtemps après, maman m'a répété une des dernières phrases de Moussia : « Je ne les verrai pas grandir. » Elle ne m'a pas vue grandir et elle ne m'a même pas dit au revoir. Sauf cette nuit-là. C'était peu de temps après sa mort, j'étais dans mon lit, lumière éteinte, mais bien éveillée. Sa main me frôla les cheveux.

*

En fait d'enfance heureuse, je verse dans le macabre. Le bonheur apparaît pourtant dans mon cahier de souvenirs, mais sous cette forme atténuée, *Je sais que je n'ai pas été malheureuse car j'avais un trésor qui me rendait toute-puissante : l'Imagination. Avec Lorris et Elvire, j'ai joué pendant des heures, éperdue, pantelante, à des jeux que nous avions inventés. Au début de l'après-midi nous nous réunissions et nous nous posions la traditionnelle question : « À quoi qu'on joue ? »*

Ces jeux avaient des titres comme s'il s'agissait de romans, et nous les inscrivions sur des bouts de papier pour tirer au sort celui que nous allions interpréter. Il y avait *Le professeur Poilpot*, l'histoire d'un pauvre homme entouré d'élèves qui refusaient de lui obéir, *Les chasseurs de la jungle* qui attrapaient girafes et rhinocéros avec notre lasso-corde à sauter, *Le prisonnier* auquel nous accordions des rations de raisins secs avant qu'il ne s'échappe du placard à balais, *Les enfants du meunier*, battus par leur maître, et qui devaient porter, jetés sur leur épaule, nos polochons devenus sacs de farine, *Le désert* que nous traversions à dos de chameau-édredon dans l'espoir de trouver une oasis. Je n'oublie rien ? Ah si ! *Les Incas*, qui se jouait, volets clos, à la lueur d'une bougie. J'en garde quelques images terrifiantes : des enfants tremblants cachés derrière des caisses, des signes de malédiction sur un mur… À la source de ce jeu, il y a un traumatisme, que je partage avec toute une génération de tintinophiles : l'image de la momie de Rascar Capac surgissant de nuit dans la chambre de Tintin.

Nous n'interprétions pas toujours nous-mêmes les rôles dans nos jeux. Nous avions des truchements. *Nos bestioles, comme disait maman. C'étaient des animaux en peluche, souvent assez laids, tachés de confiture, cousus, recousus, lavés et séchés, suspendus à la corde à linge. Il y avait Grisette, la grosse souris mégère qui nous menaçait sans cesse : « Sept ans de malheur » ; Coquin, un chien au poil soyeux qui faisait de la brasse papillon dans la baignoire ; Pompon, un malheureux âne que nous n'aimions guère parce qu'il faisait trop jouet de bonne famille ; Jalla, un basset affreux, dont il fallait toujours recoudre les pattes au cours de pénibles opérations chirurgicales ; Tintin, favori de mon frère, un ours blanc et bleu, qui avançait en se dandinant sur l'air de « L'Apprenti sorcier » ; Ménasous-le-lit, un autre ours blanc aux pattes recouvertes de cuir, qu'Elvire avait découvert sous un lit à Ména en Italie ; Lanka, un éléphant de poche que nous avons perdu à un arrêt-pipi en le lançant dans les airs. Il a atterri dans les herbes hautes et, malgré nos recherches fébriles, papa s'impatientant au volant, nous avons dû l'abandonner.*

Je me souviens que nous faisions parler la souris, l'éléphant ou le basset en modifiant nos voix pour dire des grossièretés en toute impunité. Lorris, qui avait vu *La Guerre des boutons* et était revenu du cinéma très choqué, d'après maman, en tout cas très rouge, avait appris à dire « couilles molles » à nos bestioles. Papa, de son côté, nous avait donné l'occasion de rire entre nous en appelant le papier hygiénique « du papier-cul ». Pendant tout un été, Tintin et Ména eurent la chiasse et proutèrent tant et plus et nous réclamèrent du papier-cul. Il arrivait qu'au plus mauvais moment, lorsque Lorris nous montrait comment un éléphant fait l'amour en se couchant sur une souris, maman toquât à notre porte fermée, disant ensuite dans l'entrebâillement : « Qu'est-ce qui se passe là-dedans ? » Et nous : « Rien, on joue ! » Chaque soir, après les avoir nourris au « biberon magique », nous couchions cette ménagerie de malappris dans des boîtes à chaussures ou tout à côté de notre oreiller. Nous avions le droit d'en

Coquin et Grisette à Granada

emmener deux en vacances, les autres attendant notre retour, assis à la tête de nos lits.

Je grandis et finis par me lasser de la cérémonie du biberon magique ; je dis à ma petite sœur que les bestioles se relevaient la nuit pour aller manger à la cuisine. Puis un jour je lui avouai ce qu'elle savait parfaitement, que Jalla, Tintin et Ména n'étaient pas vivants. Enfin, nous sacrifiâmes les bestioles sur l'autel de l'adolescence en les donnant à Antonio et Elena, les enfants de notre femme de ménage. Quelque temps plus tard, maman nous apporta un petit tigre en peluche, dont les yeux louchaient d'une façon attendrissante. Ce fut la dernière bestiole. Nous étions un peu grands pour lui prêter notre voix, mais nous l'avons tout de même baptisé. Je sais que nous avons hésité entre Ignace et Narcisse. Narcisse l'emporta.

Petit rectificatif à ce que je viens d'écrire, cette photo sur laquelle je viens de tomber. J'ai 18 ans, ma

Ma mère et moi, ma sœur et Narcisse, entourant l'abbé Chalmeau.

sœur en a 14. Posé sur son bras, Narcisse tient la vedette, et je ne suis plus certaine qu'il était muet. Je crois même me souvenir que maman était un peu gênée de l'entendre parler en société.

On pourrait penser à me lire que nous n'étions que trois enfants. Aujourd'hui encore, quand je parle de ma fratrie en public, je fais ce geste tranchant de la main qui met Tristan à part, de l'autre côté du mur, dans son bureau où il joue du piano, tandis que nous trois, nous jouons aux Incas. Personne d'autre que lui ne m'aidait dans mon travail scolaire. Mais comme il m'intimidait, je retardais toujours le moment d'aller poser sur son piano le problème de mathématiques ou la version de latin.

Je n'ai pas souvenir qu'on m'ait lu d'histoires, sauf une fois, que je lui dois. Dans *Les Sept Boules de cristal* d'Hergé, quand Tristan fut rendu à « La trace d'une main sanglante !... Qu'est-ce que cela signifie ?... Qui donc aurait... », notre grand-mère, passant par là, marmonna dans notre dos : « Une main sanglante... C'est des histoires pour les enfants, ça ? » Je me sentis très fière que mon frère me lise des histoires PAS pour les enfants. Ce fut lui aussi, l'angliciste-germaniste-latiniste-helléniste-arabophone, qui me convainquit de choisir le russe en seconde langue parce que « c'est plus original ». En quatrième, et grâce à l'intuition de mon frère, je tombai amoureuse de l'âme slave. Le rideau de fer fut une bénédiction pour mon adolescence, je le baissai entre moi et le reste du monde. Je m'inventai un pays satellite de l'URSS, la Tsviétlanie, qui avait des affinités avec la Syldavie de Tintin comme le prouve la carte que j'en fis.

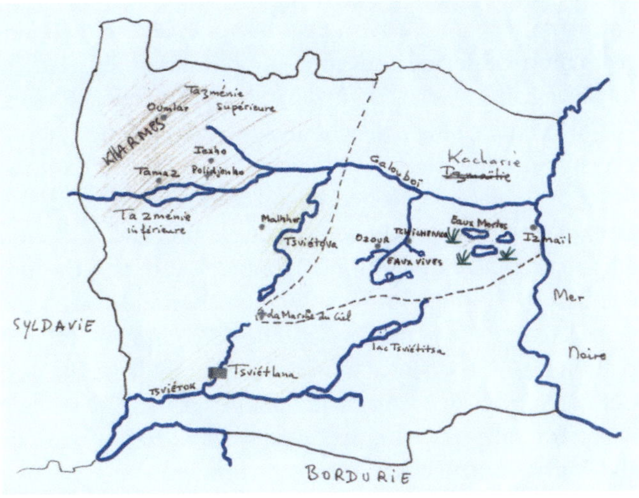

Dans mon pays, je battis monnaie, le tsirek, je bus du malkhor, une eau-de-vie de quetsches bleutée, je fumai l'herbe locale, la khova, je mangeai du oumlar, un fromage blanc avec des raisins secs. En Tsviétlanie, je m'appelais Gricha ou Mikhaïlo, j'étais chevalier de la Garde noire et panseur de secrets. Pendant quelques mois, je partis en quête d'une pierre miraculeuse, l'Œil-du-Ciel, morceau de comète englouti par la Terre. Chemin faisant, je fondai la dynastie du roi Égor, puis j'imposai une dictature. Mais je fis la révolution dans mon lit, avant de m'endormir, et en cours de maths, avant de m'endormir aussi.

Il faut que j'aborde un sujet dont je ne parlerai que peu. J'ai vécu jusqu'ici beaucoup plus en rêve qu'en réalité. Tous les enfants se racontent des histoires, moi je les vis. Le héros, ce n'est jamais moi, c'est lui (mais ne vous attendez pas à ce que je vous parle de lui). Mes histoires sont folles et ne se finissent jamais. C'est lui qui recommence toujours et se multiplie à l'infini mais chut ! C'est assez parlé de ce sujet… Huit lignes dans mon cahier de souvenirs pour résumer le quart de ma vie éveillée. J'avais du mal à m'avouer ce que je faisais.

J'ai vécu les plus belles heures de mon enfance, allongée sur mon lit, dans mon lit, immobile, les yeux au plafond ou le visage enfoncé dans l'oreiller. Entre midi et deux, le jeudi, le dimanche, tant que je pouvais, tout mon être aspirait à ce moment où je pourrais être une rêveuse éveillée, immobile. Sur mon lit, dans mon lit, une obsession. Longtemps je me suis couchée de bonne heure afin de poursuivre mon interminable fabulation. Je faisais sonner mon réveil en avance le matin pour reprendre le fil de mon rêve sans que les autres n'en sachent rien. J'ignorais si c'était mal ou si c'était bien, je me disais : j'en ai besoin.

J'ai commencé à fabuler ou à fantasmer, je ne sais quel verbe convient à cette activité, quand j'avais dans les 4 ou 5 ans. C'est mon premier souvenir, celui de la petite fille toute seule qui joue à rien dans un pré. Je me raconte une histoire en incarnant un des personnages. Ce personnage est un homme, un homme dont je suis amoureuse. Je suis cet homme et je suis amoureuse de cet homme. Comme Narcisse s'aimant lui-même. Je crois me souvenir que c'était une histoire de pirates, mais j'y mêlais une personne réelle que j'avais vue à la télévision, un journaliste qui expliquait la guerre aux téléspectateurs en déplaçant des objets sur une table. Il y a quelques jours son nom m'est revenu. Pasteur. Non, je devais me tromper, confondre avec l'inventeur du vaccin contre la rage. Puis ça m'est revenu en faisant des longueurs à la piscine. Joseph. Joseph Pasteur. Dès que j'ai pu, j'ai tapé sur Google « Joseph Pasteur ». Un visage m'est apparu, celui d'un journaliste qui présenta les informations télévisées à partir de 1959. Je l'ai reconnu. Mon premier amour. J'avais 5 ans. Mais j'ai très vite été infidèle à Joseph Pasteur. J'ai aimé Dominique Paturel dans *L'Ami Fritz* et Bernard Noël en Vidocq et

Pasteur

Paturel

Noël

Brasseur

Rénier

Vernier

Claude Brasseur en Rouletabille et Yves Rénier dans *Belphégor* et Pierre Vernier dans *Rocambole.* J'ai eu ma période américaine. J'aimais Napoleon Solo dans *Des agents très spéciaux* ; celui qui a des yeux très bleus dans *Mission : Impossible* ; Patrick McGoohan, de *Destination danger* ; le « bâtard » dans *La Grande Vallée* ; et Jerry Lewis, dont j'allais voir les films au cinéma des Templiers… Martin Landau ! Celui qui a des yeux très bleus dans *Mission : Impossible.*

Tous ces hommes n'étaient que des points d'appui pour mes fantasmagories. Ce « lui qui se multiplie à l'infini » était un personnage de ma création, mon premier personnage, dont l'identité se maintenait

Solo

Landau

McGoohan

Le « bâtard »

Lewis

pendant quelques jours, quelques nuits, plus rarement quelques semaines avant de se dissoudre pour se reformer un peu plus loin, pas tout à fait le même. J'hésitais entre un brun aux yeux bleus et un blond aux yeux verts et, comme je nageais en pleine féerie, j'avais décidé qu'il pouvait être les deux selon l'heure du jour. Il ne vieillissait pas, il était immortel, mais souvent prisonnier (esclave, c'était bien), attaché, enchaîné, en danger, humilié, blessé. Je gisais dans mon lit, je souffrais pour lui. Plus il souffrait, plus je pouvais m'éprouver dans son corps d'homme.

Mon enfance passa, mais pas ces fantasmagories. Elles mangeaient ma vie et je commençai à me poser des questions. Névrose, autisme ? Cela ne m'inquiétait pas vraiment, je me répétais : j'en ai besoin. Cela ne s'est pas arrêté brutalement, mais peu à peu. Un jour, j'ai réalisé : Tiens, je ne le fais plus. J'ai cherché des explications, la mort de ma mère avait mis fin à la magie, ou bien les personnages de mes romans me suffisaient…

Il y a quelques jours, cherchant à la Fnac ma provende de DVD bon marché, je suis tombée en arrêt sur un coffret à prix sacrifié. *Au nom de la loi* ! Comment ai-je pu écarter Josh Randall (Steve McQueen) de ma mémoire quand j'ai fait la frise de mes amours d'enfance ?

J'aimais tout de lui, sa façon de saluer les dames en repoussant de l'index son chapeau sur son front, sa petite moue quand on lui envoyait à la face son indignité de chasseur de primes et, par-dessus tout, sa Winchester à canon scié. Je veux la même !

L'enfance est un vêtement à ma taille

Comme je suis née après deux garçons, mes parents espéraient une fille. Tout commence dans mon album comme dans un conte de fées : *« Tiens, me dis-je, on attendait une fille ! » Et je sentis tout de suite avec quelle joie mes parents et ma Moussia accueillaient ma venue... Il est vrai que je suis une jolie petite fille : grands yeux, nez mutin, bouche gourmande, peau de satin, etc.* J'aurais dû m'appeler Marie-Sygne. Mais maman, qui en avait parlé à une commerçante, s'aperçut avant d'accoucher que mon futur prénom servait d'enseigne à un magasin.

Aude vient du germanique *ald* qui veut dire « vieux ». J'aime me préparer longtemps à l'avance à ce qui doit m'arriver.

La tradition familiale voulait que nous portions tous le prénom marial, ce qui donne : Tristan Claude **Marie**. Lorris Daniel **Marie**. **Marie**-Aude Cécile Brigitte. Elvire **Marie** Bernadette. Tout en respectant les traditions, mes parents cultivaient l'originalité artiste. Les gens se trompaient et appelaient mon frère aîné Christian. L'état civil refusa d'homologuer Lorris, qui se vit infligé un « Loys dit Lorris » sur tous ses papiers administratifs.

Je devais corriger mes enseignants, qui m'appelaient Marie-Claude. Elvire eut droit à Évelyne.

J'aime voir, imprimé sur la couverture de mes livres, ce nom sinueux comme un col de cygne (et pas de sygne), Marie-Aude Murail.

Dans mes fantasmagories, je me suis appelée Baptiste, Nicolas, Romain, Jérémie, Benjamin, Laurie (comme le garçon dans *Les Quatre Filles du docteur March*), Mikhaïlo, Arn, Nils.

On me mit ma première robe à trois mois, et voilà trente ans que je n'en porte plus. Quand j'avais une nouvelle toilette, maman me soufflait : « Va te montrer à papa. » Je me montre à papa, qui fait « Hmm ? » et me regarde avec des yeux qui ne voient pas. Avons-nous été des enfants délaissés ? Je me suis posé la question en revenant de chez Béatrice dans la nuit havraise.

« Les parents qui s'aiment n'engendrent que des orphelins. » Stevenson

Personne n'a couru près de moi en tenant la selle de mon vélo. Personne n'a soutenu Tristan pour lui faire faire ses premières brasses dans l'eau. Je ne sais pas faire du vélo. Il ne savait pas nager. Je me souviens de ma gratitude disproportionnée le jour où maman m'a montré comment on fait le point mousse au tricot. Lorris s'est appris tout seul à nager à Torremolinos, vexé de voir que j'avais appris à la piscine de mon école. Lorris s'est appris tout seul à faire du vélo à Betz en dévalant une pente sur une bicyclette rouillée et je crois bien qu'il a appris tout seul à faire le point mousse pour tricoter une écharpe à nos bestioles. Peu avant de mourir, maman a demandé pardon à Elvire pour ne pas s'être occupée d'elle quand elle était bébé. C'est Elvire qui me l'a appris, la semaine dernière, quand je l'ai interrogée sur son enfance : heureuse ou malheureuse ? Dans l'album de photos qui lui est consacré, maman a écrit des phrases qu'Elvire juge significatives de cet abandon, comme : *Je suis toujours sage, je dors beaucoup, je reste des heures assise dans ma poussette.* Pourtant, j'aimais chanter la chanson qui dit : « Tu te rappelles le dimanche autour de la table, ça riait, discutait pendant que maman nous servait ? » Il me semblait que cette chanson parlait de nous. Dans mon cahier, j'avais écrit à propos de Tristan : *Maman lui cherche activement une femme, mais qui l'aimera comme nous l'aimons, plus que nous l'aimons ? Il est bien chez nous, chez lui. Maman finira par faire de nous des vieilles filles et des célibataires.* C'est dit trop naïvement pour n'être pas sincère. Je me souviens que dans mon lit je comptais les années à vivre en famille jusqu'au moment où je devrais me marier, pas avant 22 ou 23 ans. Ma vie me convenait. Je n'aimais pas attirer l'attention.

Je crois que maman n'était pas intéressée par les bébés. Un jour, elle m'a dit : « On connaît ça par cœur. » Comme j'étais devenue tout récemment la mère d'un « ça », j'en ai éprouvé quelque contrariété. Maman préférait les gens intelligents. Les bébés l'embêtaient. Si j'ai gardé le souvenir de ses mains froides et osseuses et de ses bagues et de ses colliers, c'est qu'elle n'était pas confortable pour un enfant. Je ne me souviens d'aucun câlin, bisou du soir, histoire au lit. Tout de même, je suis injuste. Il y avait un rituel du soir. Il me fallait pour m'endormir « deux boules de gomme et un verre de fleur d'oranger ». Quand maman n'avait plus d'eau de fleur d'oranger, elle m'apportait un verre d'eau sucrée et, disait-elle, je ne m'apercevais de rien. (Il ne faut pas prendre les enfants pour des idiots, ils sont juste indulgents.)

Donc, je suis née après deux frères qui me frayaient la route, mais le conte de fées tourna court. Un jour, Moussia emmena Tristan et Lorris au théâtre, et je les vis disparaître dans le hall d'entrée. Restée seule avec maman, je me roulai sur le trottoir. Ai-je eu le sentiment qu'on me privait arbitrairement d'un plaisir ? Ai-je compris qu'il y avait d'un côté les garçons et de l'autre, moi, qui n'étais pas un garçon ? Ai-je pris ce qui n'était qu'un privilège de l'âge pour celui du « sexe fort » ? Il m'est arrivé de croire, à cause de mes nombreuses lectures psychanalytiques, que je finirais par découvrir l'événement fondateur, celui qui éclairerait le trouble dans le genre de ma personnalité et me ferait m'écrier « Bon Dieu, mais c'est bien sûr ! » comme le commissaire Bourrel dans *Les Cinq Dernières Minutes*. J'attends toujours les cinq dernières minutes en question. Mais je pris goût à me rouler par terre, pour un éclair à la boulangerie de madame Floch, ou parce qu'on avait coupé mon orange dans le mauvais sens. Il est écrit dans mon album qu'*on ne peut plus mettre mes caprices sur le compte des dents, car je les ai toutes.* Maman, qui ne cherchait guère le pourquoi du comment, traitait les symptômes, et encore fallait-il qu'ils fussent voyants. Pour obtenir ma reddition, elle utilisa d'abord le gant de toilette mouillé qu'on passe sur le visage, puis la feinte indifférence : « Oh, disait-elle à mes frères, venez voir la petite dame rigolote dans la rue. » On se précipitait à la fenêtre, me laissant à ma crise de nerfs. Le spectacle s'arrêtait, faute de spectateurs. Mais le plus efficace fut cette menace : « Si tu continues, tu n'auras plus de cheveux. » Car je faisais des « plaques nerveuses ». Mes cheveux tombaient, ça faisait comme une pièce de 10 sous, puis comme une pièce de 20 sous. On me frottait le crâne avec un coton imbibé d'un produit iodé, censé irriter la peau et activer la repousse. J'ai rentré ma colère, et mes cheveux ont repoussé. J'ai appris depuis qu'il s'agissait, qu'il s'agit, d'une pelade psychosomatique, ce qui signifie qu'on fait semblant de vous soigner et que, si vous ne guérissez pas, c'est votre faute. Mon mal revint trente ans plus tard, me prenant par surprise, et pourtant familier. Deux plaques nerveuses apparurent après la naissance de mon fils Charles. « Si tu continues, tu n'auras plus de cheveux. » Ils repoussèrent. Puis de nouveau, après la mort de ma mère, une plaque, une autre. Et soudain, cette interrogation en forme de certitude : finirai-je chauve ?

Depuis quelques jours j'ai des bouffées de rage dont mon entourage fait les frais. Une colère noire, à se jeter par la fenêtre. Se souvenir réveille les vieux démons.

Donc, j'avais deux grands frères qui allaient au lycée François-Ier du Havre et, le 15 septembre 1959, comme l'a écrit maman : *Marie-Aude Murail franchit le seuil du lycée de garçons pour la première fois de sa vie.* J'ai 5 ans, ma maîtresse s'appelle madame Philippe. Dans ma classe, il y a 26 garçons et 6 petites filles, car seules ont droit d'aller au lycée François-Ier celles dont un frère y poursuit déjà sa scolarité. De mon année de onzième chez madame Philippe, je n'ai gardé qu'un souvenir. La maîtresse m'avait mise au coin parce que j'avais oublié ma boîte de peinture.

Cherchez-moi, j'ai une broche-coccinelle sur mon tricot.

En 1968, mes parents, parisiens depuis six ans, décidèrent de faire la tournée de leurs amis havrais, parmi lesquels ma maîtresse d'autrefois, qui nous avait invités à déjeuner. Dans le train, maman s'aperçut que j'avais des chapelets de verrues sur les doigts autour des ongles. « Mais pourquoi tu n'as rien dit ? » Probablement parce que j'avais honte, ou peut-être avais-je compris que maman ne supportait pas qu'on soit malade. Elle en était contrariée.

Madame Philippe était veuve, et nous avions reçu la consigne d'être gentil avec elle. « Eh bien, me demanda maman à l'apéritif, tu te souviens de madame Philippe ? — Oui, dis-je, elle m'avait mise au coin parce que j'avais oublié ma boîte de peinture. — Ah, ça, c'est les enfants ! » s'exclama maman, déconfite.

Je ne pense pas qu'on ait traité mes verrues, car maman ne connaissait qu'un remède, l'aspirine. Elle disait : « J'ai toujours mal quelque part. » Quand elle s'est retrouvée alitée, vomissant à cause de la chimiothérapie, elle s'emportait contre elle-même : « Quand je me vois comme ça, je me donnerais des claques. » Comme sa mère qui la « bourlinguait » au lieu de la consoler parce qu'elle s'était fait mal en tombant. « Bourrique, va. »

J'ai appris qu'il ne sert à rien de se plaindre. Toute mon enfance, j'ai eu mal à la cheville, un mal mystérieux qui me tenait éveillée, remontant comme une brûlure tout le long de la jambe. Je me soulageais moi-même en bandant la cheville avec ce qui me tombait sous la main, parfois un foulard, ou en frottant mon pied contre les draps. Ça va passer. Certaines nuits, quand je cherche le sommeil, je frotte ma cheville contre le drap. Ça passera. J'ai toujours un tube d'aspirine avec moi.

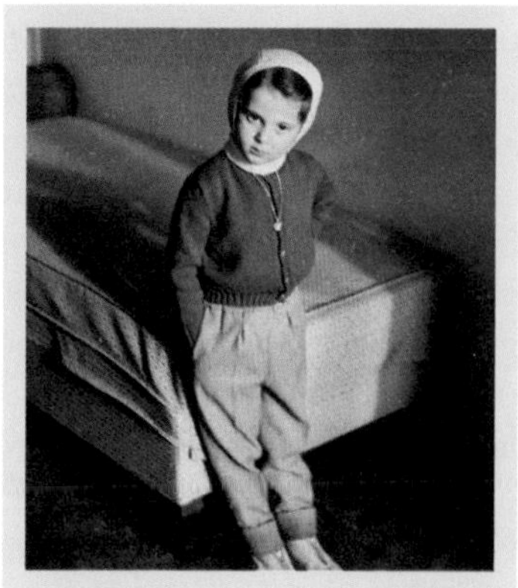

Ne dirait-on pas que j'accouche d'Elvire ?

Donc, j'allais au lycée de garçons, habillée comme un garçon. À la récré, on jouait à la guerre, mais à la loyale, en vous inscrivant sur une liste de guerre avant de vous attaquer. À la maison, mes frères levaient des armées ou faisaient des carambolages de voitures. Puis, une petite sœur est née. Pendant la grossesse de maman, je disais : « J'attends un bébé. » Mais comme, de fait, les bébés ne sont pas intéressants, je suis retournée faire la classe à mes peluches. Je leur ai donné les noms de mes camarades de classe, que j'ai écrits sur un bout de papier. Un garçon a cru que c'était ma liste de guerre et il me l'a déchirée.

De l'année scolaire suivante, maman a conservé mon bulletin de distribution des prix. Pas de quoi pavoiser : premier accessit d'orthographe, troisième accessit de grammaire. Je crois me rappeler que mon maître avait une figure ronde et des yeux bleus. Mais je triche, c'est le mari de ma cousine Béatrice qui me l'a soufflé lors de mon passage au Havre. François-Xavier est allé au lycée François-Ier. J'ai dû le croiser dans la cour de récré, mais je ne savais pas qu'il épouserait ma cousine. « Tu as eu madame Varenne en neuvième ? » lui ai-je demandé, palpitante d'intérêt. « Mais oui ! s'est-il écrié, ravi. Et j'ai gardé un souvenir d'elle… » J'ai retenu mon souffle, déjà certaine de ce qu'il allait me dire… « Elle mangeait une banane à la récré ! » Nous avons fait triomphalement le même geste d'éplucher une banane. Pourquoi les enfants se souviennent-ils de choses insignifiantes ? C'est à vous décourager d'être enseignant. Mais de toute la saga de *Autant en emporte le vent* j'ai retenu que la mère de l'héroïne a cousu un sachet de citronnelle sous ses jupons pour chasser les moustiques. C'est à vous dégoûter d'être écrivain.

Pourtant, c'est madame Varenne qui m'a donné mes premiers plaisirs d'écrivain en me laissant produire ce qu'elle appelait des « textes libres », c'est-à-dire n'importe quoi. J'avais un concurrent en la matière, un certain Pierre-Henri, qui savait que la terre est bleue comme une orange et qui me poussa vers une surenchère surréaliste de vaches vertes et d'éléphants volants. Mais au fond, j'avais des goûts classiques, comme l'atteste le poème collé dans mon album par maman. Madame Varenne, dans un souci d'éclectisme littéraire, nous décerna, à Pierre-Henri et à moi, le prix d'excellence ex æquo.

La neige

Petite neige qui scintilles sur les toits
On n'entend plus qu'une voix
C'est ta chanson
Qui est toujours sur le même ton
Les belles dames à l'oreille charmée
Se mettent à danser.

Cette même année de neuvième, Jésus entra dans mon cœur, comme disait mademoiselle Baratin, sous la forme d'une hostie qui n'avait pas goût de petits pois. Comme on ne pouvait plus arrêter la jeune Minou Drouet que j'étais en passe de devenir, ce fut moi qui rédigeai le faire-part de ma communion privée.

Le petit Jésus descendra dans nos cœurs
pour y déposer des fleurs.
Oh ! Qu'il est bon Jésus, qu'il est bon pour nous,
pour les méchants comme pour les doux.
Il nous a donné bien des merveilles,
et toujours il nous veille.

Au dos de ce poème, dont ma fille, élève des classes préparatoires, m'a assuré qu'il a un rythme verlainien, mon papa avait fait imprimer un tableau à la réputation miraculeuse. Les deux doigts de la main droite du Christ bénissant les foules se déplacent légèrement (pendant la nuit peut-être ?).

Attention les doigts !

Maman disait : « J'ai la foi du charbonnier. » Il faut croire que les charbonniers ont la berlue.

Mon livre de catéchisme – que j'aimerais bien retrouver – baignait, lui aussi, dans la féerie. Les anges montaient et descendaient sur l'échelle de Jacob tandis que Jeanne, la jeune bergère, entendait Dieu dans les buissons : « Jeanne, Jeanne, quitte ton troupeau et va voir le roi de France. » Ces gens que Dieu appelait m'effrayaient presque autant que ceux qui étaient possédés par le diable. Mais les adultes étaient définitivement les plus effrayants de tous. Le jour où maman oublia de m'apporter mon livre de catéchisme pour la séance qui avait lieu après la classe dans la chapelle du lycée, elle vit mon inquiétude de devoir affronter mademoiselle Baratin et me dit : « Rentre à la maison avec moi. Tu peux bien manquer une fois : tu as déjà fait ta communion privée. » L'offre était tentante, et pourtant je résistai à la tentation, car j'avais commencé de raconter à quelques camarades une histoire de pirates que je voulais terminer. Mais à la fin de la récré, au moment d'entrer dans la chapelle, la frayeur me saisit. À partir de là, mes souvenirs deviennent confus. Je sais que je m'enfuis du lycée, que je marchai dans les rues, que je me retrouvai à la boulangerie de madame Floch. Je crois que j'attendis maman en pleurant, qu'on me consola d'un éclair au chocolat, mais que maman n'eut pas l'indulgence de la boulangère, qu'elle m'enferma dans ma chambre et me priva de repas. Ou de dessert. Ce qui m'étonne un peu car on ne nous punissait pas. Si, tout de même, une fois. Papa m'a enfermée dans un placard le jour où je me suis roulée par terre parce qu'on n'avait pas coupé mon orange dans le bon sens. Les adultes s'énervent pour des riens.

*

Je me demande où était passée Elvire pendant ces années havraises. Lorris était mon compagnon de jeu, je faisais du foot avec lui dans le couloir, j'étais l'équipe adverse, celle qui perd. Il plongeait sur le ballon, finissait riche et tenait absolument à porter un costume blanc avec un panama. Il me prêtait ses petites voitures, dont on pouvait ôter les pneus en caoutchouc. J'en ai racheté dernièrement dans une boutique de modèles réduits pour rechausser l'autobus et la voiture de pompiers, car les Dinky Toys, c'est moi qui les ai gardées. (Je devrais faire psychanalyser Dragon, il vient de transformer sous ma dictée Dinky Toys en « des clitoris ». C'est plaisant comme de travailler avec un gros gaffeur.)

Avant de quitter mes années havraises, je voudrais faire un dernier effort de remémoration en fixant longuement les photographies, par exemple celle, un peu ratée, sous-titrée *Père Noël du journal, 1961.* Nous sommes tous les trois, Elvire, Lorris et moi, dans le hall du journal *Le Havre libre*, où papa travaille, ce qui nous vaut un Père Noël d'appoint. En manteau et passe-montagne, je me mange les lèvres de perplexité devant le cadeau de mon frère, une petite voiture ou un camion. Elvire (3 ans) est déjà trop grande pour son âge. Lorris, sous sa casquette, a ses yeux d'innocent qui n'a rien vu du monde. Il n'a pas encore été frappé par la révélation dont il m'a parlé à l'âge adulte : « Quand j'ai compris qu'on mourait, ça a tout gâché. »

Je voudrais que cette photo, que je scrute à la loupe,

me révèle du nouveau et, tandis que je note les oranges posées à côté de l'étiquette « Murail Loys 10 ans », un souvenir me revient, qui me fait tressaillir de plaisir. La pipe en sucre. J'avais eu droit à une pipe en sucre. Mais dès que je me le dis, pire encore, dès que je le dicte, le souvenir s'effrite. Je n'y ai cru que dans l'instant où il m'est apparu.

L'année d'après la photo, je quittai Le Havre. À mon arrivée à Paris, au 6, rue des Archives, juste en face du BHV, Lorris me fit les honneurs du nouvel appartement. Quand il posait une bille à un bout de sa chambre, elle allait se cogner d'elle-même dans la plinthe opposée. Tous les planchers étaient en pente à cause du métro, dont on devinait le grondement souterrain. Mon frère frimait, il était déjà parisien, maman lui avait acheté des illustrés au kiosque à journaux. Ma première vision éblouie de Paris, ce sont les aventures de *Pim Pam Poum* dans *Mickey*.

« Plus j'écris, plus la mémoire me revient comme si l'oubli avait été si profond qu'il fallait le travail de la mémoire volontaire, de la recherche volontaire dans le passé. De là ma théorie que c'est une écriture inépuisable. On n'aura jamais tout dit. On peut dire à chaque fois davantage. » Jorge Semprun

Je m'allonge sur mon lit, je ferme les yeux et c'est volontairement que je pars à la recherche de celle que je fus durant mon année de huitième, ma première année à Paris. On m'inscrivit à l'école primaire de la rue des Blancs-Manteaux. Une école de filles. Nous devions saluer la directrice d'un hochement de tête en passant devant elle, ce qui donnait un air de pouliche échappée à toutes celles qui avaient une queue-de-cheval. J'avais les cheveux courts et portais un pantalon, jusqu'à ce que la directrice fît remarquer à maman que c'était interdit par le règlement. En allant au catéchisme à l'église Saint-Gervais, j'appris une chose qu'on m'avait cachée au Havre : les garçons sont bêtes. Ils essaient de voir la petite culotte des filles quand elles sont sur le banc en face d'eux. C'est maman qui a raison, il faut porter un pantalon.

Je suis arrivée dans la cour de l'école des filles comme en terre étrangère. Si elles jouent à « je déclare la guerre », c'est seulement en chanson. Car elles chantent, les filles, elles font la ronde, *le fermier prend sa femme, le fermier prend sa femme, ohé, ohé, ohé.* Elles dansent, les filles, *v'là le métro, v'là le métro qui passe*, et de leurs mains jointes elles font un arc de triomphe sous lequel elles passent deux par deux. *De bon matin, j'ai rencontré la fille du coupeur de paille, de bon matin, j'ai rencontré la fille du coupeur de blé.* Au refrain, tapez dans les mains : *oui, oui, j'ai rencontré la fille du coupeur de paille.* Terre, ciel, la marelle, on la dessine avec une grosse craie, qui sert ensuite de palet si on a oublié sa boîte à éponge. Les filles signent la marelle de leur nom, puis s'en disputent la propriété parce que : « La cour est à tout le monde, je te ferais dire. — Oui, mais la marelle, je l'ai signée, elle est pas-t-à toi. » Elles sautent à l'élastique, les filles, en criant « mollets… genoux… cuisses… fesses », et l'élastique remonte le long de leurs jambes écartées comme leur compas. Puis elles sautent à la corde, une grosse corde de chanvre qui frappe le bitume et cingle les mollets. Quand est sifflée la fin de la récré, tout le monde saute en même temps, *à la soupe, soupe, soupe, au bouillon-yon-yon*, jusqu'à ce que la maîtresse crie : « En rang ! Prenez vos distances ! »

Je regarde les filles et j'apprends. Par chance, au 6 de la rue des Archives, papa a collé dans l'entrée des carreaux de plastique alternativement blancs et noirs, et je peux m'entraîner à la marelle. Dans ma chambre, je tends l'élastique entre deux chaises et je répète les figures. Pour finir la séance, je fais un peu de corde à sauter, croisé, décroisé, à l'envers et *vinaigre*. Le voisin du dessous est chapelier, je vais le rendre fou.

J'ai beaucoup de mal à maîtriser le flux, le flot des souvenirs, l'un appelle l'autre comme à la déli-délo : si on tapait ta main tendue, toute la chaîne des prisonnières était délivrée. Le passé se délivre en vrac et c'est aussi fatigant de le maîtriser que de se remémorer. Je vais opter pour un classement thématique.

*

Ma maîtresse de huitième. Elle aimait faire des collectes. Un ouragan ayant ravagé les Antilles françaises, elle nous demanda d'apporter quelques sous pour faire un cadeau à une petite fille de là-bas. Nous lui avons envoyé un collier très joli, nacré, qui a dû certainement lui faire très plaisir, même si ça ne remplaçait pas sa maison. Puis, alors que nous vernissions des cache-pots pour exprimer tout notre amour à notre maman, nous apprîmes que l'une de nos camarades venait de perdre la sienne. Notre maîtresse organisa illico une collecte et nous offrîmes à l'orpheline une girafe en verre soufflé. Ou était-ce un Bambi affligé d'un cou disproportionné ? Toujours est-il que cet objet me parut infiniment désirable. C'est d'ailleurs à cette occasion que je m'aperçus qu'avec l'argent de mon Noël et de mon anniversaire certaines choses étaient presque à ma portée, entre autres les objets d'art du rayon verrerie du BHV qui, contrairement à ce que j'avais cru, ne coûtaient pas plusieurs millions. Je dois à mes premières relations avec la société de consommation cette impression que mes rêves sont réalisables.

Notre maîtresse aimait faire des distributions. Une fois par semaine, chacune de nous avait droit à une bouteille de lait chocolaté avec une paille, sauf la malheureuse qui ne pouvait pas en boire. En ce temps-là, on n'était pas allergique, on ne digérait pas le lait ; de la même façon qu'on n'était pas dyslexique mais gaucher contrarié, et pas phobique scolaire mais paresseux. C'est comme la plaque nerveuse et la pelade psychosomatique, les noms changent, mais on ne sait toujours pas vous soigner. À la fin de l'année, la maîtresse distribuait les fournitures qui restaient dans son armoire. On pouvait nous rendre heureux avec un crayon HB.

Notre maîtresse aimait faire des classements. Une fois par mois, la directrice venait dans notre classe et nous rendait nos carnets par ordre de mérite. J'étais toujours deuxième derrière Claudine Spiquel et chaque mois, ma grand-mère me demandait : « Alors, tu ne l'as pas dépassée, ta Claudine Spiquel ? » Comme cette compétition paraissait importante aux yeux des grands, j'avais fini par inscrire sur un papier les notes que ma concurrente obtenait aux différentes compositions et je les comparais aux miennes. Mais la maîtresse s'en aperçut et me fit comprendre devant tout le monde que c'était très vilain. Car il faut être première, mais en cachant cette minable ambition. Les grands sont des gens compliqués. Ce jour-là ou un autre, je me fis gronder parce que j'avais mis mon crayon en équilibre entre ma lèvre supérieure et mon nez comme une moustache. « Tu n'as rien de plus intéressant à raconter ? » comme m'avait dit maman en relisant une de mes rédactions. Mais la moustache en crayon, la pipe en sucre, c'est comme ces vieux trucs ou machins, dont on avait oublié jusqu'à l'existence et qu'on retrouve dans le fond du tiroir en cherchant autre chose de beaucoup plus important. On est quand même bien content.

Je ne sais plus le nom de ma maîtresse de huitième, mais je me souviens qu'à la dernière récréation du dernier jour de classe, ni mon prix d'honneur ni la perspective des vacances n'adoucirent ma peine à la pensée que ma maîtresse ne serait plus jamais ma maîtresse. C'est avec d'autres enfants qu'elle ferait des collectes, des distributions et des classements.

Mes copines. Ce sera vite fait. Il y avait Annick Moinet, qui avait un an d'avance comme moi, qui jouait de l'accordéon, dont les parents tenaient une poissonnerie rue Vieille-du-Temple. Elle m'impressionnait – pas Annick Moinet, la poissonnerie –, parce qu'elle manquait de s'effondrer sur la rue et était soutenue par deux énormes poutres noires. Et il y avait Martine Pinchon, à qui son père avait envoyé sa pantoufle dans la figure et qui n'avait jamais eu de poupée. Je lui ai apporté Joséphine de la maison mais, quand maman s'en est aperçue, elle m'a dit que cette petite fille était une menteuse et qu'il fallait lui réclamer ma poupée. Moinet et Pinchon, le moineau et le pinson, c'est ma méthode mnémotechnique pour ne pas les oublier.

Les histoires de Toto. Alors, c'est Toto qui a le ver solitaire et le docteur lui fait une ordonnance : *Acheter*

du pain, du fromage et un marteau. Pendant une semaine s'enfoncer dans le derrière du pain puis du fromage. Alors, Toto demande au docteur : « Mais à quoi sert le marteau ? » Et le docteur lui répond : « Le dernier jour, tu enfonces seulement du pain, et quand le ver sort en disant : "Et alors, ça vient, ce fromage ?", tu l'écrases avec le marteau. » Ha, ha, je l'ai bien retenue, celle-là. Mais il y a une histoire que je répète sans l'avoir comprise. Ce sont les grandes de ma classe qui la racontent. Alors, c'est Toto qui est garçon de café. Un monsieur étranger entre dans le café et il voit écrit : PMU. Il appelle Toto et il lui dit qu'il veut boire un PMU. Toto ne sait pas ce que c'est, alors il pisse dans un verre et il l'apporte au client. Le client trouve ça très bon et il veut en boire un deuxième. Mais Toto n'a plus envie de faire pipi. Alors, il demande à la serveuse de remplir le verre à son tour. Mais quand le client voit le verre, il se met en colère et il dit : « J'ai demandé un PMU, pas une grenadine. »

Mon grand chagrin. J'étais en septième quand Moussia mourut, mais je ne puis donner la date exacte de sa mort. C'était ma grand-mère l'archiviste de la famille et, comme elle ne put conserver son propre acte de décès, elle se contenta de disparaître de mon album de photographies. D'une certaine façon, je ressemblais désormais à l'orpheline de l'année passée et, m'appuyant aux marronniers de la cour, je me mis à composer des poésies tristes. J'espérais que quelqu'un me voyait et m'approuvait. J'eus l'impression que Dickens parlait de moi le jour où, devenue adulte, je lus *David Copperfield*, page 143 : « Je sentais, je me rappelle, que j'avais une dignité particulière au milieu des autres élèves et que mon affliction me donnait de l'importance. Si jamais enfant fut atteint d'une douleur sincère, c'était bien moi. Pourtant je me rappelle que cette importance me donna une sorte de satisfaction lorsque je me promenais dans la cour tandis que les autres étaient en classe. »

Ma classe de neige. Elle eut lieu du 7 janvier au 6 février 1964, quelque temps après la mort de ma grand-mère. Ma maîtresse de septième approchait de la retraite quand elle prit le risque d'emmener sa classe (moins l'orpheline et celle qui ne digérait pas) tout un mois du côté de Megève. Elle était corse, elle aimait Napoléon et de Gaulle, elle nous fit découper un œil de bœuf avec nos ciseaux d'écolier, elle nous parla beaucoup de la Seconde Guerre mondiale mais je n'ai pas trop compris qui était avec qui, ni qui avait gagné, elle fit une exposition sur les camps de concentration dans l'entrée de l'école mais je passais devant les photos en évitant de les regarder, elle nous fit chanter « La Marseillaise », habillées en bleu, blanc, rouge, pour la fête de fin d'année. Un jour, elle eut cette phrase mystérieuse : « Il y en a parmi vous qui feront des études. » Elle me montra du doigt et ajouta : « Marie-Aude, elle aura le baccalauréat. » Je n'ai jamais oublié cette couronne de lauriers que ma maîtresse de septième tint un instant au-dessus de ma tête.

Avant de me laisser partir dans l'autocar pour Megève, maman promit de m'écrire tous les jours. Une fois sur place, je découvris grâce à mes camarades les chansons qu'on chante dans les colonies de vacances, *Dans la troupe y a pas de jambe de bois, il y a des nouilles mais ça ne se voit pas… La meilleure façon de marcher, c'est encore la nôtre, c'est de mettre un pied devant l'autre et de recommencer.* Je chantais à tue-tête ces chansons bébêtes qui me paraissaient incroyablement frondeuses, émancipatrices même, *Ne pleure pas, chaussette, nous te raccommoderons, avec du fil de laine ou du fil de coton*, et j'espérais que maman m'entendait. En fait, je pensais que j'étais tout le temps observée puisque c'était écrit dans mon livre de *catèche*, page 18 :

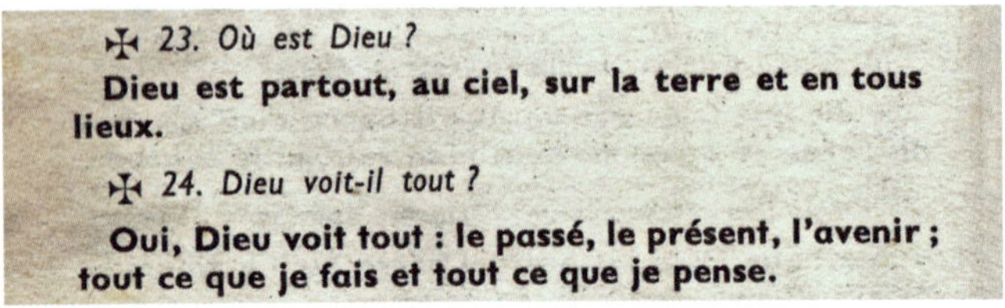
✠ 23. *Où est Dieu ?*

Dieu est partout, au ciel, sur la terre et en tous lieux.

✠ 24. *Dieu voit-il tout ?*

Oui, Dieu voit tout : le passé, le présent, l'avenir ; tout ce que je fais et tout ce que je pense.

C'est pourquoi je faisais pipi dans le noir.

Au chalet, les douches étaient prises en commun. Or certaines d'entre nous, celles qui racontaient la blague du PMU, étaient déjà pubères et avaient du poil partout. Nous, les petites, étions effarées. La maîtresse nous tint en classe un discours explicatif que je ne compris pas plus que la guerre de 39-45, puis elle fit prendre des douches séparées aux grandes et aux petites.

Ma maîtresse m'épuisait, elle voulait maigrir et nous faisait faire de la marche à pied, avec nos skis sur l'épaule. Quand on rentrait au chalet, on se jetait sur les grosses tartines de confiture qu'on trempait dans le chocolat chaud, on en aurait avalé quatre fois son poids. Il y avait par bonheur des moments de temps libre où on pouvait jouer dans nos chambres. C'est là que je découvris que les autres enfants ne jouaient pas comme ma sœur et moi. Quand je leur dis qu'on pouvait transformer notre lit en dromadaire et partir dans le désert, les filles me regardèrent avec de grands yeux. La maîtresse passait dans nos chambres le soir pour un bisou et un bonbon, elle essayait de remplacer notre maman. Mais une maman se remplace si peu que je fis pipi au lit de chagrin. Les premiers jours, à la distribution du courrier, je reçus la lettre promise, et même un colis avec des bonbons qui servaient à caler l'indispensable catéchisme, que j'avais oublié à la maison. Puis il y eut ce drame. Je ne reçus plus aucun courrier. Je ne voyais que deux explications possibles : maman était morte ou elle ne m'aimait plus. Je savais depuis la mort de Moussia que ceux qu'on aime peuvent disparaître sans un mot. Finalement, Lorris m'écrivit une carte postale en se faisant passer pour Coquin. C'est donc un chien en peluche qui m'apprit que ma maman avait mangé un plat de moules qui l'avait empoisonnée et qu'elle avait dû être hospitalisée. Ce mois-là, je descendis dans le classement, me faisant devancer comme d'habitude par Claudine Spiquel, mais aussi par Anne Schalchli, et je fus la seule petite fille de la classe à ne pas gagner ma première étoile au ski, ce qui n'eut pas de trop graves conséquences sur la carrière universitaire que ma maîtresse m'avait promise.

Ma petite sœur. Mes premiers souvenirs d'Elvire datent de Paris. Elle arrivait à l'âge où *ça* devient intéressant. Entre 4 et 5 ans. Nous dormions dans la même chambre, Moussia nous faisait les mêmes robes. On nous appelait « les filles ». Ma petite sœur était grande. En cours de gymnastique, elle était dans l'équipe des girafes ; au spectacle de Noël, elle faisait l'arbre ; à la distribution des prix, qu'elle raflait, les gens disaient dans le dos de maman : « Forcément, à l'âge qu'elle a. » Maman avait envie de se retourner pour leur crier : « Elle est GRANDE ! » Ma petite sœur était moitié de tout, jamais de bonbons que je n'eusse partagés, et puisque je savais lire, il fallait qu'elle sût aussi. J'avais un manuel qui avait dû appartenir à maman, dans lequel Toto a vu la lune et papa fume la pipe. Je ne crois pas que nous ayons jamais dépassé la quatrième leçon, car Elvire faisait exprès d'oublier. Dans un état de colère rappelant mes jeunes années, je lui hurlais : « Si c'est ça, on recommence au début. » J'ai renoncé à lui apprendre à lire – laissant l'école s'en débrouiller – mais pas à l'éduquer. J'avais énoncé une fois pour toutes qu'« il n'y a que les imbéciles qui s'ennuient ». En conséquence de quoi, j'occupais ma petite sœur en lui faisant apprendre les capitales des États-Unis, Arizona : Phoenix, ou les dates de l'histoire de France, 732 : Charles Martel arrête les Arabes à Poitiers. Elle m'a avoué à l'âge adulte qu'elle trichait aux interros, ce qui m'a rétrospectivement consternée.

Dans nos jeux du jeudi après-midi, Elvire se vit d'abord attribuer le rôle de Jocko quand nous étions,

Lorris et moi, Jo et Zette Legrand[1]. Puis, Lorris nous délaissant, Elvire connut une promotion rapide. Elle devint princesse en raison de ses longs cheveux blonds, que je crêpais avec un peigne pour lui faire une couronne d'or. Je devais surtout lui faire des nœuds. Elle eut bientôt à mes yeux un autre prestige. À la rentrée scolaire de septembre 1962, elle se rendit à l'école maternelle, où je n'étais jamais allée, et en revint avec de mystérieuses chansons : *Ah, les cro, cro, cro, les crocodiles, sur les bords du Nil ils sont partis, n'en parlons plus* et *Colchiques dans les prés fleurissent, fleurissent, colchiques dans les prés, fleurissent tout l'été.* Je les ai recueillies comme des perles tombées de sa bouche, je leur dois mes premières émotions poétiques.

Ma poétique petite sœur, un jour, tartina de caca le dessous de son sommier. Maman, pourtant peu portée sur la psychologie, en déduisit qu'elle avait voulu attirer son attention. « Elle fait des bêtises exprès », m'expliqua-t-elle. Je n'ai pas souvenir que maman s'affola. Elle avait une phrase qui me sert encore de gouvernail : « Il y a peu de choses graves. » Elle donnait ainsi peu de prise à nos rébellions. Personnellement, ma petite sœur m'étonnait. Un soir, elle me dit : « Tu sais ce que je fais avant de dormir ? » Tout comme moi, elle s'inventait des histoires dans la tête. La sienne, parfaitement désopilante, racontait les aventures d'un explorateur qui ramenait des crocodiles pour les mettre dans sa baignoire. « Elle a tout ça dans sa tête, ai-je pensé, et ça ne se voit pas. » La férocité qu'Elvire déployait en imagination me faisait parfois sursauter. Elle tabassait Jalla,

1. Personnages d'Hergé. Jocko est le singe.

notre basset en feutrine, en le traitant de « sac à puces ». Si je protestais, elle me répondait, fataliste : « C'est dans le jeu. » Nous avions aussi une grande poupée, Mimita, que maman nous avait rapportée d'Italie. À quelque temps de là, maman nous emmena à une fête foraine où l'on pouvait gagner à la loterie de grandes poupées qui marchaient en tournant la tête. Maman, prise d'une intuition, nous poussa, Elvire et moi, vers le forain. Elle s'était dit : « Il y a du monde, deux belles petites filles qui gagnent, ça va lui faire de la publicité. » Le forain avait deux corbeilles emplies de petits rouleaux de papier, il avança l'une des deux intentionnellement dans notre direction. Bingo ! Nous avons gagné la poupée, que le forain enrubanna avec le nom de son stand

Ma petite sœur avec Mimita

Et avec Cendrine

en recommandant à maman de se promener à travers la foule. Nous baptisâmes Cendrine la grande poupée, qui alla rejoindre Mimita. Le lendemain, je vis ma petite sœur qui traînait Mimita par les cheveux et, comme je m'en indignais, elle me répondit, sûre de son bon droit : « Je la finis. On en a une autre. »

Nous vivions, ma sœur et moi, dans un univers parallèle. Quand il y avait du chou-fleur pour le dîner, nous étions deux pauvres orphelines dans un pensionnat. Si nos parents recevaient – c'étaient toujours des adultes – nous avions le droit de manger dans notre chambre où, assises chacune à notre petit bureau à abattant, nous partions pour un long voyage en train au wagon-restaurant. Dans la salle de bains voisine, nos brosses à dents se promenaient comme deux dames sur le rebord du lavabo. Au moment du coucher, nous faisions commerce de pots de chambre (un jaune, un vert) en criant dans le couloir : « Marchand de pots de chambre ! » Puis, dans notre lit, lumières éteintes, nos pieds, sortis des draps, se disputaient. Les miens s'appelaient Panard et Napard, ceux d'Elvire, Panarette et Naparette. Maman cognait dans le mur : « Vous dormez, les filles ! » Mais je sais qu'elle aimait nous entendre rire.

Frangines

Nous étouffions entre les quatre murs de l'appartement parisien et nous les repoussions à force d'inventions. La cheminée de marbre était une montagne que nous escaladions, le couloir, une patinoire où nous glissions en grosses chaussettes de laine et où je gagnais l'étoile qui m'avait échappé. Nous faisions du camping sous notre dessus-de-lit, du cheval sur nos chaises, et bien sûr, notre lit devenait un dromadaire, si on y ajoutait un édredon.

Je suis allongée au soleil sur le lit, rêveuse immobile. Mais maman ne va pas entrebâiller la porte pour demander : « Qu'est-ce qui se passe là-dedans ? » Sur le lit, immobile, pendant une heure ou deux, je vais rêver au passé.

« Il est parfois bon de vivre avec l'enfant qu'on a été. On en reçoit une conscience de racine. Tout l'arbre de l'être s'en réconforte. » Gaston Bachelard

« Un temps pour se taire,
et un temps pour parler »

L'Ecclésiaste

Ce mois d'août 2014, je suis allée voir Lorris dans sa maison de vacances à Chamadelle.

« Je ne pense pas avoir eu une enfance malheureuse, m'a-t-il dit, mais je n'ai pas aimé être un enfant. » Il a ajouté, avec sa façon de s'arracher les choses par bribes : « J'ai cet album… avec des photos que j'ai prises. C'était avec mon premier appareil photo… C'est plus ou moins raté. » Cette photo floue, presque fantomatique, est le condensé de mes souvenirs et leur certificat d'authenticité.

Chambre des filles, rue des Archives. Ma sœur tient à pleins bras son souffre-douleur, Jalla. Sur nos lits, il y a nos édredons-bosses de dromadaire. Mon dosseret est appuyé à la porte du placard où nous nous enfermons pour jouer au prisonnier. Le placard ouvre de l'autre côté sur la chambre de Moussia, là d'où partit son cri : « De l'air, de l'air ! » Et moi, je suis dans ce lit où j'ai senti sa main caressant mes cheveux pour un dernier adieu.

La mémoire, m'a dit Lorris, est un de ses thèmes d'écriture privilégiés. Il a sorti de sa bibliothèque, pour me le prêter, un livre de Douwe Draaisma, *Pourquoi la vie passe plus vite à mesure qu'on vieillit.* « Excellent livre ! » m'a-t-il assuré, mais il avait oublié la réponse. Quand maman m'avait fait part de son impression que le temps s'accélérait au fil des années, je n'avais pas compris de quoi elle me parlait. Les étés, les dimanches, les cours de latin semblaient ne jamais devoir finir. Maintenant, je comprends. C'est toujours lundi ou c'est déjà vendredi, et quel effroi de voir une fois de plus les guirlandes de Noël barrer les rues ! Je me souviens, alors que j'avais passé le tournant de la quarantaine, d'avoir cherché, lors d'une promenade au parc Bordelais, comment faire durer le temps. L'ennui me paraissant une solution, je suis restée un long moment à regarder les canards évoluer sur un plan d'eau.

Lorsque je suis revenue de Chamadelle, après une semaine de vagabondages, il m'a semblé en poussant la porte de mon appartement qu'il s'était écoulé beaucoup plus que huit jours. « Voulez-vous rallonger la perspective du temps ? Faites un voyage qui vous fasse redevenir jeune en rajeunissant le monde autour de vous » (Douwe Draaisma, page 302). Quand Pierre, le lendemain, a posé sur mon bureau le *Télérama* de la semaine, j'ai immédiatement détaché l'article qui me faisait un pied de nez : « Oublions ! 1914-2014 ». Les journalistes sont pris, ces jours-ci, d'une grande lassitude commémorative :

« L'oubli est une nécessité vitale pour continuer à penser et à découvrir. »

Je vois les vertus de l'oubli quand j'écris. Pour avoir l'audace d'écrire, il faut oublier ceux qui nous ont devancés. Je sais, parce que c'est dans mon carnet de citations, que Théophile Gautier a dit le contraire à sa fille Judith : « Le monde était fait avant que tu sois née et il est inutile d'inventer ce qui existe. » Soit, mais si on y pense vraiment, il y a de quoi être paralysé. Homère a trop bien travaillé. Les écrivains se doivent à eux-mêmes d'être amnésiques. Quant à moi, « je suis douée d'une heureuse mémoire qui me permet d'oublier instantanément n'importe quelle lecture ». Oui, je l'ai déjà dit mais, à moins de deux fois, on ne retient pas.

« Certains types d'effacement des traces neuronales sont plus que désirables, qu'il s'agisse d'une peine de cœur ou d'un traumatisme. »

Je vois les vertus de l'oubli pour la mémoire même, car pendant des années, ne pouvant oublier les derniers jours de ma mère, je ne pouvais plus penser à elle, écouter une musique qu'elle aimait, avoir une photo d'elle devant les yeux. On est obligé d'oublier. On passerait ses journées à pleurer.

La fin de vie de ma mère me bouchait la vue. Oui, Lorris a raison, la mort, ça gâche tout, les derniers râles vous obsèdent. Puis j'ai fini par me dire que quelques jours, quelques semaines ne pouvaient effacer toute une vie, qui fut belle. J'ai pu de nouveau parler d'elle, à ma petite fille, à des publics d'enfants ou de jeunes, toujours au bord des larmes, mais de plus en plus heureuse. Peu à peu, j'ai entendu dans ma bouche des phrases qui lui appartenaient, « Servez Godard, sa femme est en couches », « Je ne veux de mal à personne, mais je me veux du bien », que j'ai fini par rendre à leur autrice sous la forme d'un « comme aurait dit ma mère ». J'ai demandé à mon père de me faire la liste des expressions cauchoises ou des sentences familiales, léguées par Moussia et maman. Il m'en a écrit une vingtaine sur un bout de papier que j'ai gardé. « Es-tu quin, es-tu bête ! Te poche pas ! Boujou pi tato. » J'en ai cherché d'autres ce matin… Il y avait « la culotte de gendarme », dès qu'on apercevait un coin de bleu dans un ciel gris, et « le pantalon à Léon » quand ma grand-mère rétrécissait un peu trop un vêtement en voulant l'égaliser. Quand un plat était bon, maman disait : « On se relèverait la nuit pour en manger. » Mais il n'y avait « pas de quoi se mettre en chemise » si le cuisinier

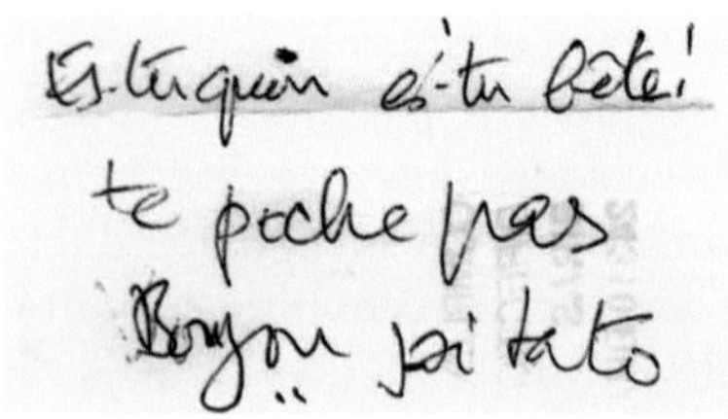

s'était imprudemment vanté. « La bande à cracher le sang » désignait un groupe d'amis débarquant à l'improviste, la « smala d'Abdelkader » était plus familiale, mais tout aussi agitée. « C'est pas nous tout ça, ma fille », constatait Moussia, quand tout le monde était reparti. « Gratte-toi l'œil » était leur code pour ignorer quelqu'un dans la rue. « Une grande Laissez-moi-tranquille » qualifiait une boudeuse, et une belle femme ténébreuse inspirait ce distique à ma mère : « Beauté fatale / Quand j'te vois, j'me cavale. » Mettre quelqu'un sur quatre *hoisettes* signifiait l'estimer grandement. Mais le fainéant se faisait traiter de « cul sans mains ». Si le petit *ravisé* des familles cauchoises était, comme tous les petits derniers, bien *dégouginé*, donc malin, son frère aîné pouvait être *tatasse*, ce qui, comme cela s'entend, n'était pas un compliment. Avec ma mère, on ne perdait pas son temps à *bavacher*, mais on pouvait au choix : *brastiquer, s'esquinter, se requinquer, se dévignoter, se ravigoter, se goberger, se déhaler, se harpouiller, se rabibocher* (sur l'oreiller), *se décaniller, se rémouquer, busoquer, fourbiquer.* J'en oublie sûrement, mais comme disait maman, « c'est la suite qui nous apprendra le reste ». J'éprouve un grand bonheur à avoir dressé ce catalogue, comme si ma mère de nouveau portait haut ses couleurs.

*

À présent, j'ai dans une main une liasse de lettres serrées par une ficelle et dans l'autre, une paire de ciseaux. Cette cordelette que je dois couper me fait l'effet d'un scellé que ma grand-mère aurait apposé. Maman ne m'a jamais parlé de sa correspondance avec Moussia lorsque

Norbert était à l'hôpital. Avait-elle oublié qu'elle existait ? Les deux correspondances que j'ai déjà *dépouillées* – quel mot étrange –, celle de Raoul à Cécile, celle de Norbert à sa mère, je les ai lues trois fois. La première pour en prendre connaissance, la deuxième pour les mettre en ordre, la troisième pour en résumer le contenu. Ce fut une joie renouvelée. Mais là ?

Je n'aurais jamais délié ces lettres s'il n'y avait eu sur le dessus du paquet la ronde écriture d'un petit écolier. On est fin juin, c'est la distribution des prix au lycée du Havre, et Lorris a remporté la palme de l'excellence. Maman complète sa lettre en écrivant

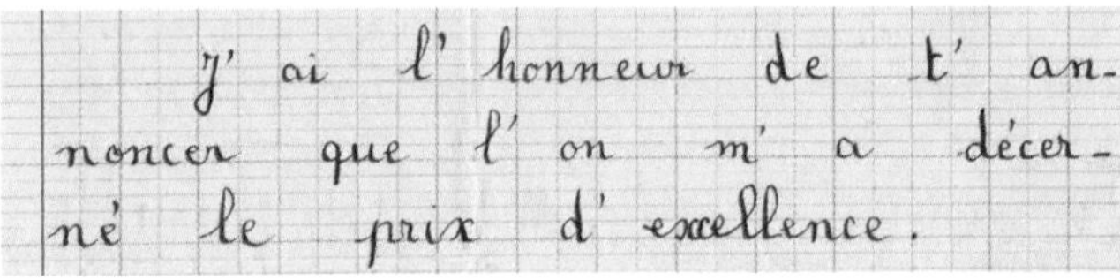
J'ai l'honneur de t'annoncer que l'on m'a décerné le prix d'excellence.

à Moussia que ce sera bientôt le tour de Tristan de monter sur l'estrade. *J'espère que tu seras là pour l'applaudir. Ne te fatigue pas trop et reviens-nous porteuse de bonnes nouvelles.* La lettre est suivie, quelques jours plus tard, d'une carte postée d'Épinal. Parents et enfants (âgés de 12 ans, 8 ans, 5 ans et 13 mois) sont en partance pour l'Alsace. Si Moussia n'est pas venue à la distribution des prix, si elle n'est pas avec nous pour la destination des vacances, c'est qu'elle a accompagné Norbert et Geneviève à l'hôpital de Suresnes.

Je n'ai jamais compris de quoi Norbert était mort. Quelque chose au cerveau ? Une tumeur cancéreuse ?

Maman m'avait parlé d'une « maladie congénitale ». En lisant les lettres de ma grand-mère, je comprends pourquoi je ne comprenais rien. Les médecins eux-mêmes n'ont rien compris et ont ordonné des traitements qui font davantage penser à la médecine de Molière qu'à la nôtre. *Geneviève a vu ces Messieurs qui lui ont dit qu'après examen ou délibération Norbert aurait l'inflammation des muqueuses et qu'il faudrait lui insuffler de l'air chaud dans la tête avec un appareil ? Plus j'en entends, plus je reste anéantie.* La lettre de maman semble en décalage puisqu'elle parle des bonnes nouvelles qu'elle a eues au téléphone. *J'ai hâte que ces heures grises s'envolent afin de vous serrer tous deux sur mon cœur, toi ma chérie qui je l'espère viendra bientôt nous rejoindre et mon frérot qui sera remis à neuf à notre retour. Comme on demande toujours à vieillir ! Mon Dieu !*

Pour s'adresser à sa mère, maman utilise les mots que j'ai lus sous la plume de Raoul. « Ma chérie je t'adore et t'embrasse avec toute ma tendresse. » Le petit récitatif du soir que Moussia m'avait appris dans mon enfance comportait deux mots que je n'ai dits à personne d'autre : « Bonne nuit, Moussia *chérie*, *adorée.* » Ma grand-mère et ma mère faisaient avec naturel une chose qui me semble impossible. Elles demandaient des mots d'amour.

Moussia imprima sa marque sur nous d'une autre façon. Son gendre avait pris l'habitude de lui apporter sa paie. Moussia gérait l'argent et, ayant vécu toute sa vie de femme dans la gêne, elle nous tenait serrés. Dans ses lettres de l'été 1959, ma mère, qui a tout de même 37 ans, lui donne le détail de ses dépenses et paraît un peu embarrassée quand elle a dû faire des extras. Ainsi, sur la route des vacances, où nous avons déjeuné au restaurant à Bar-le-Duc : *4 735 francs. Tu parles d'une douche ! Notre décision de presser le mouvement et d'éviter le coucher et le dîner en route a été influencée par la note du restaurant.* À partir de quel moment Moussia lâcha-t-elle les rênes du pouvoir ? Je me souviens qu'à Paris c'était encore elle qui faisait les courses rue Rambuteau. Quand elle m'emmenait avec elle, la marchande de quatre-saisons m'offrait une paire de cerises, et le charcutier une rondelle de saucisson à l'ail. Ma grand-mère, c'était quelqu'un. De retour à la maison, elle refaisait les additions.

C'est pourquoi maman lui rend des comptes. Quand nous allons en Suisse, elle indique que le restaurant a coûté *2 francs 50 par tête de pipe*, à quoi il faut ajouter une glace à la terrasse d'un café. Et la débauche devient complète quand elle m'achète *un bonnet suisse en feutre rouge pour aller à l'école.* C'est un cadeau utile, le qualificatif rachète la dépense. *Lorris a fureté, il a demandé les prix, il a hésité et finalement n'a rien acheté…* Un peu plus tard dans le mois, nous allons voir le lion de Belfort. *C'est assez imposant et vaut les 30 francs qu'on paye à l'entrée.* C'est de la dépense instructive. *Depuis le temps que Lorris lorgnait les souvenirs sans se décider à dépenser son pauvre argent, je lui ai offert un calot en feutre rouge et*

bleu ciel, vraiment seyant. Sa joie fut doublée car c'est moi qui payais. Avec sa petite goule marrante il est adorable et réclame pour demain une photographie.

Pendant que maman s'active entre lessive des « couchettes » du bébé et match de football filles contre garçons (nous avons perdu honorablement par trois buts à deux), Moussia erre de l'appartement de la cousine Germaine à l'hôpital. Il fait une chaleur intenable, 40 °C dans la chambre, ce sera un été très chaud, on a mis Norbert à la diète en vue d'une opération, qui est finalement annulée. On a cessé de lui ponctionner le liquide qu'il a dans la tête et « sa bosse a doublé de moitié ». Après chaque coup de téléphone, rare parce que cher, maman est désemparée. Alors, en écrivant à sa mère, elle se redonne courage : *nous devons espérer*, puis elle fait ce que j'ai fait à mon tour quand elle était malade, elle parle des petits-enfants. Je vois se dessiner lettre après lettre le portrait de chacun de nous, Tristan et sa fixette sur les timbres-poste, Lorris qui fait craquer maman avec « ses yeux d'huître perlière », et moi, la Nénette. *Maintenant elle connaît la douane, elle sait qu'il faut cacher les affaires et dire qu'on n'a rien à déclarer. Mais ce matin, ne se rappelant plus très bien les noms, elle me demande : Est-ce qu'on va voir les moineaux à la Macédoine ? Il faut traduire par : les douaniers à la douane. Elle est tordante. Elle se moque, elle imite avec des jeux de physionomie très drôles. C'est vraiment une enfant attachante avec une personnalité très marquante. C'est la plus infatigable, elle court après les poules et les lapins de la ferme, elle ne s'arrête pas d'une minute.* Au bord du torrent, je réclame de me tremper les pieds dans l'eau glacée. « Tout à l'heure, me dit maman, après la digestion ! » C'est l'époque des « pas plus d'un verre d'eau au repas », « pousse ta viande avec ton pain », « trois pages de ton livre, et tu éteins », ce que Tristan Bernard, le meilleur ami de Jules Renard, appelait le caporalisme adulte. Et cela s'aggrave avec Vivire, 13 mois, qui commence à maisonner, selon l'expression familiale, c'est-à-dire à marcher en s'appuyant aux murs ou au mobilier. Moussia s'attendrit par courrier : *Comme je serais heureuse de lui tendre les bras et de la voir s'avancer. Mais*, lui avoue maman dans sa réponse, *je ne l'encourage pas à marcher, on verra au Havre, je suis moralement plus tranquille comme ça.*

À la lecture des lettres, je m'aperçois qu'en venant au monde en 1958 ma sœur est « mal tombée », ce que maman exprime en l'attachant dans son lit ou en la tenant dans la rue avec des guides, précisément pour l'empêcher de tomber. Après quelques tentatives pour s'échapper à quatre pattes, qui lui valent d'être traitée de « vrai démon », la Vivire devient, sous la plume de sa maman, « un petit nanange » avec tout ce que ces mots affectueux laissent deviner de coercition.

Ma sœur a une prédilection pour cette photo parce qu'on croirait une grosse poupée oubliée. Cendrine ou Mimita ?

Notre père vit sa phase yoga-végétarien. Pieds et torse nus au soleil de l'été, il n'est qu'une ombre qui passe en silence dans l'échange passionné entre maman et Moussia.

De Moussia : *Encore une journée qui s'écoule sans amener de décision pour Norbert. Ils hésitent à tenter une opération, le remède serait-il pire que le mal ? Norbert ne paraît pas trouver le temps long, car les jours où il voit qu'on ne lui fait rien c'est pour lui un jour de gagné. Comme j'ai hâte de vous rejoindre, je m'ennuie de mes quatre poulots. Dis-moi tout ce que font ma Vivire et ma Nénette, mes 2 grands, j'espère qu'ils pensent bien à leur Moussia.*

De maman : *Le traitement imposé à mon cher frérot est bien déconcertant. Sans doute veulent-ils l'abrutir un peu en vue d'une opération douloureuse. Chaque soir nous nous recueillons en union avec toi. Notre Dame de la Sainte Espérance ne peut pas nous abandonner.*

Enfin, la « grande opération » a lieu. Un jeudi. *Mon Dieu, secourez-nous, exaucez-nous.*

De maman : *Inutile de te dire que j'appréhendais de prendre le téléphone ce soir. Je ne veux retenir que la phrase de l'infirmière et la réponse de Norbert : ça va. S'il a parlé, c'est qu'il a repris connaissance et que l'opération est réussie. Je veux le croire. Aujourd'hui, je n'avais goût à rien qu'à prier et monter à l'église pour implorer le Ciel. Le linge sale était resté dans un coin. Je n'avais qu'une seule pensée : la guérison de mon frère bien aimé.*

De Moussia : *Te dire ma peine en voyant sa tête prise dans un pansement comme un casque. Pauvre enfant, comme il devait être mal à l'aise avec ce carcan et cette température. Le chirurgien a ouvert, pas de tumeur, mais ce liquide rachidien trop abondant. Il lui a mis un tuyau circulatoire de façon à ce que ce liquide prenne la bonne voie. Comme tu le vois, l'opération était plutôt délicate et surtout pour les docteurs plus qu'imprévue. Un cas.*

De maman : *Serons-nous assez bons pour mériter la guérison de notre Norbert ? Pour ma part, je suis prête à toutes les bontés pour avoir la joie de le serrer bientôt sur mon cœur. Je veux le revoir. J'ai trop pensé à lui, j'ai trop souffert pour lui. Tandis que je t'écris, Vivire cherche à s'endormir bercée par le glouglou du torrent. Les trois grands charrient des pierres, courent dans les bois et tout à l'heure ils auront droit de se tremper les pieds : il fait si bon ! Mais je pense à vous dans ce Paris de canicule. Dès que tous les dangers seront écartés, tu viendras ma chérie dans notre beau coin d'Alsace ! Tu verras comme on y est bien.*

Ce sera le leitmotiv de maman tout au long de ces vacances qui se réduisent comme peau de chagrin. « Reviens, reviens, ma bien-aimée / Entre nos cœurs quelle distance / Ô sort amer, ô dure absence. » Il y a tant d'ardeur dans cet amour filial que des poèmes d'amour me montent aux lèvres.

De Moussia : *Aujourd'hui dimanche, pas de courrier (un bonheur de moins). Je m'évade de tout en t'écrivant, ma chérie, pas besoin de phrases inutiles notre cœur ne fait qu'un. Chaque jour qui passe est un jour je l'espère vers la guérison.*

*

C'est étrange, j'ai lu cette correspondance en espérant, moi aussi, que Norbert guérisse, en me réjouissant des petits progrès, comme si je ne savais pas qu'il est mort à l'hôpital

Foch. C'est ma façon de lire. Tant qu'on me raconte son histoire, je crois que Jeanne d'Arc va s'en sortir. Cependant, le mois de juillet est passé et, tandis que Moussia est suspendue au souffle de son fils, maman est prise dans un tourbillon.

De maman : *Ne compte pas sur une longue correspondance. Outre le travail fou ! et en retard, les factures de gaz à aller payer, les allocations à aller toucher ! Ne parlons pas du repassage. Marie-Aude n'a rien à se mettre.*

De Moussia : *En arrivant, Norbert était dans un fauteuil, il y était depuis le matin 9 heures. À midi il avait à peine mangé, il restait là sans bouger, sans rien dire ou presque. À l'infirmière qui n'est pas spécialement douce et lui a demandé si ça allait il a dit : « Oui puisqu'il faut toujours dire oui. »*

Moussia guette les médecins dans les couloirs. Personne ne lui répond. Elle dérange. Chien dans un jeu de quilles. Chien tout court. Je sais, je l'ai vécu. Si on supplie pour avoir un calmant : « Mais madame, on ne peut pas être partout. » Et on revient, la rage au cœur, impuissante, dans la chambre de celui qui souffre.

Peu à peu, Norbert se chosifie. Corps oublié dans un fauteuil, ignoré au fond d'un lit. Je sais, j'ai vu faire. Un docteur a cette appréciation effrayante : « C'est un bon malade. »

De maman : *Depuis une demi-heure je réfléchis. J'ai fini par me dire que peut-être tu as plus de mal que les autres à juger de l'état de Norbert étant donné que tu le voyais deux fois par jour. Les progrès sont si lents qu'ils sont pour toi presque insensibles, c'est normal. J'ai l'air de te raisonner alors que j'essaie de me raisonner moi-même, tu comprends ? Il nous faut encore beaucoup de patience et faire de notre journée un monument de prières…*

Maman et Moussia adressent des neuvaines à saint Camille, patron des malades et des infirmiers. *Glorieux saint Camille, dont les yeux furent changés en deux sources de larmes…*

La rentrée approche. Nous avons grandi pendant l'été. Maman m'achète un tablier une taille au-dessus pour que ça fasse du profit. *Le poignet des manches sera à redoubler.* Elle doit aussi s'occuper de l'agence de publicité que son mari a créée. Elle emmène parfois Elvire dans sa poussette et la laisse dans l'entrée pendant qu'elle démarche les clients ou fait des encaissements. Personne pour lui venir en aide, sinon de temps en temps la brave madame Alloncius, qui a la regrettable particularité pour une femme de ménage d'avoir le vertige sur l'escabeau. Alors, c'est maman qui nettoie les vitres, et madame Alloncius qui lui tend le chiffon. Puis notre père passe en coup de vent pour nous embarquer dans la Panhard, destination Foucart, où il vient d'acheter une chaumière. Maman fait, défait, refait des bagages, la machine à laver ne cesse de tourner. Dans ses lettres, en adepte de la méthode Coué, elle se répète que la chaumière, retapée par son mari, lui plaît de plus en plus et qu'elle y passe de bonnes journées. Elle me confiera plus tard que Foucart avait été pour elle une succession de corvées. D'ailleurs, il y avait trois choses dont

elle ne voulait pas entendre parler : faire son testament, prendre un chien et avoir une maison de campagne. J'imagine que c'était pour elle trois façons de s'enterrer.

De Moussia, le 21 septembre, jour de sa fête : *Les dates, les fêtes, rien n'a d'importance et surtout rien ne fait plaisir quand le cœur est angoissé…*

Norbert, qui est un être tout de discrétion, de rétention même (« sa pudeur excessive », écrit Moussia), a fini par lui dire ces mots, tragiques dans leur dénuement : « Je suis un pauvre malheureux. »

De maman : *Je t'ai dit à quel point ses mots m'ont bouleversée. Depuis je suis sans force, cela m'a fait comme une dépression subite qui est, je pense, l'aboutissement de tant de pleurs refoulés.*

Mais une fois de plus, une fois encore, maman parle de nous parce que nous sommes ce qui peut raccrocher Moussia à la vie. *Tristan commence sa troisième, très décontracté. Il est beau comme tout avec sa cravate. Lorris a un excellent maître mais extrêmement sévère. Il l'a puni hier parce que sa dictée n'était pas assez bien écrite. J'ai poireauté une demi-heure dans la cour pour lui parler, le gosse en avait gros.* Moi, j'ai fait ma première rentrée et…

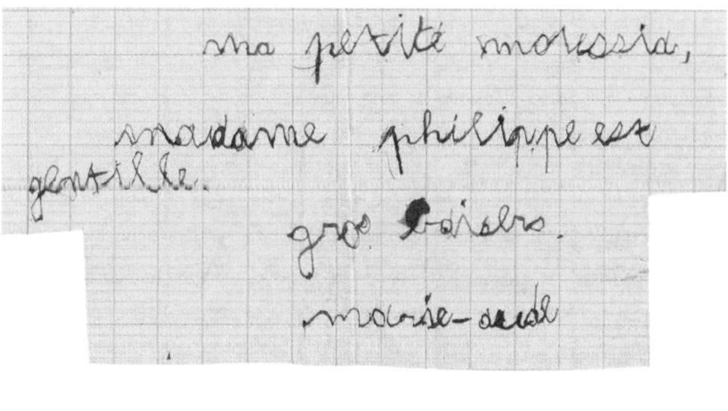
ma petite moussia,
madame philippe est gentille.
gros bisous.
marie-aude

De Moussia (après une seconde opération) : *Je t'assure qu'il m'a fallu prendre sur moi pour entrer. Norbert avait les yeux grands ouverts, il m'a dit : « Je t'attendais. » La « petite opération » a quand même duré deux heures. J'ai rêvé cette nuit que tout le monde me demandait des nouvelles de Norbert jusqu'aux Quatre Barbus et Georges Brassens ?* La lettre se termine dans un chaos en forme de points d'interrogation. *Que le Bon Dieu nous entende ? Et j'ai pensé ? Qu'il nous exauce…*

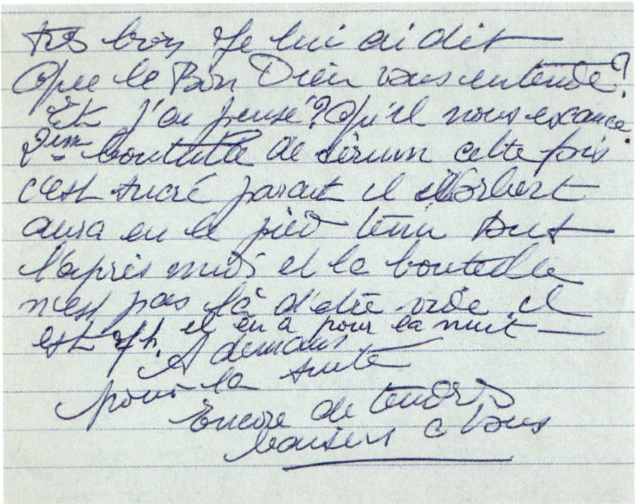
très bien Je lui ai dit
Que le Bon Dieu vous entende ?
Et j'ai pensé ? Qu'il nous exauce
une bouteille de sérum cette fois
c'est sucré parait il Norbert
aura eu le pied levé tout
l'après midi et la bouteille
n'est pas près d'être vide il
est 7 h. il en a pour la nuit
A demain
pour la suite
Encore de tendres
baisers à tous

Quelle distance entre cette écriture de tourments et celle qui bouclait élégamment quand Cécile avait 18 ans ! Je me dis en les comparant que jamais je ne me serais lancée dans l'exploration de ce passé si j'avais eu entre les mains des manuscrits tapés à la machine. C'est l'écriture manuscrite qui m'a attirée, car elle retient la chair et le sang.

« Une chère écriture est un portrait vivant. » Marceline Desbordes-Valmore

En manipulant toutes ces lettres, je les sentais près de moi, Raoul, Norbert, maman, Moussia, poussant la plume sur le papier. « N'écris pas, j'ai peur de ma mémoire » parce que Moussia soignant Norbert, c'est maman soignant Moussia, c'est moi soignant maman.

De Moussia : *Mon Dieu que je m'ennuie de vous tous, toi ma chérie, que je suis privée de ta compagnie ! Je regarde souvent vos photographies ce qui augmente mes regrets. Je me rappelle une phrase de Norbert après cette 2ème opération : Un peu de bonheur en famille je ne l'aurai pas volé.*

*

D'où vient mon goût pour les histoires qui finissent bien ? Même dans la vraie vie, même dans les histoires *based on a true story*, j'attends obstinément l'heureux dénouement. Une lampe allumée. Je ne peux pas laisser mon lecteur dans le noir. « Pour l'enfant, dit Michel Tournier, une histoire qui se termine mal est une histoire qui ne se termine pas du tout. Il demande la suite aussi longtemps que tout n'est pas rentré dans l'ordre. Et l'ordre universel, c'est le bonheur. » Mon développement de lectrice a dû s'arrêter quelque part entre *Cendrillon* et *L'Auberge de l'Ange gardien*. Le *happy end* serait-il un produit dérivé de la foi de mes aïeux ? Tout au long de la maladie de Norbert, ma mère et ma grand-mère prient et espèrent. Elles croient à une guérison possible et, quand celle-ci ne l'est plus, elles croient au miracle possible, alors les neuvaines qu'elles adressaient à saint Camille, patron des malades et des infirmiers, se tournent vers sainte Rita, la patronne des causes désespérées. Je n'ai pas reproduit la dernière phrase de la dernière lettre de Moussia parce qu'elle me semblait insensée. Après avoir rappelé le souhait de Norbert : *un peu de bonheur en famille je ne l'aurai pas volé*, elle avait ajouté : *que le Bon Dieu l'entende et l'exauce*. Ce n'est pas pour elle qu'elle demandait ce bonheur, mais pour son fils agonisant.

Un incroyant se demandera comment on peut concilier une telle foi avec la cruauté du sort. *Serons-nous assez bons pour mériter la guérison de notre Norbert ?* Au fond même de son désespoir, maman n'aura jamais le commencement d'une révolte, mais voyant venir la fin de son frère, elle essaie de savoir pourquoi, pourquoi lui. *Je ne peux pas faire un pas sans rencontrer des gens qui me parlent de notre Norbert. Hier c'était monsieur Lenoble qui m'a dit : « Quand j'avais un démêlé au travail, c'est toujours votre frère qui venait arranger les choses. Il est d'une grande distinction, d'une éducation parfaite et d'un calme déconcertant. » Je pense que cela dépeint tout à fait notre Norbert. Est-ce que le Bon Dieu épris de perfection voudrait nous le prendre, est-il trop bon, trop pur pour rester parmi les hommes ? Que la volonté du Ciel soit faite et que notre grand amour le soutienne.*

Le jour où elle apprit par courrier que la tumeur dont elle avait été opérée s'était révélée cancéreuse à l'examen, maman me demanda : « Pourquoi moi ? », question que je pensais sans réponse et qui m'a fait écrire dans *Dinky rouge sang* : « Il y a des pourquoi qui sont veufs de parce que. »

Après le décès de ma mère, si semblable au décès de ma grand-mère, on m'a conseillé de consulter le service génétique de l'Institut Curie. Je me souviens de ce jour où le professeur S.-L. m'ouvrit la porte de son bureau en me disant cette phrase brutale : « Nous sommes en mesure de vous expliquer en partie l'histoire de votre famille. »

Il y avait un parce que, c'était le BRCA1, et Dieu n'y était pour rien.

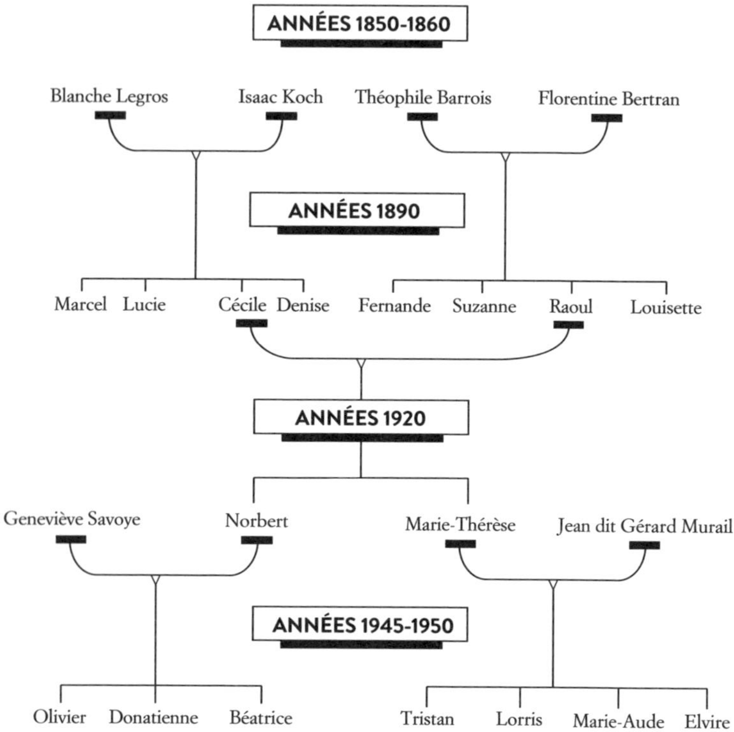
ANNÉES 1850-1860
Blanche Legros
Isaac Koch
Théophile Barrois
Florentine Bertran
ANNÉES 1890
Marcel
Lucie
Cécile
Denise
Fernande
Suzanne
Raoul
Louisette
ANNÉES 1920
Geneviève Savoye
Norbert
Marie-Thérèse
Jean dit Gérard Murail
ANNÉES 1945-1950
Olivier
Donatienne
Béatrice
Tristan
Lorris
Marie-Aude
Elvire

Du côté des Murail

« Est-ce qu'on a besoin d'être aimé ? » Drôle de question. Que m'a posée mon amie Sylvie hier après-midi. Il y a un an son compagnon l'a abandonnée après vingt ans de vie commune et quatre enfants. Un peu désarçonnée, je lui ai répondu : « *No man is an island.* » J'aurais dû lui chanter « La Goualante du pauvre Jean » :

« Qu'on soit riche ou sans un sou,
Sans amour, on n'est rien du tout. »

Mon père a été abandonné deux fois. Par son père, parti sans laisser d'adresse. Par sa mère, qui l'a placé en nourrice. Le passé de mon père ressemble à celui du Havre. Table rase. Quand j'étais enfant, je percevais le malaise de maman dès qu'il pouvait être question de mon ascendance paternelle. Rien à voir avec le secret d'un Isaac Koch, transmis de mère en fille. C'était plutôt une succession de brèves catastrophes, une main qui arrache l'herbe à peine poussée et laisse la terre à nu. Saignante. Si l'événement fondateur du côté maternel est un homme qui tombe amoureux, du côté paternel, c'est un homme qui tombe à l'eau. Mon arrière-grand-père paternel, ivrogne et gendarme à cheval. Ce jour-là, il passe sur un pont de la Seine, il fait très chaud. Pour se rafraîchir, il se laisse tomber de son cheval dans la Seine. Sauf qu'il s'écrase sur le quai.

Je n'aurais jamais rien dû savoir du père de mon père, un certain Pierre Murail, sans un étrange concours de circonstances. Alors qu'il était devenu critique littéraire au journal *Le Havre libre*, mon père signa de son nom de plume, Gérard Murail, la recension louangeuse du roman d'une certaine Annie G., elle-même journaliste à *Paris Normandie*. Elle le remercia tout en lui indiquant qu'elle avait connu, étant enfant, un certain Pierre Murail, auquel il était peut-être apparenté. Quelques jours plus tard, mon père sonna à la grille du jardin d'Annie et, sans préambule, lui demanda : « Je ne vous rappelle personne ? » C'est ainsi que mon père devint l'amant d'Annie, qui avait vingt ans de plus que lui, mais ceci est une autre histoire – que je n'aurais pas dû savoir non plus. En 1985, alors que je venais de publier mon premier roman pour les adultes, *Passage*, je reçus une lettre enthousiaste d'une certaine Annie G., critique littéraire à *Paris Normandie*. La sachant une vieille amie de mes parents, je lui adressai une lettre de remerciement. Est-ce parce que j'étais la fille de Gérard Murail ou bien parce que mon roman racontait une histoire d'amour à trois qu'elle supposa autobiographique ? Toujours est-il qu'elle me fit ses confidences et me remit trois lettres écrites par sa propre mère, prénommée Louise. Ces trois lettres, mises bout à bout, retracent un vaudeville, qui se passa en 1911 au bord de la mer, et dont mon grand-père paternel, Pierre Murail, fut un des protagonistes.

Dans la première lettre, en date du 20 juin 1911, Louise vient d'arriver à Saint-Malo avec sa petite Annie, « Bout d'Annie » comme l'appelle son père, et par contraction : « Bonny ». La petite Bonny est de santé fragile (elle a tout de même fini centenaire), et on lui a recommandé les bains de mer. *Elle est tout le temps dans le jardin*, écrit sa mère à Paul, son mari expert-comptable, resté à Paris, *elle joue à la balle et dit tout le temps c'est encore plus joli que je ne croyais.* À Saint-Malo, Louise a retrouvé son amie, Alberte, une chanteuse engagée pour la saison, « jolie dame grassouillette », qui s'est déniché un petit ami pour l'été, un garçon plus jeune qu'elle et encore sous les drapeaux. Pierre Murail, 21 ans, vient de faire un héritage et semble tout disposé à le manger. Il installe sa maîtresse dans la villa Ker-Lys à Paramé et l'y rejoint à chaque permission. Je ne suis pas graphologue, mais l'écriture de Louise me paraît celle d'une déséquilibrée.

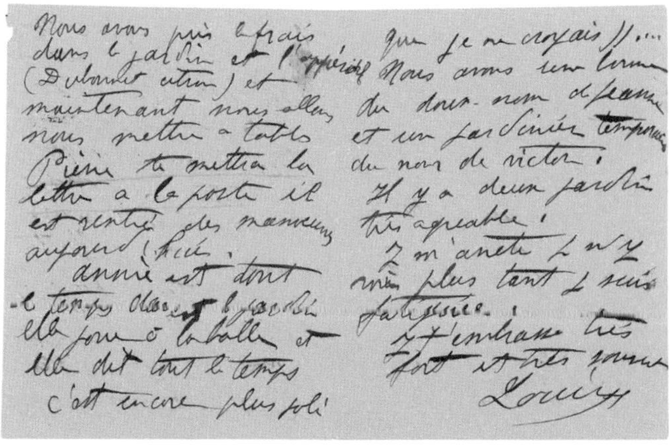
Nous avons pris le frais dans le jardin et l'apéritif (Dubonnet citron) et maintenant nous allons nous mettre à table. Pierre te mettra la lettre à la poste il est rentré des manoeuvres aujourd'hui.
Annie est tout le temps dans le jardin elle joue à la balle et elle dit tout le temps c'est encore plus joli que je ne croyais !!... Nous avons une bonne du doux nom de Jeanne et un jardinier temporaire du nom de Victor. Il y a deux jardins très agréable !
Je m'arrête je n'y vois plus tant je suis fatiguée.
Je t'embrasse très fort et très [illegible]
Louise

Tu dois être inquiet de ne pas avoir de mes nouvelles, écrit-elle à son mari dans la deuxième lettre, où elle le presse de venir la rejoindre. *Je finis ma lettre parce que la tête me tourne. Je crois que c'est mon reste de raison qui est en train de chavirer.* Dans la troisième lettre, Louise tient des propos de plus en plus irresponsables. Elle raconte à son mari que la petite Annie dit maintenant qu'elle a deux pères et deux mères. Louise est la maman, Alberte est Mémère, *toi, tu es papa et Pierre Murail, c'est Pépère. Il est tellement heureux quand elle l'appelle comme ça qu'il en pleure. Il voudrait un enfant et il croit qu'Alberte fait tout pour ne pas en avoir. Cela lui fait énormément de chagrin.* Pour on ne sait quelle fête de charité, Louise fait chanter sa petite Annie en public au Grand Casino de Paramé. *Pierre était aussi fier de son succès que si elle eût été à lui. Et la petite regrettait énormément que tu sois absent. Elle aurait voulu que ses deux papas fussent là.*

À ces lettres de sa mère, Annie G. m'en joignit une autre pour que j'aie le roman complet. C'est la lettre que Pierre Murail expédia de Ker-Lys, le 30 août, mettant un comble au malheur du pauvre mari : *Mon cher Paul, je vous serais très obligé de bien vouloir venir ici quelques jours. J'ai une nouvelle bien mauvaise à vous apprendre. Votre femme*

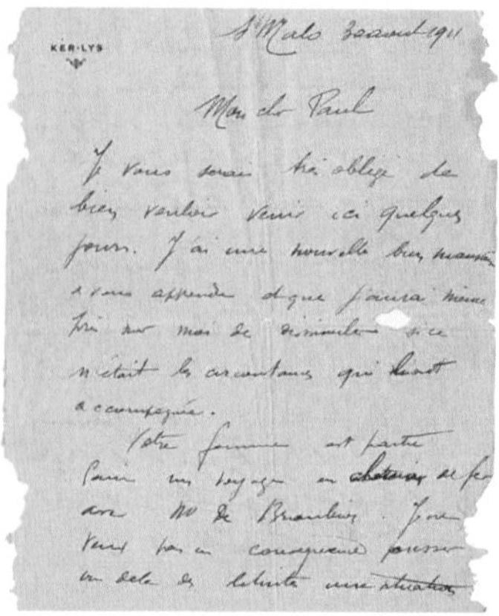
KER-LYS

St Malo 30 août 1911

Mon cher Paul

Je vous serais très obligé de bien vouloir venir ici quelques jours. J'ai une nouvelle bien mauvaise à vous apprendre [illegible]

Votre femme est partie pour un voyage [illegible]

est partie faire un voyage en chemin de fer avec monsieur le comte de Branbuant... M'étant prise au jeu de ce vaudeville, je n'ai pas tout de suite réalisé que cette lettre sur papier bleu est tout ce qui me reste de mon grand-père paternel. Qui, de son vivant, pourrait supposer que la seule trace de son passage sur terre qu'il laisserait à sa descendance serait une pantalonnade ? Le dernier mot revient à Annie, qui m'écrivit en 1985 : *J'ai été enlevée d'un hôtel de Saint-Malo par une personne qui était la servante de Ker-Lys. Elle courait, me tenant par la main. Une voiture attendait un peu plus loin et nous a conduites à Ker-Lys où était mon papa. Il m'a serrée très fort en m'embrassant. Il pleurait.*

Louise revint au foyer conjugal et, me raconta Annie : *En novembre 1912 mon père est arrivé à la maison en annonçant qu'il avait reçu une visite à son bureau. « Devinez ? » C'était Pierre Murail. Il venait demander du travail. C'était urgent. Il n'avait plus un sou. Ruiné. Quelques jours après cette visite, mon père nous a annoncé qu'il avait trouvé du travail à Pierre Murail, et dans son propre service.* Histoire d'amour à trois, je ne sais pas. Pierre finit par porter ses vœux ailleurs, il épousa Marcelle Dacheux, lui fit deux enfants, Pierre et Jean, mon père, né le 16 février 1925, puis les abandonna. Marcelle dut prendre un métier pour survivre, elle devint receveuse du tramway. Elle donna son fils aîné à sa sœur, qui vivait à Chartres, et dont le couple n'avait pas eu d'enfant. Le cadet, encore tout petit, fut expédié chez une nourrice à Pacy-sur-Eure. La nourrice était méchante, elle battait le petit Jean, qui se sauvait parfois chez un vieux voisin. Mon père, qui en cauchemardait encore à l'âge adulte, disait qu'il avait gardé une méfiance instinctive envers le genre humain.

Dans le tramway, Marcelle fit la connaissance d'un des usagers, un certain monsieur Rode, Henri, 36 ans, inspecteur de police, veuf avec deux enfants. Au moment du remariage de sa mère, Jean avait 5 ans. Le beau-père, s'apercevant que l'enfant était maltraité, l'expédia dans un village de l'Yonne, La Ferté-Loupière, chez une brave dame illettrée, « maman Marie », qui avait, toute sa vie, élevé des enfants de l'Assistance. Jean eut chez elle un statut particulier car, dans le même corps de logis, vivait une cousine du beau-père, mariée à une personnalité locale, le menuisier, fabricant de cercueils et tambour de ville. Les jours de fête, Jean, « le petit Parisien », était invité à leur table. Cependant, Marcelle, restée à Paris, élevait ses deux beaux-enfants qui, par l'effet d'une diabolique substitution, s'appelaient comme ses propres enfants, Pierre et Jean.

La femme sur le pas de sa porte est maman Marie.

La photo la plus ancienne que je possède de mon père a été prise à La Ferté-Loupière un jour où sa mère lui rend visite. Elle lui a acheté le cheval de bois que la photo immortalise. Chaque fois que sa mère venait pour payer la nourrice, elle donnait quelques sous à son fils, qui avait peur d'elle comme d'une étrangère, et déguerpissait bien vite pour aller s'acheter des bonbons.

Au village, où il s'était acoquiné avec de petits paysans, Jean était devenu chef de bande, façon Lebrac dans *La Guerre des boutons*.

Les loupiots de La Ferté-Loupière

Nous fîmes un jour en famille un court pèlerinage à La Ferté-Loupière et, pendant le déjeuner dans quelque hôtel du Cerf-Blanc, papa évoqua pour la première fois devant moi son enfance campagnarde. Il y avait, me dit-il, trois personnages importants à La Ferté, l'instituteur, que tout le monde respectait, le maréchal-ferrant, dont le souvenir lui fournit sa première devise poétique

et monsieur le curé, dont il fut l'enfant de chœur, en soutane rouge et surplis blanc pour les messes et les baptêmes, en soutane noire pour les enterrements.

Ce fameux jour à La Ferté, papa nous fit entrer dans l'église de son enfance, une église romane qui recèle un trésor peu commun, une danse macabre du XVe siècle, où des squelettes entraînent vers la mort le pape et le laboureur, l'empereur et l'avocat, l'ermite et le bébé. Cette fresque, longue de vingt-cinq mètres, qu'un crépi dissimulait aux regards, fut découverte à la faveur de travaux de réfection au moment où mon père venait d'atteindre l'âge de sagesse qui ne le quittera plus jamais : « Je suis né à 7 ans, me dit-il, j'ai toujours 7 ans, je mourrai à 7 ans. » La danse macabre fut pour le petit Jean un sujet de méditation pendant les offices. Il en retira l'impression du peu de prix des satisfactions humaines. Il pouvait se passer de tout, ne tenant à rien. Il aimait se le prouver le temps du carême en cessant du jour au lendemain de boire et de fumer. Il reprenait ses habitudes tôt ou tard, suivant le conseil qu'il avait affiché au mur de son atelier.

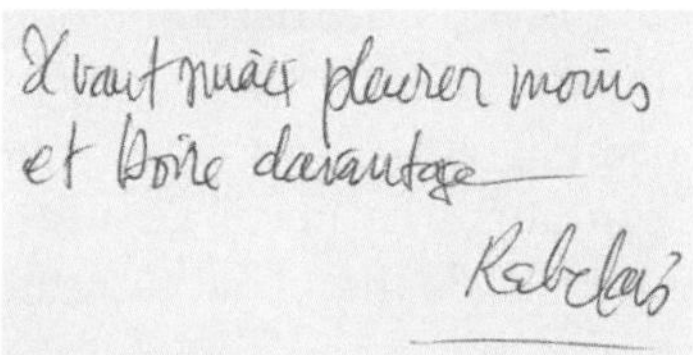

C'est à La Ferté-Loupière que prit racine en lui une forme particulière de mysticisme, proche de la foi chrétienne des premiers temps, encore imprégnée de paganisme. La nature lui montait à la tête quand il était enfant. L'hiver, sautant par la fenêtre de sa chambre, il se roulait dans la neige, ou bien l'été il embrassait le tronc des arbres, puis s'étendait sur l'herbe, les bras en croix, face contre terre. Jean était éduqué dans la foi chrétienne, mais une foi paysanne, celle des saints en bois qu'on fouette quand ils ne veulent pas faire pleuvoir. La sainte du pays est sainte Alpais, une sainte plus ancienne encore que la danse macabre, une vachère née près de La Ferté, à Cudot, là où elle fut frappée de la lèpre et vécut grabataire sans prendre d'autre repas que l'hostie consacrée. Mon père se souvenait des pèlerinages à pied et en charrette jusqu'à la source miraculeuse de Cudot, qui guérit des maladies de peau.

Combien d'années s'écoulèrent à La Ferté-Loupière ? Cinq peut-être. Assez pour que mon père gardât en lui à tout jamais sa tendresse pour le dieu Pan et sa foi en sainte Alpais. Arraché à sa nourrice de La Ferté vers sa dixième année, il rejoignit à Chartres son frère aîné, dont le sort lui parut toujours plus enviable que le sien, bien qu'il ait *in fine* fort mal tourné. (Séducteur et mythomane, Pierre Murail se fit passer pendant la guerre pour un officier allemand puis, le vent ayant tourné, il trouva de quoi se déguiser en soldat américain. Suivant le bon exemple de son père, il se maria et abandonna sa femme et ses deux fils, pour embarquer comme cuisinier sur un cargo et mourir à Famagouste – une mort dont mon père fut informé par l'ambassade de Chypre.)

C'est à Chartres que Jean tomba amoureux pour la première, mais pas la dernière fois. Comme il l'avouait lui-même : « Je prenais feu tout le temps. » Son premier amour fut, comme il se doit, pour sa cousine, Jacqueline Dacheux, qui vivait dans la maison voisine. Il avait 11 ans et elle en avait 13. Il ne l'intéressa pas du tout.

Puis, sans crier gare, Jean fut de nouveau transplanté, sa mère ayant décidé de le reprendre avec elle. Du jour au lendemain, il se retrouva à Paris dans une famille inconnue : son beau-père, l'inspecteur de police, les deux fils de celui-ci, et sa mère, qu'il a parfois entrevue. La première nuit, quand on referma sur lui les volets de sa chambre, il se crut au tombeau. La famille Rode était d'humeur querelleuse, et les parties de cartes du dimanche se terminaient en fâcheries définitives jusqu'à la partie de cartes suivante. Le beau-père n'était pas méchant homme, et Jean s'entendait bien avec ceux qu'il appelait ses « beaux-frères », mais sur les photos de la mère, c'est toujours la même soupe à la grimace. Papa citait Poil de Carotte : « Tout le monde ne peut pas être orphelin. »

Livré à lui-même dans le Paris de l'Occupation, Jean, qui remportait le prix d'excellence à l'école de son village, perd pied au lycée Turgot. Quand son beau-père lui file un peu d'argent pour aller au Cluny-Palace, il reste tout le jeudi après-midi au cinéma permanent. Parfois, il se contente de regarder l'affiche du film avec les noms des acteurs, de façon à pouvoir raconter la séance, et avec l'argent économisé, il va s'acheter des livres d'occasion chez les bouquinistes, sur les quais de la Seine, débutant sa longue carrière de lecteur autodidacte. Par ailleurs, il a retrouvé sa cousine, qu'il intéresse à présent, comme en témoignent les lettres que j'ai découvertes dans les affaires de mon père. Car les hommes, eux aussi, gardent la preuve qu'on les a aimés.

Leur relation épistolaire semble clandestine puisque Jacqueline lui précise : *Pas de gaffes, signe Jeannine.* Et un peu plus loin : *J'ai confiance dans le destin qui jusqu'ici nous a si bien protégés.* (…) *Espérons que le temps reviendra où nous marcherons le long des quais ou que nous parcourrons encore les librairies à la recherche de Ramuntcho en espagnol ou quelque chose du même genre !* À 16 ans, mon père a déjà trouvé ses deux passions, l'ésotérisme et la poésie. *Tu me diras si tes expériences de spiritisme et de magnétisme ont réussi.* Et aussi : *Ton petit poème est charmant, tu vas devenir un as en poésie. Mais malgré tout, si tu ne fais que ça, penses-tu réussir ton examen ?* Jacqueline a raison de s'inquiéter. Jean n'aura pas son brevet. Peu importe, puisqu'il a décidé : « Je vais travailler. Moi, je suis un ouvrier. » Il commence rue Sainte-Anastase comme apprenti ébéniste, et sa vie devient de plus en plus brouillonne.

Cousin-cousine

*

Mon père ne se confia pas à moi : nous nous intimidions réciproquement. C'est à mon mari, et dans les derniers mois de sa vie, qu'il raconta sa jeunesse. Pierre passait le voir, rue de Bretagne, et tandis qu'ils déjeunaient de deux douzaines d'huîtres, un petit magnéto posé sur la table enregistrait questions et réponses sur fond de bruits de fourchettes et de verres. Je n'ai jamais supporté d'entendre plus de quelques secondes cette voix d'outre-tombe, mais Pierre a tout dactylographié, notant même les rires, ce qui donne ce genre d'échanges :

— *La première fois, ça a été avec une prostituée ?*

— *Ben, oui. À cette époque-là, il n'y avait pas d'autre solution. Les mœurs étaient rigides. La première fois, je me souviens bien, j'avais 15 ans, c'était rue des Prêcheurs (rire), aux Halles, elle était toute contente : « C'est ta première fois, ça va me porter bonheur. » (rire) J'ai eu pas mal de copines chez les putes, j'étais très jeune, je les attendrissais. Je suis toujours tombé sur des filles très sympathiques, il y en a même qui lisaient mes poèmes !*

Mon père disait « pute » comme il disait « pédé », c'était sa manière d'affirmer qu'il emmerdait les cons.

— *Et chez ton ébéniste, tu n'es pas resté longtemps apprenti, un an ?*

— *Oui, parce qu'après je suis entré au ministère des Finances grâce à un ami pédé dont j'arrangeais les affaires de cœur.*

— *Cet ami, tu l'avais rencontré comment ?*

— *Ah, je ne sais plus… Des rencontres, il y en a eu tellement pour moi ! C'était tout un monde, les pédés de Paris… J'ai découvert Rilke par un pédé pharmacien qui me lisait les* Élégies de Duino, *assis sur son lit. Moi, je n'étais pas gay, ils savaient que je n'étais pas de la même paroisse. Donc, j'étais leur confident. C'était très bien, très confortable. C'étaient des gens d'un certain niveau. À un moment, j'ai été très très, si on peut dire, très heureux avec les homos, à une époque où ce n'était pas... Il valait mieux ne pas se faire remarquer, hein ?*

Mon père était *gay-friendly* à une époque où on faisait porter l'étoile rose aux homosexuels. De son propre aveu, il se sentait marginal, même parmi les marginaux. À 18 ans, accompagné par un copain guitariste, il chantait, rue de Fourcy, dans un bordel pour clochards.

Il traînait quelquefois au Quartier latin, et un jour, chez Capoulade, le café des intellos du boul'Mich', il vit un monsieur qui lisait un énorme manuscrit. Au bout d'un moment, n'y tenant plus, il lui demanda : « Vous écrivez ? » L'autre ne demandait qu'à parler : « Oui, j'écris, et j'ai des jeunes amis qui écrivent aussi. Si ça vous intéresse, je peux vous les faire rencontrer. » Il s'agissait d'un petit groupe d'auteurs qui s'appelait pompeusement Le Cénacle. Chacun venait y lire ses œuvres une fois par semaine. Jean avait un texte sous le coude, une pièce en trois actes, entièrement rimée, sur François Villon, « avec des pieds, des rimes », car il écrivait avec une extraordinaire facilité. Après lecture du premier acte, il y eut un grand silence au Cénacle. Puis, comme Jean avait tapé son texte sur du papier pelure, un des auditeurs lui dit qu'il pourrait toujours réutiliser le papier pour se torcher. Ce fut un coup terrible pour l'apprenti poète. Il s'était raccroché à ces gens, et voilà qu'il se retrouvait encore plus seul et incompris qu'avant.

Il ne se laissa pas sombrer pour autant. Il savait qu'il avait quelque chose à dire, mais c'était sa manière de l'écrire qui ne convenait pas. Il se souvint alors d'un professeur de dessin du lycée Turgot qui lisait à sa classe des poètes surréalistes. Certaines images l'avaient « remué ». Muni de ce seul souvenir, il écrivit quelques poèmes puis, courageusement, retourna les lire au Cénacle.

Le masque dur du feu se penche vers la mare
Pour en interroger le calme et vieux savoir
Et les chevaux perdus qu'obsède l'abreuvoir
Tremblent déjà du jour brutal qui se prépare.

Ses auditeurs en restèrent pantois. Bien plus, ils pensèrent avoir découvert un nouvel Arthur Rimbaud et se cotisèrent pour lui imprimer son premier recueil de poésies, *Au soleil de la cuirasse*. Jean décide alors de troquer son prénom pour celui de Gérard, comme Gérard de Nerval. Il sera Gérard Murail.

Paris s'est mis au diapason de ce cœur délivré. Nous sommes à la fin de l'année 1944. Parce qu'il se fait « chier au ministère » et qu'il vit dans l'exaltation du moment, Jean (pour l'état civil) décide, sur un coup de tête, de s'engager dans l'armée de l'air, bataillon 117. Mais comme il doit attendre d'être appelé, il continue de zoner dans Paris libéré. De temps en temps, lui et son copain peintre, Henri, se rendent dans un curieux endroit, rue de Seine, l'Académie Duncan. Il y fait chaud, la femme du propriétaire sert du thé, il y a une estrade, et ceux qui le souhaitent peuvent monter sur scène pour déclamer leurs poèmes ou faire du théâtre d'amateur. C'est un mixte de soupe populaire et d'espace culturel.

Ce 31 décembre 1944, un poète de 19 ans pousse la porte de l'Académie Duncan, et le monde va basculer.

La leçon amoureuse

J'ai lu naguère dans je ne sais quel magazine que les couples-qui-durent se nourrissent du récit de leurs débuts, de tous les signes du destin qui a présidé à leur union, de tous les souvenirs qui ont marqué ce moment non reproductible de leur vie, la musique sur laquelle ils ont dansé, le coucher de soleil qui les a vus s'embrasser, la scène de jalousie au restaurant, etc. Ce récit porte le couple à travers les vicissitudes de l'existence et sera transmis aux descendants. Il est l'armature des lignées familiales. Maman m'a davantage transmis le récit fondateur du couple de mes grands-parents que le sien. Que m'a-t-elle dit ? Qu'étant enfant, elle s'était promis d'épouser soit un repris de justice, soit un artiste. Poète et mauvais garçon comme François Villon, Gérard Murail pouvait satisfaire à cette double condition. Quand Marie-Thérèse le rencontre, il vient de s'engager dans l'armée et elle fera tout pour l'en délivrer. Mais ce qui s'est exactement passé le 31 décembre 1944, c'est mon père, dans les dernières années de sa vie, qui me l'a raconté…

Ce soir du réveillon dans Paris libéré, une jolie brune de 22 ans s'est fait accompagner par un ami de sa famille à l'Académie Duncan. Elle, qui rêve de devenir actrice, n'hésite pas à monter sur la scène pour réciter un poème. Dans l'assistance, deux garçons se poussent du coude en la regardant. Et voilà qu'elle déclame :

« Ô Corse à cheveux plats ! Que ta France était belle
Au grand soleil de Messidor !
C'était une cavale indomptable et rebelle,
Sans frein d'acier ni rênes d'or ;
Une jument sauvage à la croupe rustique… »

Oh, comme « la croupe rustique » met en joie les deux garçons ! À la fin de la prestation, l'un des deux, Gérard, se précipite vers la jolie fille, brûlant la politesse à son copain Henri. Il ne dit pas tout à fait : « Mademoiselle, ce poème d'Auguste Barbier que vous venez de réciter, c'est de la connerie », mais quelque chose d'approchant, et il ajoute : « Maintenant, vous allez découvrir la vraie poésie, la mienne. » J'ai retrouvé dans la bibliothèque de mon père l'exemplaire de *Au soleil de la cuirasse* qu'il a dédicacé à Marie-Thérèse, *vous qui passez dans une vie de poète, si vite née d'un hasard et enlevée par cette vie coutumière.* En d'autres termes, la demoiselle, venue passer les fêtes de fin d'année à Paris, doit retourner à Lillebonne. Est-ce le coup de foudre ? Pour Gérard, oui, mais… il prend feu tout le temps. Marie-Thérèse est prudente, elle sympathise, elle promet d'écrire quand il lui demande, dans un élan de romantisme, de devenir « sa marraine de guerre ».

Pour avoir la suite de l'histoire, j'ai à ma disposition un document fabuleux, une nouvelle correspondance de soldat, les 92 lettres de Marie-Thérèse et les 86 lettres de Gérard, écrites entre janvier et décembre 1945 !

La correspondance de la jeune institutrice de Lillebonne commence sans faire de façons. *Avant toute chose, mon cher Gérard, seriez-vous assez aimable pour me donner l'explication des petites lettres que vous mettez dans le coin gauche de vos lettres, je ne comprends pas et cela m'agace de ne pouvoir le deviner.* Cela m'agace aussi… La solution du rébus est peut-être dans le paquet des lettres de mon père.

Gérard lui ayant envoyé des poèmes, la jeune fille lui avoue qu'ils lui ont paru « obscurs ». *Alors je viens de les relire, posément, des yeux d'abord puis à haute voix… Et tout est devenu clair. J'ai compris parce que j'ai senti.* Comme son « filleul » lui a appris, sur un ton sans doute mélodramatique, qu'il a rejoint la base aérienne d'Aix-en-Provence, mettant entre eux des centaines de kilomètres, elle lui prêche cette légèreté de cœur qui sera toujours étrangère à mon père : *Souriez à la vie. Acceptez votre sort. Les hommes sont bêtes. Ignorez-les. Les bureaux militaires sont assommants, mais votre muse vous visite si souvent.* Elle lui raconte qu'elle a dans sa classe un petit garçon qui s'appelle Gérard et à qui elle a dit à un moment où il avait fait une bêtise : « Gérard Murail, viens ici. » *80 yeux étonnés me firent vite me reprendre mais je n'ai pas pu m'empêcher de sourire et je n'ai pas puni le petit Gérard.* Se rend-elle compte que ses lettres enjouées et charmeuses, qu'elle signe d'un simple « Maïté », fournissent un aliment aux rêveries du jeune soldat ? Quand j'étais adolescente, maman m'a dit un jour : « C'est une bonne chose de flirter avant le mariage. » J'ai retrouvé dans sa correspondance avec Gérard un poème écrit par elle.

Cent fois je crus aimer, cent fois mon cœur trop tendre
Sentit monter en lui un flot de doux émoi.
Cent fois je crus aimer, cent fois je crus comprendre
Que ce dernier venu serait bientôt mon roi.

Le 16 février 1945, après avoir souhaité un bon anniversaire à son filleul qui vient d'avoir 20 ans, Maïté lui raconte qu'elle a la tête vidée d'avoir servi d'interprète pendant une heure à de séduisants Alliés. Ceux-ci lui permirent d'enrichir son anglais en même temps que son album de photographies, où elle écrivit de son écriture appliquée d'institutrice :

My captain Eric Dykes

Raymond Jones,
American sailor

Comment Gérard peut-il lutter à armes égales sinon en envoyant, lui aussi, une photographie ? *Dieu ! Que vous êtes chic dans votre uniforme d'aviateur !*, s'enthousiasme Marie-Thérèse. Cependant, au bout de quelques échanges épistolaires, elle s'aperçoit qu'elle a trop encouragé son correspondant. *Mon petit Gérard, vos lettres de plus en plus pressantes m'embarrassent beaucoup. Comment vous donner ma parole ?*

Nous nous sommes si peu vus. Je sais que toutes nos sorties furent des sources de joie et que tout de suite la sympathie est née. Puis s'est échangée cette agréable correspondance intime qui nous a permis de mieux nous connaître… Et vos poèmes, vos poèmes que j'aime tant. Mais il y a cette différence d'âge que vous n'ignorez pas, presque trois ans. Songez-y, Gérard. Et ces années de service, cet éloignement… Croyez-vous qu'il serait sage que nous nous engagions l'un l'autre sans plus de certitude ? Marie-Thérèse aura bientôt 23 ans, le flirt a fait son temps, et attendre encore trois ans… J'imagine que le jeune Gérard s'est vexé de cette rebuffade puisque Marie-Thérèse lui écrit au début de mars : *Si j'ai parlé de lettres pressantes je n'ai pas donné de sens péjoratif à ce mot, c'est-à-dire ennuyeuses. C'est vous qui l'avez compris ainsi. Oui, vous ne vous attendiez pas à entendre parler raison de ma part. Il fut un temps où cela ne me serait même pas venu à l'idée. J'ai été trop*

souvent inconsciente, j'ai bien des fois laissé aux charmes du moment le soin de conduire la barque du rêve... Et elle a chaviré.

Les deux correspondants renouent et se donnent des nouvelles tout en gardant leurs distances. *Je joue presque chaque dimanche avec un honorable succès « Trèfle et Cœur »*, l'informe-t-elle. Il lui répond qu'il monte un spectacle de poésie au théâtre municipal d'Aix, épaulé par un certain Claude, élève comédien de la Comédie-Française. Cependant, lettre après lettre, Gérard gagne du terrain. Maïté est une merveilleuse jeune fille dont on peut conquérir le cœur avec la poésie.

Je sentais mes yeux s'agrandir au fur et à mesure que je lisais « Pour brûler ce qui fut adoré », la fin surtout est hallucinante. Ça brûle les yeux, le cœur, les doigts. Avez-vous tant souffert ? Votre cœur est-il si desséché ? Poète-enfant, ne soyez plus si triste.

Ne dirait-on pas qu'elle écrit à Alfred de Musset ? Mon père m'a dit plus tard avec beaucoup de perspicacité que Marie-Thérèse s'était montrée intéressée par lui parce qu'il avait « des exigences de personnage ». Des exigences qu'elle ne peut pourtant satisfaire.

Vous devez comprendre, déraisonnable poète, que ce n'est pas ma place de venir à Aix, « seule ». Ne m'appelez pas bourgeoise, vous me vexeriez horriblement. Non, loyalement, je ne puis venir. Mais maman me prie de vous dire qu'elle serait très heureuse de vous recevoir quelques jours à la maison.

Gérard se venge du refus en jouant les mourants (il a le scorbut, va perdre ses dents, devient aveugle, etc.) puis en se drapant dans la cape de Lorenzaccio. *Gérard, ne jouez pas ainsi au blasé. Je vous assure qu'il existe encore des âmes pures, des cœurs loyaux. Retirez-vous du cercle des jouisseurs qui ne parlent que femmes, alcool et table. Je n'ai rien d'un frère prêcheur, et cela me sied mal de moraliser mais...* Vient ensuite cette envolée que j'ai fait lire à ma fille et qu'elle a ensuite partagée sur Facebook : *Il y a une réplique des « Jours heureux » que j'aime à faire lorsque Olivier dit que « la vie est inacceptable à partir d'un certain degré de lucidité », Marianne lui répond : « Alors, je préfère être aveugle. » Eh bien mon ami, je vois les gens et les choses à travers le voile de mes illusions et je suis presque heureuse. On m'a souvent répété que le jour où le voile se déchirerait, je serais terriblement malheureuse et pour toujours. Tant pis ! Je cours le risque. Mais les trames de mes rêves sont solides. Après chaque fil cassé, j'en tisse un plus solide et plus beau. J'ai besoin d'être heureuse. Je ne sais pas vivre sans joie.* Mais lui, l'enfant triste, lui répond dans un magnifique quatrain :

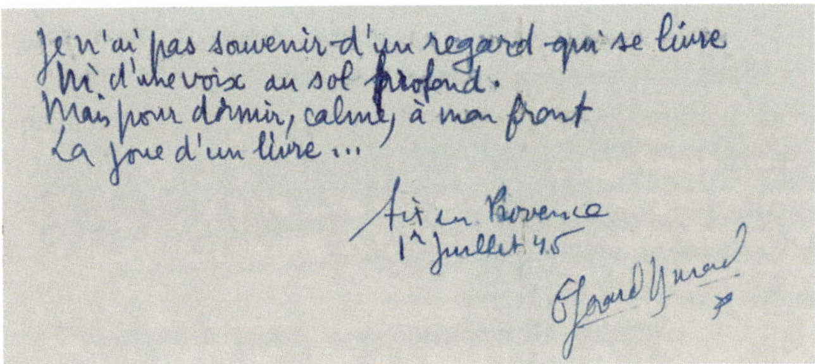
Je n'ai pas souvenir d'un regard qui se livre
Ni d'une voix au sol profond.
Mais pour dormir, calme, à mon front
La joue d'un livre...

Aix en Provence
1er Juillet 45

[illegible]

« Je n'ai pas souvenir d'un regard qui se livre / Ni d'une voix au sol profond. / Mais pour dormir, calme, à mon front / La joue d'un livre... »

Un mois plus tard, prenant au mot madame Barrois quand elle l'invitait chez elle, Gérard débarque à

Lillebonne, son sac sur l'épaule. *Vous vous souvenez, Gérard, de cet air étonné, égaré même, quand hésitant à vous reconnaître je vous ai ouvert la porte en ce début d'août ? Ce jour-là vous êtes entré définitivement dans ma vie.*

Au milieu du paquet de lettres, j'ai trouvé deux cartes postales timbrées du 8 août, postées de Paris, et adressées à « Madame Cécile Barrois ». L'une est de Gérard, celle-ci est de Marie-Thérèse. La Conciergerie était le monument de Paris que je préférais, étant enfant. Quand je passais sur les quais avec maman, elle me disait : « Je ne m'en lasse jamais. Je regarde en faisant semblant que je suis une touriste et que je vois Paris pour la première fois. » Paris garda pour elle toute sa vie la magie d'une première fois. Au dos de sa carte postale, elle avait écrit : *Ma petite maman chérie, je suis tes conseils à la lettre. Tu m'as procuré une grande joie en me permettant d'accompagner Gérard. Merci douce maman que j'aime.* Maman Cécile a donc laissé partir sa grande fille avec son « aviateur de fortune sans fortune » en la munissant des recommandations d'usage. Mon père a toujours dit que Moussia l'avait tout de suite adopté. Pour lui écrire, il a choisi une carte postale du Grand Palais et il la rassure sur un ton d'aimable dérision : *Madame, soyez sans crainte, nous ne fréquentons que des gens sérieux (comme*

nous !) Je tiens à vous remercier encore pour les quelques jours passés chez vous et à m'excuser pour l'enlèvement provisoire de Marie-Thérèse.

Ces quelques jours ont tout changé. *À Lillebonne, dans notre cratère de feuilles, lorsque je vous ai longuement parlé, je vous ai dit : « Si vous me demandiez de vous suivre, à l'instant je viendrais. » C'était une phrase mûrement réfléchie. Ni les jours ni la vie ne pourront en changer le cours. Je vous suivrai, partout où vous irez parce que je vous aime et que vous avez besoin de moi, dans les jours tristes comme dans ceux qui peut-être seront glorieux.*

Mais l'aviateur a dû repartir vers sa base.

La nuit a passé sur ma peine, mais ma peine n'est pas passée. Je me sens bête devant cette feuille. J'ai trop de choses à dire. Toutes ces pensées qui se pressent. Tous ces désirs qui m'oppressent. La tête me tourne comme hier soir sans même ce reste de volonté qui me fit monter quatre à quatre les marches de « direction Étoile ». Je suis anéantie, incapable même de souffrir, tête vide, yeux secs, fatiguée, fatiguée. Gérard ! Gérard-fou, Gérard-hirsute, Gérard-faible, Gérard-tendre, Gérard-poète ! Je rêve… Je rêve et j'oublie. L'adieu bref de la gare dans le remous de cette foule d'indifférents. 8 h 13 dans le matin. Le train qui va partir. Malgré mes efforts les larmes jaillissaient, je n'oublierai jamais cette matinée, et l'adieu que tu fis de la main, ton dernier geste d'amour et ta silhouette qui au loin s'efface, puis rien rien que ma peine immense. Ce n'est pas Maïté qui a tracé cette dernière phrase, c'est son père dans une lettre que je viens de relire parce qu'elles me paraissaient s'emboîter. Raoul séparé de Cécile au matin du 3 août 1914 sur le quai de la gare d'Harfleur, c'est Maïté séparée de Gérard, ce sont les amoureux du monde entier, et toutes ces images en nous de quais de gare et de mouchoirs dépliés.

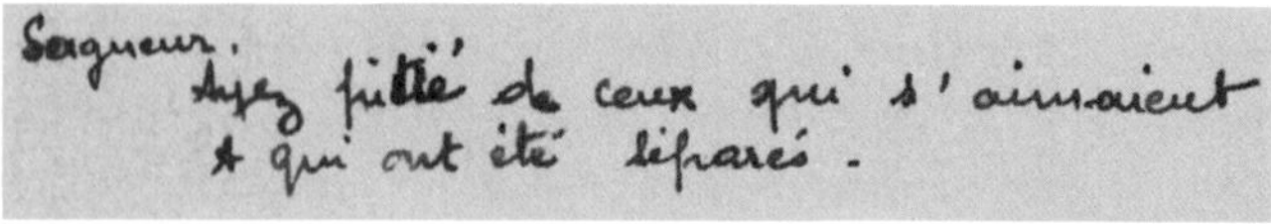
Seigneur.
Ayez pitié de ceux qui s'aimaient
et qui ont été séparés.

Vous ne vous êtes pas trompé en me choisissant pour être votre compagne. Vous croyez en moi comme je crois en vous. Nous possédons une certitude, peut-être pas une entière certitude de bonheur facile (il n'appartient qu'aux imbéciles). Mais la certitude d'avoir trouvé la vraie route. Marie-Thérèse appelle Gérard « Rodolphe » et signe « Mimi ». Ils sont devenus les héros de *La Bohème*. Mais la réponse tarde à venir, et au bout de dix jours, Mimi dépérit. *Gérard, vous arrive-t-il de vouloir voir le visage de ceux que vous aimez, de le voir dans votre tête ? Moi, oui, souvent. Et depuis que je vous ai quitté – souffrance inexprimable – je ne puis vous voir. Je vous aperçois indistinctement. Je vois vos yeux, votre nez, votre bouche, votre corps, vos mains. Mais je ne puis les assembler. C'est terrible. Quelquefois je crois que je vais saisir votre image, même un instant, et le cœur me martèle dans cette attente, mais je ne puis, je ne puis pas.* Présentant des signes d'épuisement nerveux, elle doit « aller au docteur ». Celui-ci lui conseille de s'occuper de choses terre à terre comme le tricot ou la cuisine, et d'éviter les émotions fortes. *« Le meilleur des médicaments serait le mariage », a-t-il ajouté en souriant.* Dès qu'elle tient dans ses mains la lettre de Gérard, elle lui parle trousseau, nappe, tissu d'ameublement, dont elle lui fournit même un échantillon, elle lui rapporte une conversation qu'elle vient d'avoir avec Geneviève, sa future belle-sœur. *Et les naissances succédaient aux naissances et les prénoms s'entrecroisaient. Je dis trois, elle dit cinq. Que dira la Providence ?* (Respectivement quatre et trois.) *J'ai maintenu Tristan et Yseult malgré les mauvaises plaisanteries de Norbert et les hochements de tête de maman.*

Mais avec le retour des prisonniers de guerre, elle a perdu son poste d'institutrice à Lillebonne. *Maman me dit qu'à défaut d'enseignement primaire il y a l'enseignement libre et que j'aurais certainement beaucoup plus de facilité à trouver un poste dans une institution privée.* Elle et sa mère montent à Paris et s'installent dans un premier temps chez la tante Louisette et l'oncle Philippe, qui vivent dans le XVIe arrondissement. Dès qu'elle arrive à Paris, Maïté se met en quête d'un commandant au nom étrange, Jacquelin de La Porte des Vaux. C'est un poète et il est susceptible d'aider à la libération de Gérard, désormais menacé d'un départ aux colonies. Mais Maïté doit aussi trouver un emploi et un appartement. *Toute la semaine j'ai travaillé, travaillé, pensé, marché, vite, vite, pour que les heures filent afin que notre séparation soit moins pénible. Et pensant que chaque minute écoulée nous est ôtée, que vous ne voyez pas le même ciel que moi, ni les mêmes arbres, les mêmes gens.*

Dans toutes ses lettres, elle se fait l'écho des désirs velléitaires de son fiancé. Veut-il ouvrir une librairie ? *Je comprends de mieux en mieux l'espèce d'attraction qu'exercent sur vous les librairies. Je subis la même maintenant. Le matin et le soir je passe devant une petite librairie intime et élégante avenue Paul-Doumer, étroite, comme resserrée sur ses trésors. Voilà ce qu'il nous faudrait.* Ouvrir un théâtre ? *Il est certain que si nous voulons monter un théâtre jouant vos pièces qui seront inconnues, nous qui serons des inconnus, il faudra que ce soit parfait. Ce qui nécessitera un travail immense, soutenu et de longue haleine.* Mais elle oscille entre exaltation et atonie, *les choses et les gens s'amusent à me démoraliser.* Les fonds à trouver pour ouvrir une librairie la découragent, le commandant La Porte des Vaux lui a laissé peu d'espoir qu'un engagement pris librement puisse être annulé, aucun logement en vue, etc. Toutes ces démarches, tous ces plans sur la comète épuisent l'amoureuse déracinée. *J'ai traîné ma tristesse et mes pieds le long de la Seine. Je ne voulais pas oublier ma tristesse et je regardais mes pieds inlassablement. Je suis entrée à Notre-Dame. Je me suis dirigée vers la statue de Marie et j'ai prié, Gérard, j'ai prié pour vous, j'ai prié pour moi. J'avais des fleurs dans la main. Peut-être étaient-elles destinées à votre mère. Je les ai oubliées au pied de Notre-Dame.*

Enfin, dans cet océan de déconvenues, une voile blanche à l'horizon ! *Ce matin je suis allée à Colombes, au Cours Gameau, dont je vous avais parlé. C'est très chic, mixte, les élèves poursuivent leurs études jusqu'au bac. La directrice m'a offert le cours des huitièmes et neuvièmes* (CE2/CM1). *Voici ses conditions : 3 000 francs et nourrie le midi gratuitement à sa table.* Pour fêter ça, Maïté achète une demi-douzaine de cuillères et un plat en aluminium. Malheureusement, l'entente avec la directrice du Cours Gameau ne sera pas cordiale. *Hier j'ai fait preuve de rébellion et cela chauffait. La directrice a interdit à une de mes élèves de verser elle-même l'encre dans les encriers. Je passe derrière elle et je dis : « Faites-le quand même. » Je sors chercher ce que je voulais mettre dans votre colis. Rien d'autre ne m'occupait. À mon retour grand drame. La bouteille avait échappé des mains de l'élève ! Et les murs, le carrelage, les bureaux, tout était taché d'encre. La directrice en furie… Et une petite mademoiselle Barrois toute sereine, revenant de l'épicerie, la carte*[1] *emplie de choses pour son Gérard. Les aboiements de la directrice ne me touchaient pas plus que s'ils avaient été destinés à une autre personne. Je faisais semblant d'écouter. Il y avait des mots comme : invraisemblable, grosse erreur pédagogique, de quoi j'ai l'air ?… C'est tout ce que j'ai retenu. Cela m'était tellement égal.*

Cela fait maintenant un an que Marie-Thérèse a rencontré Gérard et, faisant le compte dans sa tête, elle s'aperçoit qu'ils n'ont pu passer ensemble que *35 petits jours, Gérard, 35 jours qui nous ont permis de bâtir notre futur bonheur*. Dans son lit, cherchant le sommeil, elle se souvient de la première fois à l'Académie Duncan. C'est le récit fondateur en train de s'édifier. *Cette nuit je revoyais le cadre et la scène. Il faisait sombre. Une seule lumière près de Duncan, nonchalamment étendu sur son banc de bois. Dans les contours quelques silhouettes de vieilles sorcières et madame Bertrand, tache blanche dans l'obscurité, allant et venant, et s'affairant autour d'un poêle étique. Il faisait froid. Alors pour la première fois nos mains se sont unies. La main de Mimi était froide et Rodolphe la réchauffa du mieux qu'il put.*

1. Mot d'origine cauchoise pour « cartable ».

Marie-Thérèse s'installe dans sa routine d'institutrice. *Métro-école, école-métro. Je me mécanise toute la journée. Le soir je lis, je lis, je vous écris. Votre pensée ne me quitte pas et souvent je m'amuse à m'imaginer que vous me regardez agir. Alors je m'observe et je joue. Je redresse mes mèches folles. Je remets un peu de rouge à lèvres et la glace me renvoie mes yeux tristes et doux.*

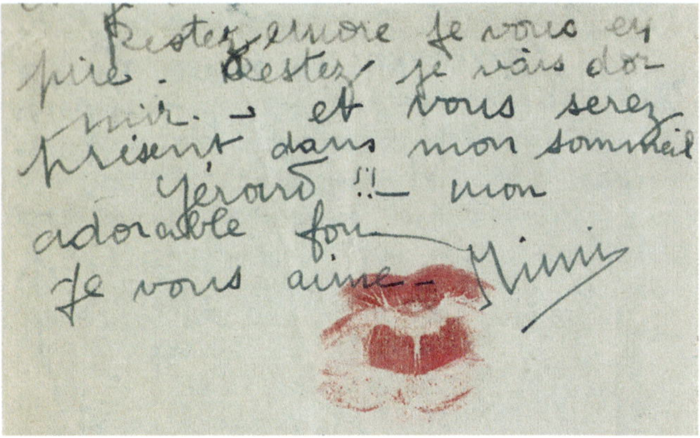

Restez encore je vous en prie. Restez je vais dormir. – et vous serez présent dans mon sommeil Gérard !! – mon adorable fou je vous aime – Mimi

Dans certaines lettres, je retrouve la femme dont j'ai gardé le souvenir, celle dont les exigences amoureuses paraissaient tarabiscotées à l'adolescente que j'étais.

Hier soir, j'ai eu un cafard terrible, comme jamais. Ce cafard, n'est-ce pas cette lettre un peu froide que j'avais reçue de vous qui en fut le point de départ ? Pardonnez-moi de vous le faire remarquer mais malgré mes efforts pour lire entre les lignes je n'ai rien découvert et le froid m'a traversée. C'est trop de sensibilité, je sais. Vous me parliez de votre roman, de votre pièce de théâtre, et vous étiez tout à eux… Pardonnez-moi, Gérard. Un rien me fait souffrir. « Un rien te brouille et me salit. »

Elle a déjà endossé le rôle qui fut le sien tout au long de sa vie conjugale et qu'elle me résuma en une formule : « Je veille au grain. » Dans ses lettres, elle cherche comment enrober d'humour la mise en garde. *Je sais que ces phrases que vous sentez dites avec un froncement du front vous agacent et ne changent en rien votre manière d'agir. Mais il n'a pas plu à Mimi la provinciale que vous vous soyez déguisé en femme. Nous ne doutons pas que vous fûtes parfait et eûtes beaucoup de succès.* Puis, évoquant le « sujet épineux et très délicat à traiter » de la pièce de théâtre que Gérard projette, elle commente : *Vous savez bien que je ne me choque pas facilement. Toutefois, ne vous cantonnez pas dans l'atmosphère drogue-mœurs spéciales.* J'aimerais bien savoir de quoi parlait la pièce de théâtre en question.

Fin novembre, Mimi commence à croire à un retour de son soldat, que ce soit mutation, permission ou libération. Elle a frappé à tant de portes, « rasé » tant de commandants, colonels, généraux ! Mais le 1er décembre, nouvelle déception pour les amoureux. Gérard n'a pas reçu son ordre de mise en route. Noël se fera sans eux. *Je ne sais plus quoi faire. Je suis anéantie, dégoûtée. J'ai réfugié ma tristesse chez vous au milieu de vos livres, de vos poèmes. Eux seuls ont su me consoler.* Puis, le 3 décembre : *Si vous saviez tous les rêves que je fais pour essayer de supporter notre séparation. Toute la journée je vis des heures de bonheur imaginaire. Tenez, ce matin, je rêvais à la soirée du 24 décembre et je voyais tout ce que je désirais avec une précision effrayante : les vêtements, les couleurs, les couleurs surtout, et le dialogue qui s'engageait entre nous et votre visage et le mien. Le plus curieux dans ces périodes d'exaltation, c'est de ne pas se tromper de chemin en allant à l'école et lorsque l'on est au terme du voyage et que l'on voit qu'une grille est faite de fer, que les élèves ont un visage et qu'un morceau de craie blanche trace des mots au tableau noir et que ces mots font une phrase : « Le vilain seigneur a battu un laboureur de mon village. » Alors, Gérard, alors les larmes vous viennent aux yeux, le cœur n'est plus qu'un morceau de craie tout juste bon à tracer sur le tableau : « Le vilain seigneur… » Pourquoi ne me laisse-t-on pas la paix toute la journée ? Pourquoi ne puis-je rêver comme il me plaît ?*

Elle finit sa lettre sur une promesse, une promesse qu'elle a tenue. Je le sais. *Je viens de lever la tête pour voir ce que mes élèves faisaient et comme il y en avait un qui suçait son porte-plume, les yeux dans le vague, les seules paroles que je lui ai dites sont : « François, ne rêve pas. » Cela m'a échappé et je m'en veux de lui avoir dit cela. Me voilà prise de remords. Je vais lui demander : « À quoi rêves-tu ? » « À rien, mademoiselle. » J'ai reçu la réponse que je méritais. Lorsque nous aurons notre Tristan et notre Muriel, nous les laisserons rêver et nous ne leur poserons jamais de questions.*

Je viens donc d'archiver 92 lettres. Dans celle du 27 août, j'ai eu l'impression soudaine de me lire, tant l'écriture de ma mère à 23 ans ressemblait à la mienne à 16 ans. Dans une autre lettre, elle évoque son adolescence, une adolescence semblable à la mienne. *Vous me demandez si j'ai lu* Pelléas et Mélisande*, Gérard ? Ce fut la révélation de ma jeunesse. Ma cousine Colette et moi passions des journées entières, enfermées dans la chambre à lire et relire, puis à jouer la scène de la tour et celle de la* *fontaine. Nous les savions par cœur et elles nous grisaient. Tous nos après-midi de dimanche et de jeudi, Colette et moi restions à la maison. Nos frères allaient au cinéma ou au football, alors que nous inventions des histoires que nous jouions, drapées dans je ne sais quels rideaux. Et cela jusqu'à 15 ans. À 15 ans, l'adolescente s'est crue femme et a voulu jouer la comédie de la vie. Colette a vite pris son rôle au sérieux. La vie s'est emparée d'elle et elle n'a plus regardé en arrière. Mais moi, je ne pouvais pas. Mon esprit était hanté des fantômes de Pelléas et Mélisande et plus encore des personnages de nos histoires. Je ne voulais pas leur être infidèle et chaque jour semblait m'éloigner d'eux. Alors, je me suis accrochée de toutes mes forces pour ne pas les perdre tout à fait et j'ai gagné, Gérard. Ils sont au plus profond de mon être, dans un tout petit coin, à l'abri de l'indifférence. Vous voyez, il a suffi d'un mot de vous pour faire parler mes ombres.*

*

Alors que nous étions si proches, maman et moi, jusqu'à tracer les lettres de la même façon, jusqu'à rêver de la même manière, que s'est-il passé entre nous pour que nous en arrivions à nous blesser l'une l'autre ? Il y eut un temps où son contact me révulsait, un temps de colère, des années de ma vie que je n'ai jamais pu assimiler, que je rejette désormais comme un corps étranger, comme alors je rejetais jusqu'au mot « amour » dans sa bouche. Je n'y croyais plus. Pour moi, cet amour-là était un grappin. Une emprise. Je ne voulais pas être cette femme-là. Une femme comme elle.

Elle se disait « prête pour l'amour », c'était pour elle une décision du corps et du cœur. Une vocation. *Je sais très bien quelle sera ma vie. Cela ne me fait nullement peur. Je n'aurai pas seulement les soucis ménagers comme la plupart des autres femmes. Je sais ce qui m'attend. Je sais que j'aurai une « tâche » à accomplir et c'est cela que je voulais. Je devrai constamment faire rayonner les choses autour de vous, entourer votre âme de beauté et de tendresse. Je sais que ma vie sera faite de renoncement et de sacrifices mais aussi d'amour et de joie qui n'appartiendront qu'à nous seuls. Oui Gérard, je sais tout cela et c'est les yeux grands ouverts, le cœur parfaitement à nu, que je vous dis « me voici ».* A-t-elle fait semblant pendant toutes les années de vie conjugale qui ont suivi, m'a-t-elle menti, s'est-elle raconté sa propre vie en l'idéalisant comme je l'en ai soupçonnée ? *J'aime*, écrit-elle en septembre 1945, *j'aime, mais surtout j'aime aimer.* Est-ce la réponse à mes questions ?

Dans ses papiers, mon père avait gardé une dernière lettre de sa femme qui porte pour toute indication de date : *samedi soir 10 heures*. Comme il y est question de mon petit garçon, Benjamin, je pense que cette lettre a été écrite dans les années 1983-1985, quelque quarante ans après la rencontre de l'institutrice et du soldat. Mes parents tout au long de leur vie conjugale furent rarement séparés. Ma mère n'a donc eu que peu d'occasions d'écrire à son mari. Mais ce soir-là, il est au loin, parti faire retraite chez les moines du Mesnil-Saint-Loup.

Les jours qui ont précédé ton départ, j'étais très contente que tu partes. Je me disais que tu avais bien mérité d'aller te reposer après les multiples corvées que t'imposent tes multiples occupations. À cette joie légitime s'est ajoutée une sorte d'étonnement : je te voyais partir avec une sérénité inhabituelle… Que dire ? Avec presque un plaisir. J'allais organiser mon temps, recevoir celle-ci, aller au cinéma avec celle-là, manger n'importe quoi… Goûter un peu de liberté sans me croire coupable. Je m'interrogeais : est-ce que je vieillissais, est-ce qu'au contraire je redevenais jeune ? Ou bien étais-je enfin ! capable de prendre de la distance ? La réponse, je l'ai sue quand la porte s'est refermée sur toi jeudi matin. Je l'ai sue quand de toute la journée je n'ai pu me sentir légère et que le soir, j'ai tiré un seul lit. Cette séparation, je la vis comme je vis toute séparation, c'est-à-dire comme une petite mort. Je m'étais crue plus forte, plus détachée et je m'aperçois que je suis toujours la même. J'ai encore beaucoup à souffrir ! Mais en même temps, cette découverte m'inonde de joie. Elle confirme ce à quoi j'ai toujours aspiré : faire durer l'amour. Aussi je veux te dire que ton petit mot (que je n'attendais pas, surtout si tôt) a été pour moi une autre réponse – la tienne – qui m'a beaucoup réconfortée.

À midi, tous les enfants étaient là. J'ai fait la lecture de ta lettre à voix haute. Benjamin a semblé très intrigué. Il a fallu lui expliquer ce qu'était un monastère et ce qu'y faisaient les moines. Mais il a eu du mal à comprendre ce que tu y faisais, toi ! Hier, j'avais invité Germaine. Nous avons regardé « Au théâtre ce soir » et avons parlé jusqu'à une heure du matin. Mais, le poids comprimant ma poitrine ne s'est pas envolé. « Un seul être vous manque et tout est dépeuplé ! »

Un jour pourtant « tu » me manqueras ou « je » te manquerai. Comment ne pas s'accrocher alors de toutes nos forces à l'espoir qu'un jour nous serons réunis de nouveau – et pour l'éternité ? C'est pourquoi j'ai toujours voulu que cet amour qui fut le nôtre, ce don de Dieu, demeure jusqu'à la fin de notre vie, de façon à ce que nous le Lui restituions, intact.

Ne prends pas froid dans la Chapelle. A mercredi.

jetai

Mounioune

J'écris dans le lit en écoutant F.M. – Maintenant je vais lire car sans toi, j'ai du mal à m'endormir !

Tout pour rien

Quand j'ai voulu dicter une phrase tirée d'une des 86 lettres de mon père : « J'ai pris pour trois ans d'armée de l'air » à Dragon, celui-ci, après avoir transcrit fidèlement ma voix, s'est mis à afficher n'importe quoi à propos de semailles et de moissons. Frappée de terreur à l'idée que Dragon soit de nouveau en proie au syndrome de la commission des baleines, j'ai tout de même persévéré dans ma dictée, mais, à chaque portion saine de phrase qu'il affichait, son double maléfique ajoutait un délire à sa façon. Pierre, appelé au secours, a tenté d'exorciser mon PC et, pire encore, d'entrer en contact avec la hotline. En attendant la guérison de Dragon, je vais me rabattre sur la lecture d'un petit tas de feuilles à part, étiqueté par mon père « Lettres de Claude L*** ».

Comment ai-je su que cet ami comédien, dont Gérard fit la connaissance à Aix et que je n'ai jamais vu, était homosexuel ? Qui me l'a dit ? Mon père ? Trop pudique pour ce genre de conversation avec sa fille. Et sûrement pas ma mère, qui s'est contentée d'indiquer dans son album sous la photo de Claude : *Ténébreux ami.*

Je viens de lire les lettres de Claude. Elles sont élégiaques, comme l'était le pharmacien, lisant Rilke au bord du lit.

Mon cher petit Gérard, J'en ai assez de la bêtise, de l'incompréhension, de la dureté des âmes, et même de la lutte. Mes parents m'aiment bien et me font du mal sans le savoir. Mes meilleurs amis m'aiment bien et me laissent indiciblement seul sans le savoir. Avec quelle désespérance certains soirs j'appelle une présence, j'incline vers une épaule inexistante !

Claude a 27 ans. Ancien élève de la Comédie-Française, il a interrompu sa carrière à Paris parce qu'il est tuberculeux, il vit à Aix chez ses parents et vient de rencontrer un garçon de 20 ans, un peu à la dérive, mais beau, mais poète, qui fume comme un malade, écrit comme un malade, s'endort, épuisé, à même le plancher, un jeune soldat indiscipliné qui monte des spectacles de poésie, se retrouve régulièrement aux arrêts et court après les filles.

Mon vieux Gérard, je sais combien tu as besoin d'amour. Mais tu ne le trouveras que par bribes. Tu demandes trop, tu donnes trop, tu es trop au-dessus des femmes, quelles qu'elles soient. Si tu étais heureux, tu n'aurais rien à dire, si je l'étais, je ne saurais pas aussi bien te traduire. Rien n'est laissé au hasard dans la vie. Je ne saurais te dire assez la joie profonde que j'ai à te posséder. J'espère que tu le sens lorsque je te regarde. Grâce à toi je vais essayer encore, je vais lutter encore et tâcher de réussir avec toi. Si j'échoue, ce sera le signe que j'attends. Peut-être alors pourrai-je atteindre au détachement complet. Il y a longtemps que je pense à entrer au couvent et à fuir, peut-être soigner des malades, me dévouer à quelque cause où il ne sera plus question de moi. Claude organise une séance de dédicaces dans une librairie pour le jeune poète, il interprète ses œuvres au théâtre d'Aix, il lui prête sa chambre et même ses parents. Mais peut-il faire fond sur les élans de collégien d'un garçon qui se dit lié à lui à la vie, à la mort, ou lui assure que leur amitié est « plus belle que l'amour » ? Gérard résume sans doute fort bien leur relation quand il écrit dans une lettre à Maïté en manière de généralité : « L'on reçoit toujours de celui à qui on ne veut pas donner. » Claude comprend, quand cette vague marraine à laquelle Gérard envoyait des poèmes devient l'amoureuse Maïté, que cette fois n'est pas une fois comme les autres. Et devant l'amour il abdique avec grandeur. *Enfin, maintenant, te voilà sauvé. Marie-Thérèse est là. Je passe le flambeau.* Il a tout de même un espoir. Lui et Gérard ont des projets en commun, se retrouver ensemble à Paris, y monter une librairie, prendre un théâtre en gérance, lancer une revue d'art : *Garde ferme en toi-même toutes nos espérances communes.*

Je me suis demandé, en parcourant sa correspondance, comment Gérard avait pu faire accepter à la petite institutrice de Lillebonne cet ami si particulier. Tout d'abord, il lui présente Claude comme quelqu'un qui lui écrit « des lettres si belles d'amitié et de confiance qu'il me semble tout à fait qu'il se trompe de destinataire ». Mais Gérard entretient l'ambiguïté puisqu'il ajoute dans une autre lettre que la mère de Claude « me demande de lui trouver une femme qui vous ressemble ! » La présence de Claude dans les lettres de mon père devient envahissante au mois de novembre lorsque lui-même envahit l'appartement de Claude. *Je vis surtout chez Claude grâce à un stratagème qui lorsqu'il sera éventé me coûtera à peu près 30 jours de cellule. Mais j'aurai pris du bon temps. (...) Savez-vous que je deviens très bourgeois ? Je me couche de bonne heure, avec un pyjama de soie ! Je déjeune proprement un jour sur deux et je dis bonjour en entrant, bonsoir en me couchant ! La seule concession à ma chère bohème : je me balade pieds nus et je m'allonge par terre. Mais la mère de Claude s'y habitue.* Les préoccupations littéraires du jeune poète prennent une tournure particulière quand il met en chantier une pièce de théâtre, *Lutte avec l'ange*, dont il parle en ces termes : *Le troisième acte sera très tendu, un duel à trois. Patrice, Vincent et Laurence. Patrice est un nouveau pédéraste*[1]*, Vincent un ancien qui veut guérir Patrice tout en l'aimant et Laurence qui se débat entre les deux.* Je sais déjà ce que Maïté en pense, puisque j'ai lu son commentaire dans une de ses lettres : *Ne vous cantonnez pas dans l'atmosphère drogue-mœurs spéciales.*

Peu après, Gérard lance un autre ballon d'essai. *Je voudrais vous poser une question. Répondez-moi très franchement : si nous obtenons un appartement à deux*

1. Gérard emploie le mot « pédéraste » au sens d'homosexuel, ce qui est courant à l'époque.

chambres, pourrait-on en garder une à Claude quand il rejoindra Paris ? Sa mère est très inquiète et avec raison. Il ne faudra pas le perdre de vue. S'il prenait sérieusement froid, ce serait mortel pour lui. Réponse tout en nuances de Marie-Thérèse : *Vous me demandez si je voudrais que nous prenions Claude avec nous au cas où nous aurions deux chambres. Spontanément je réponds oui. Mais ce ne serait que momentanément jusqu'à ce que nous trouvions une solution meilleure pour lui et pour nous. L'idéal serait que nous trouvions des appartements sinon dans le même immeuble, du moins tout près.* Claude, sans doute incité par Gérard, prend contact avec Marie-Thérèse. Il lui écrit 6 lettres, que j'ai retrouvées dans les affaires de mon père, et que j'ai été tentée de commenter en me demandant jusqu'à quel point il s'illusionnait sur lui-même. Mais je vais me contenter de lui laisser la parole : *Chère Marie-Thérèse, je vous connais bien. Gérard me parle si longuement de vous. Je connais l'aspect de votre visage et l'aspect de votre âme. C'est peu à peu l'image d'une sœur qui se dessine et ma famille qui s'agrandit. Gérard est mon ami – avec tout ce que ce mot comporte de beauté, de pureté, de vérité. Il n'y a rien que je ne puisse faire pour lui. Il n'y a rien que je ne puisse faire pour vous. Il vous aime. Je vous aime.* La lettre suivante contient, dès les premiers mots, l'aveu inconscient de son homosexualité : *Ma chère petite Marie-Thérèse, J'ai à vous témoigner tant de tendresse que je me trouve impuissant.* La suite, selon l'angle du regard, on pourra la juger héroïque ou navrante. Mais je m'étais promis de ne pas commenter. Donc : *Au contact de votre bonheur, de celui de Gérard, je sens une grande paix me gagner. N'ai-je pas la meilleure part ? Cet amour sans attente, silencieux, intégralement pur, c'est mon lot ! Marie-Thérèse, comme nos âmes sont proches !* (Dragon, qui n'a pas fait vœu de silence, vient d'écrire, toujours avec cet à-propos impertinent qui le caractérise : « *Marie-Thérèse, comme nos hommes sont proches !* ») *Je voudrais si fort trouver en vous ma famille spirituelle. Votre bonheur a besoin de solitude, je le sais, mais je saurai être assez vous-mêmes pour que ma présence n'interrompe en rien votre dialogue. J'ai consacré ma pauvre existence à l'amour, Marie-Thérèse. Après bien des larmes et du sang, je crois être arrivé (malgré de nombreuses défaillances) à ce point où j'ai renoncé à tout bonheur personnel, tout plaisir physique, pour que dans ce silence volontaire, je puisse entendre sans manque et sans erreur la grande voix fraternelle, la grande voix qui clame jusqu'à la fin des temps :* « *Aimez-vous les uns les autres.* »

Marie-Thérèse et Claude

Gérard et Claude

Gérard et Marie-Thérèse

Il n'y eut ni librairie, ni aventure théâtrale, juste quelques photos floues prises dans le Paris ensoleillé de Pâques 1946, célébrant ce trio qui n'existera pas.

Claude fut choisi pour être le parrain de mon frère aîné, dont les prénoms sont Tristan Claude Marie. C'était en 1947. Puis il disparut de nos vies. Mais son ombre a rejoint les ombres de ceux que j'ai aimés. Elle passe et repasse dans tout ce que j'écris, depuis mon premier livre publié, *Passage*, qui met en scène un trio amoureux, une fille et deux garçons, dont l'un, homosexuel, prénommé Claude, jusqu'à ce dernier roman publié pour la jeunesse, *Trois mille façons de dire je t'aime*, où je tente de faire vivre à trois apprentis comédiens, Chloé, Neville et Bastien, cet impossible trio amoureux.

*

Revenons à la correspondance de Gérard : « J'ai pris pour trois ans d'armée de l'air. » Les premières lettres sont très juvéniles. Il sort de l'adolescence. S'émerveillant de la « gentillesse » de sa marraine, il lui réclame une photographie pour la mettre au-dessus de son lit et un baiser imprimé au rouge à lèvres sur le papier à lettres, puisque ce genre de choses fait fantasmer les troufions dans sa chambrée. Il aura l'une, et, beaucoup plus tard, l'autre. Les copains pensent tout d'abord que la photo qu'il a punaisée est celle d'une actrice, car Marie-Thérèse est le sosie d'une comédienne connue de l'époque, Renée Saint-Cyr.

Marie-Thérèse

Renée Saint-Cyr

Au début de leur relation épistolaire, Gérard donne la clé du rébus dont il orne le coin de ses lettres. Le M fléché est son chiffre et OPN signifie *omnia pro nihilo*, « tout pour rien ». *Le vulgaire pense que tout pour rien c'est tout avoir et rien payer. Mais l'alchimiste est celui qui fait le sacrifice de sa fortune, de son bonheur, et parfois de sa vie à la poursuite de la chimère. Et n'est-ce pas là le destin du poète ?* Mais le poète peut-il associer une femme à sa destinée ? À peine connaît-il Marie-Thérèse, appelée tantôt Michèle (son pseudonyme d'actrice), tantôt Maïté, que Gérard voit leur route tracée. *J'ai trouvé mon unique chance de tendresse. Accepteriez-vous de me faire oublier tout ce qui m'a manqué ? Quoique je ne vous aie vue que deux jours, je vous suis resté très fidèle. En plus de tout le bonheur espéré, j'aurai celui d'échapper à une terrible crise qui prend quelquefois les jeunes intellectuels vers leurs 20 ans. Valéry s'en est délivré par les*

mathématiques, Claudel par Dieu, ne le pourrais-je par une femme ? Hélas combien de femmes auraient le désir de suivre un poète, de se pendre au réverbère de Nerval ou de se brûler le sang avec Rimbaud en Éthiopie ? Comme Marie-Thérèse décline cette intéressante proposition de se pendre à un réverbère, le jeune poète reprend sa liberté tout en se drapant dans sa dignité blessée. *Oui, votre lettre du 22 février m'a bien démoralisé. Mais ne vous préoccupez plus de mes lettres « pressantes », cela n'en vaut point la peine. J'ai le sens du ridicule. Je ne suis plus au stade collégien, je n'irai pas chercher Musset pour dire ma souffrance.* Il va cependant continuer sa correspondance avec Maïté et mûrir peu à peu.

Juste avant de fondre sur elle au début du mois d'août, il médite par un soir de garde. *Je pense à ceux qui s'amusent, les femmes, les boîtes de nuit, l'alcool, le vice qui pourrait bien être la meilleure chose dans la vie.* Au retour de Lillebonne, c'est un autre homme qui rêve en regardant par la fenêtre du train. *Je traverse en ce moment le doux pays d'Yonne. De temps en temps une petite ville charmante, dont la quiétude offerte en une bouffée me blesse par la portière. La campagne est belle, calme et dorée comme dans votre pays. À de certains endroits je me dis qu'il ferait bon vivre seul, c'est-à-dire deux, concentré sur un bonheur simple autour de la lampe.* Il se sent, il se sait à la croisée des chemins. Prend-il un risque inconsidéré, lui, le poète de 20 ans, « dont l'impulsion du cœur est la règle de vie », en se liant à une femme qui lui parle de nappe à thé et de prénoms d'enfants ? *Je n'aime pas trop vos recherches de prénoms. Il ne faut pas construire des maquettes de bonheur. Mais écrivez-moi. Tout ce que vous me racontez me touche avec la force des choses tellement nouvelles ! Je ne sais pas y répondre, je suis désemparé et maladroit. Mes lettres ne vous apportent rien, je m'en rends compte. Vous devez espérer d'autres épanchements et j'ai l'air d'écrire à mon notaire. Il faut voir par-dessus cette feuille de papier qui m'emprisonne. Me marier, moi poète, artiste épris de liberté absolue et de bohème, n'est-ce pas le meilleur gage ?* Un de ses copains lui a exprimé sa peur qu'il ne se désintéresse de la littérature une fois qu'il sera marié. *Il ne comprend pas que, loin de l'entraver, vous libérerez mon travail. D'abord, il faut bien le dire, des tas d'ennuis matériels qui me laissent grotesquement désemparé. Et puis vous m'apporterez le but qui manquait jusqu'ici à ma tâche.*

Les rôles étant ainsi délimités et Maïté préposée aux ennuis matériels (c'est d'ailleurs grâce à ses multiples démarches à elle qu'il sera finalement rendu à la vie civile en avril 1946), Gérard peut se consacrer à la littérature, à sa littérature. *Je commence quelque chose de nouveau, un livre qui s'appelle* Spirituals, *quelque chose du genre des chants nègres. Ce sont des poèmes en vers libres avec un maximum d'images de violence. Il faut que le lecteur en ressorte halluciné. Je dois dépasser la* Saison en enfer. Chaque livre qu'il lit, chaque film qu'il voit stimule en lui une envie de rivaliser, et ses ambitions sont haut placées comme ses admirations, Laforgue, Mallarmé, Rilke, Cocteau… *Je viens de lire* Pelléas et Mélisande. *C'est magnifique et très simple. Voilà comment il faut écrire ! Mais patience je suis à pied d'œuvre et nous irons loin !* Quant aux critiques, il les traite avec une hautaine ironie : *J'ai reçu une lettre de Pierre Seghers directeur de Poésie 45 et qui me dit : vos vers ne sont pas mauvais. Vous avez un certain sens de l'image etc. le tout assaisonné de banalités très gendelettres. Il est bien aimable cet homme !* Le jeune poète-soldat écrit à bride abattue, de nuit, de jour, en permission, en prison, saturé de thé, de tabac ou de corydrane, un composé d'aspirine et d'amphétamines, dont Sartre et Duras étaient également consommateurs. *J'écris 10 pages d'un jet et je m'endors sur le tapis. J'aurais peur de ne plus pouvoir repartir si je m'arrêtais. Je suis exténué mais Claude est heureux. Je lui lis les actes scène par scène. Je voudrais que le tout laisse une résonance aussi forte et aussi pure que «* Les Visiteurs du soir *». Nous* (Claude et lui) *avons beaucoup de débouchés pour le théâtre. Je compte sur Marie Bell* (actrice célèbre qu'il n'a jamais vue) *pour fournir les fonds.*

J'ai relevé sous sa plume des touches d'autodérision telles que : *Il me faudra soigner ma correspondance pour les indiscrétions futures de mes biographes.* Ou bien : *Tous les jours mes camarades me disent : j'ai entendu des gens parler de toi dans le tramway ou ailleurs. Je trouve ça savoureux, je fais mon petit Victor Hugo de province !* Ou encore : *Si* Sainte Alpais *est un triomphe, dans un an nous aurons un enfant ! (Phrase destinée à devenir historique.)* Et à Mimi qui s'inquiète de voir son Rodolphe bâtir des châteaux en Espagne, il fait un aveu qui est peut-être la clé de son comportement : *Point n'est besoin de me prêcher la sagesse. Je me fais si peu d'illusions que j'ai besoin d'utopie pour me tenir en haleine et de bâtir de grands projets pour entretenir un petit espoir.*

Il part en conquérant vers la bataille de la vie, mais il est secrètement perdant.

Nevermore ?

Vais-je avouer que j'ai pleuré en lisant les lettres de maman ? Que je pleure presque chaque matin en pensant à mon père ? Sonder les gouffres que les morts ont laissés en nous n'a rien de mortifère. Ce qui l'est au contraire, c'est de croire qu'on « fait son deuil ». Expression stupide. On ne fait pas son deuil, on regarde à côté. Et on a tort.

« On ne se console pas de la mort de celui ou de celle qu'on aime parce que le temps passe, que la plaie se referme et que l'on finit par oublier. Bien au contraire : on s'en console lorsqu'on arrive à vivre une sorte de compagnonnage heureux avec son mort. Je crois qu'il y a là une étrange réalité, dont personne n'ose parler : non seulement nous vivons avec nos morts, mais cette relation *intérieure* que nous avons avec eux est une des choses les plus intenses et les plus belles qu'il nous soit échu de vivre. » Alexandre Lacroix

En lisant les lettres de ma mère, j'ai eu envie de savoir si elle avait fait l'amour avant le mariage, peut-être au mois d'août à Paris ? Je sais qu'une fraction de seconde la pensée m'a traversée : je vais lui demander. Maman m'avait raconté que, des années après la mort de Moussia, il lui arrivait de presser le pas dans la rue dans sa hâte d'aller lui annoncer une bonne nouvelle.

Il y a des instants, brefs comme un éclair, où c'est le *nevermore* d'Edgar Poe qui m'emplit d'incrédulité. Je ne sais pas où, je ne sais pas quand, mais je les reverrai.

J'ai regardé des centaines de films hollywoodiens. L'aptitude des familles américaines, du moins quand elles sont filmées, à se dire qu'elles s'aiment (*I love you*, au choix : *dad*, *mum*, *honey*) me laisse rêveuse. J'ai dit une fois à mon père « je t'aime », je ne peux donner de date précise, mais je sais précisément où cela s'est passé. Rue de Bretagne, dans la chambre de mes frères. Je venais de reprendre mes affaires posées sur le lit pour m'en aller. Mon père était dans cette pièce. Je lui ai dit : « Je t'aime », juste avant de me sauver. Je pense qu'il m'a répondu : « Moi aussi. » Dans la rue j'ai couru et, bondissant, j'ai donné une tape dans le store d'un magasin. *I did it !*

Chez les Murail, on ne s'embrasse pas. Au revoir peut se faire de loin d'un signe de la main, accompagné d'un « J'y vais ! ». J'ai le souvenir d'avoir étreint mon père une fois, dans le couloir de la rue de Bretagne. Dans la chambre voisine, maman gisait au fond de son lit, la chimiothérapie venant de lui faire rendre son maigre repas. Mon père s'est effondré en pleurant. « Je n'en peux plus. » Alors, tout en le serrant contre moi, j'ai balbutié n'importe quoi, que je l'emmènerais, qu'on partirait. Loin. Ailleurs. Après.

Quelques jours avant de mourir, maman m'a appelée au téléphone depuis sa chambre de l'hôpital Saint-Antoine. Nous avons parlé de choses et d'autres, de mes enfants sûrement, de ses souvenirs peut-être. Avant de raccrocher, de sa voix à demi éteinte, elle m'a dit : « Voilà, c'était encore cinq minutes de bonheur. » Puis ce fut l'agonie. La cousine Colette qui vint la voir à l'hôpital me certifia que maman lui avait souri, d'un sourire heureux qu'elle n'oublierait jamais. Je sais que maman était inconsciente et shootée à la morphine. Mais Colette tenait à ce sourire, cet au revoir rien que pour elle. Et pourquoi pas ?

J'avais lu qu'on doit parler aux mourants, aux gens dans le coma. Mais je n'y arrivais pas vraiment. Parler aux murs. J'ai peut-être fait la lecture à voix haute, je ne sais plus. Mais je me souviens très bien de ce matin où je me suis rendue à l'hôpital Saint-Antoine comme tous les matins depuis une dizaine de jours. C'était bientôt l'heure du déjeuner. Je traînais le pas, je n'avais pas hâte de retrouver les murs muets. Je me suis acheté un sandwich, j'ai pris plaisir à le manger. Le sandwich terminé, je me suis dirigée vers la chambre de maman dans le service de cancérologie. « Madame, s'il vous plaît ! » Une infirmière, sortie de son bureau, m'interpellait. « J'ai quelque chose à vous dire. » Elle a refermé la porte derrière moi. « Votre maman vient de mourir. Est-ce que vous voulez la voir ? » Tout à rebours, j'ai éprouvé le besoin d'étreindre une personne vivante, et j'ai demandé : « Est-ce que je peux embrasser quelqu'un ? » J'ai embrassé cette infirmière qui, déjà, voulait savoir ce qu'on allait faire du corps.

Je ne voulais pas écrire tout cela. Mais ma pensée fuit de toutes parts.

Ai-je dit à mes parents que je les aimais? Je me suis tenue à leurs côtés. Fidèle. Que j'aie deux, puis trois enfants, trois petits-enfants, quatre, cinq, j'étais là. Jusqu'au bout. Presque jusqu'au bout. C'est cette défaillance qui me tourmente. J'ai manqué de courage. Je n'ai pas su leur dire au revoir, je n'ai pas trouvé les mots pour leur dire que je les aimais. D'ailleurs, « je t'aime » aurait fait l'affaire. Ils sont morts sans moi. J'aurais pu presser le pas ce jour-là. Ne pas acheter de sandwich.

Philippe Dumas a beau se rassurer en pensant que « mourir ne doit pas être si terrible puisque tant de gens y réussissent », pour maman, ce ne fut pas chose facile. L'aumônier qui visitait les malades en phase terminale la compara à ces chefs d'entreprise qu'il avait accompagnés dans leur fin de vie et qui ne veulent pas dételer. Nous étions la petite entreprise de maman. Elle ne pouvait pas nous quitter. Sur le mur de sa dernière chambre, j'avais accroché un tableau magnétique où les photos de ses enfants, de ses petits-enfants entouraient la phrase de l'Évangile : « Si le grain ne meurt, il ne peut porter de fruit. » Un jour parmi les derniers, elle me demanda de quoi écrire et sans explication elle traça ces mots.

Je vous aime tous
Je voudrais mourir
pour mieux vous le dire

Elle ne nous laissa pas d'autre testament. Si, tout de même, il y eut un codicille sur papier séparé, que Pierre a conservé, puisqu'il lui était destiné.

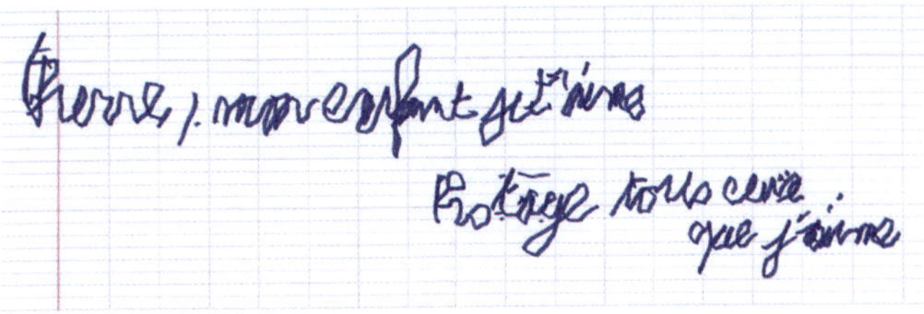
Pierre, mon enfant, je t'aime
Protège tous ceux que j'aime

Elle disait aimer Pierre comme un fils. Elle avait jeté son dévolu sur lui, à peine l'avait-elle vu. Elle s'éprenait des gens, la marchande de quatre-saisons, la factrice antillaise ou l'aide-soignant. Elle s'intéressait à eux, elle connaissait leur vie, s'attirait des confidences, donnait des conseils, appelait tendrement « mon petit Jésus » le bébé des voisins du dessus quand elle les croisait dans l'escalier, avant de s'apercevoir qu'ils étaient juifs. Quand elle fut dans sa dernière chambre à Saint-Antoine, elle sympathisa avec l'infirmier, avec l'aumônier, avec le médecin-chef. Soudain, elle me dit : « Pourquoi les gens m'aiment ? Pourquoi moi ? » Je ne fais jamais semblant de répondre quand on me pose une question, je réponds vraiment. J'ai dit après réflexion : « C'est que tu as tellement besoin d'être aimée. Grâce à toi, les gens se sentent importants. » Une fille plus démonstrative que moi eût rassuré maman. Mais les mots d'amour, les gestes affectueux, j'en suis empêchée.

Elle mourut un 1er juin. Pour je ne sais quelle raison administrative, on nous fit savoir qu'on ne pourrait pas l'enterrer avant le 6. Je crois que c'est Elvire qui remarqua quel était le saint du jour. Le 6 juin, on fête les Norbert. Je sais que cela n'a pas plus de signification que le sourire de maman pour Colette, mais il me plaît d'y voir un signe. Et pourquoi pas ?

« La superstition, c'est l'art de se mettre en règle avec les coïncidences. » Cocteau

*

Papa est mort à l'hôpital… je ne me souviens plus du nom. Un grand hôpital parisien. Il a été accepté dans le service de gérontologie après un passage aux urgences. La nourriture était servie froide et restait sur la table si personne ne venait aider le malade à manger. Quand on circulait dans les couloirs, des appels à l'aide et des odeurs d'urine s'échappaient des chambres. Là tout n'était qu'angles et pointes, inconfort, puanteur et misère. Quand je n'en pouvais plus de voir mon père souffrir et de l'entendre geindre, j'allais prendre un café à la cafétéria. Je traînais, je mangeais un croque, j'espérais le trouver endormi en mon absence, terrassé par quelque drogue. Son dernier sourire fut pour un documentaire animalier, des petits oiseaux sur l'écran près du plafond.

Je lui lus à voix haute la préface à un de ses ouvrages, rédigée par un philosophe. Je n'ai pas compris grand-chose mais il parut content, si ce mot avait encore un sens dans cet univers qui n'en avait plus. J'ai essayé de lui masser l'épaule, il n'y avait plus que de l'os. Mais quelque chose a pris vie dans son regard, un étonnement de nouveau-né qui sent la caresse d'une main. Il se rappelait peut-être ce qu'est un contact humain.

Un jour, remontant de la cafétéria, je suis entrée dans la chambre sur la pointe des pieds. Il était la proie d'un sommeil douloureux. J'aurais pu attendre un peu, qu'il revienne à la conscience. Mais j'ai attrapé furtivement mon manteau, mon sac, évitant son champ visuel si jamais il s'éveillait, pensant à mon train vers Orléans, mes enfants, la chaleur de ma maison. Fuir. Je me suis dit que je reviendrais le lendemain, que je me comporterais mieux, que je resterais plus longtemps. Puis le lendemain matin, Elvire m'a téléphoné pour me dire qu'il venait de mourir.

Nevermore. Ces mots d'Edgar Poe sonnent en moi le glas depuis qu'à l'adolescence j'ai récité « Le Corbeau ». *Nevermore*. Jamais plus. C'est ça, la mort. Je ne pourrai jamais plus lui dire que je l'aimais.

Mon père m'a écrit moins de dix lettres dans sa vie, j'en ai détruit, perdu, on m'en a volé une, qui était dans mon portefeuille. Il m'en reste une, peut-être la plus ancienne, que Pierre a gardée dans ses affaires, ce qui l'a protégée. Depuis quelques jours, je promène cette lettre rescapée, trois pages bien serrées, de ma chambre à mon bureau, elle est même allée en voiture d'Orléans à Lyon. Je me dis que je la lirai ce soir ou demain matin ou cet après-midi. Je manque de courage, je manque souvent de courage. Elle est datée d'avril 1975. C'était l'année où mes parents se sont tant harpouillés. En avril 1975, j'avais presque 21 ans, mariée, pas encore d'enfant, j'allais bientôt partir pour les Antilles, laissant derrière moi un couple parental désuni. Je ne crois pas que mon père ait jamais songé à nous abandonner ou à divorcer. Il était trop conscient d'où il venait pour se laisser piéger par la répétition. Comme il le disait à sa femme, du reste assez cruellement : « Toi, c'est différent, tu es la mère de mes enfants. »

Je viens de lire cette lettre. Que s'est-il passé, il y a quarante ans ? Je me suis sans doute emportée au cours d'une discussion, laissant voir aussi mon désarroi. *Chère petite fille*, m'écrit mon père, *Je n'ai pas été particulièrement inquiet de ton départ brusqué, car je connais bien tes réactions. Vu en survol, il semble que tu aies pris de tes parents leurs aspects excessifs.* Si je lis bien entre les lignes, je lui ai d'abord reproché d'avoir détruit l'image de son couple à l'aube de ma vie conjugale. *Puisque tu parles de détruire, pourquoi pas ? S'il s'agit bien de ce dont tu fais état : l'image du couple, l'idéal qui t'a été montré. L'image n'est pas le réel, sauf si c'est une image poétique véritable, car alors, c'est une perception arrachée vive au réel, et donc pas l'image a priori d'une réalité non abordée. C'est cette démarche qui est anti-créatrice. Autrement dit, tout bêtement, « tu te fais des idées ».* Ayant ainsi répondu au reproche d'avoir brisé mon idéal, mon père va plus loin. *Dans les raisons de mon hostilité (modérée) à ton mariage, il y avait la crainte que tu y perdes ton identité, ce qui arrive si souvent, et que tu te satisfasses du « bonheur conjugal ». La personnalité artistique supporte mal le couple de tradition. Mais cela doit s'arranger lorsque l'amour est un don et non pas un acte possessif habillé de vocables nobles. Il y a, au démarrage de la vie commune, à empêcher l'emprise. Résister l'un à l'autre est une manière de construire une véritable entité nouvelle.*

Mon père fait face à une autre de mes récriminations, car j'ai dû aussi me plaindre qu'il m'ait imposé l'idée que seuls les créateurs ont de la valeur. Comme s'il y avait obligation d'être artiste. Mais si on ne s'en sent pas les moyens ou le courage ? Ou si l'on est une fille ? Pourquoi n'y a-t-il pas de féminin à écrivain ? *J'ai la responsabilité de ma « propagande » en faveur de la « vie d'artiste »*, admet-il. *Mais cela ne signifie pas que, si l'on n'est pas un créateur, on n'existe pas. Il y a, comme on dit, des gens « artistes dans l'âme ». Bien sûr, lorsqu'on accède soi-même à l'expression artistique, cela devient une raison de vivre. Je ne sais pas si cet idéal t'a été inculqué par l'éducation, ou si tu en as ressenti, seule, la nécessité. Je ne me rends pas bien compte de la part du spontané et du rôle de l'acquis, parce que je n'ai pas eu à me poser ce genre de questions. Personne ne m'a influencé. Je suis né comme ça, ou plus exactement, les terribles conditions de mon insertion dans le monde m'ont tout de suite poussé à m'exprimer avec le maximum de force, afin de me défendre, et de devenir au moins le roi de mon propre univers. Alors, quand tu te poses tant de questions ayant trait à la difficulté d'être et de se réaliser, je ne peux que répondre : bienheureux les obstacles ! Je suis <u>absolument sûr</u> que tu as le tempérament insoumis qu'il faut pour devenir un créateur (tu vois, je ne dis pas une créatrice).*

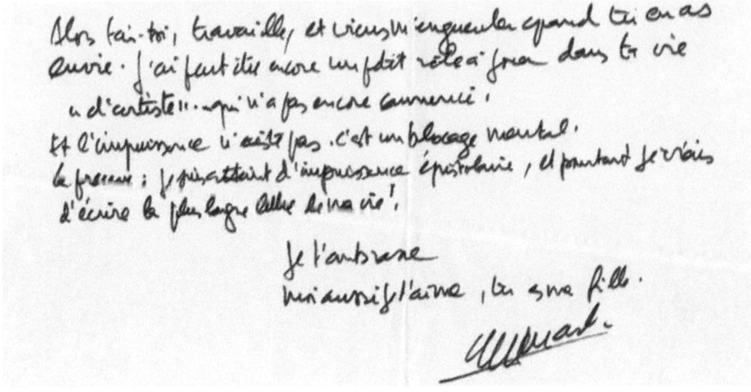
Alors tais-toi, travaille, et viens m'engueuler quand tu en as envie. J'ai peut-être encore un petit rôle à jouer dans ta vie « d'artiste »... qui n'a pas encore commencé.
Et l'impuissance n'existe pas. C'est un blocage mental.
La preuve : je me plaignais d'impuissance épistolaire, et pourtant je viens d'écrire la plus longue lettre de ma vie !

Je t'embrasse
moi aussi je t'aime, [illegible] fille.

C'est une belle lettre. Je ne sais pas l'effet qu'elle me fit. Aujourd'hui, j'en suis heureuse. Il y a peut-être des lettres qui arrivent à destination quarante ans plus tard.

Comment on devient écrivain

Depuis plusieurs jours, je regarde le titre de mon chapitre, puis je retourne faire des corrections sur les chapitres précédents. Tant de pensées affluent en moi que je ne sais par quoi commencer. Quand cela m'arrive en public, je prends ce qui me tombe sous la main.

Cette novice sous son voile blanc qui venait du Liban et que j'ai croisée à 17 ans lors d'un pèlerinage à Lourdes. Elle n'était guère plus âgée que moi et, des larmes au bord des cils, elle m'a dit qu'elle avait été appelée. Elle était l'aînée d'une famille nombreuse, elle aimait les siens, et sa mère avait besoin d'elle, mais Dieu l'avait appelée. J'étais navrée pour elle. Longtemps j'ai eu peur. Faites que rien ne m'appelle, faites que rien ne change, jamais !

Je me souviens d'un matin – j'étais une jeune femme, j'étais mariée, j'avais un petit garçon –, je faisais mes courses au marché du boulevard Richard-Lenoir, et cette pensée m'a traversée : « Si maman meurt, je meurs. » Ce n'était pas la pensée de quelqu'un d'immature, pas même la pensée d'un bébé. Un bébé peut vivre sans sa mère. J'ai compris que je n'étais pas née.

C'est peu après que ce que j'appelais « ma vie » s'est effondrée comme un château de cartes. Je suis venue au monde vers ma trentième année. C'est un peu mélodramatique de le dire ainsi, mais, sur les décombres de trente années de vie, j'ai construit ma carrière d'écrivain en réutilisant les matériaux, comme après un tremblement de terre.

« Pourquoi vous êtes devenue écrivain ? » Chaque fois que je vais à la rencontre de mon public, je n'y coupe pas. Dans une même journée, je peux faire quatre réponses différentes. Implacable avec les CE2 : « Mon père écrit, ma mère écrit, ma sœur écrit, mon frère écrit, ma belle-sœur écrit, ma nièce écrit. Je fais quoi ? Pharmacienne ? » Laconique avec les CM2 : « J'écris pour être lue. » Inspirée d'Aragon avec les cinquièmes : « Je croyais choisir et j'étais choisi(e). » Sublimée pour les troisièmes : « Je n'arrivais pas à toucher les autres, j'étais comme dans le conte "La Jeune Fille sans mains". Puis je me suis aperçue qu'avec les mots je pouvais toucher les autres. » Le lendemain, pour ne pas lasser la personne qui m'accompagne dans ma tournée, je peux servir la version *bad guy* : « Mon éducation m'avait laissée croire que seuls les hommes avaient le droit de créer, mais ma petite sœur m'a prouvé le contraire en se faisant publier très jeune, et son premier roman, *Escalier C*, a eu beaucoup de succès, on en a fait un film. Je ne pouvais plus la voir en peinture. De rage, j'ai écrit mon premier roman. La jalousie, c'est de l'essence dans votre moteur. » Ou la version petite fille modèle : « Pour maman, il y avait Dieu et juste au-dessous, il y avait les artistes. Je voulais que maman m'aime. Je ne pouvais pas faire Dieu. J'ai fait écrivain. »

Un auditoire agité aura droit à une saynète. Je leur mime nos jeux d'enfant, je fais parler nos animaux en peluche, je montre les enfants Murail transformant la chaise en cheval ou en luge, et je conclus : « Ce n'est pas forcément nécessaire d'enfermer les enfants dans un placard pour en faire des écrivains, mais ça peut aider. » Enfin, quand je me sens en confiance dans un cercle d'enfants bien fermé, je donne la version œdipienne, la seule qui vaille pour notre fratrie. Il était une fois un jeune homme qui s'appelait Raoul Barrois. Ce jeune homme qui était son père, Marie-Thérèse l'épousa en épousant l'Art. La veille de son mariage, le 22 janvier 1946, elle écrivit ceci à son fiancé : *C'est la dernière lettre que je vous écris avant de devenir votre femme. Je veux vous dire tout ce que je n'ai pas su hier soir, toujours paralysée par cette timidité qui nous est commune. Gérard, vous serez un grand poète parce que vous le devez et je vous aiderai tant, je vous aimerai avec une telle force que vous réussirez.*

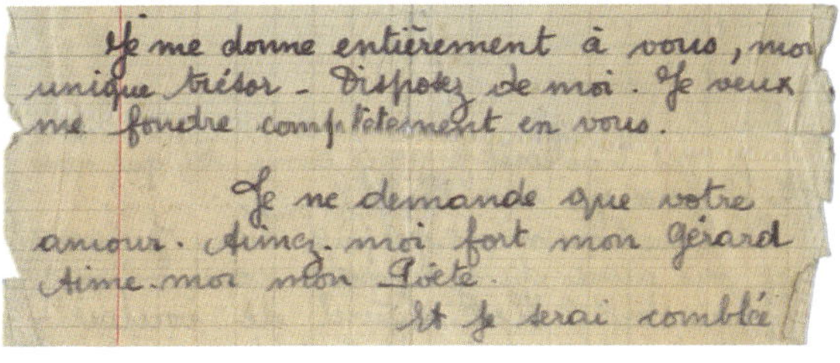
Je me donne entièrement à vous, mon unique trésor. Disposez de moi. Je veux me fondre complètement en vous.

Je ne demande que votre amour. Aimez-moi fort mon Gérard Aime-moi mon Poète.
Et je serai comblée

De même que, de son propre aveu, elle n'épousa pas un homme, mais un poète, Marie-Thérèse ne mit pas au monde un fils le 11 mars 1947, mais un musicien, tout d'abord interprète de la musique des autres, puis lui-même compositeur. Il devint l'élève d'Olivier Messiaen et un jour, sa mère reçut un coup de téléphone de l'auteur des *Petites liturgies* qui lui annonçait que son fils Tristan venait de recevoir le prix de Rome. Maman m'a dit, des années plus tard : « Mon père aurait dû recevoir le prix de Rome. Quand ton frère l'a eu, j'ai dansé dans la rue. »

Mes parents ont eu quatre enfants artistes, trois écrivains et un compositeur de musique, quatre enfants qui ont suivi le chemin de Raoul. Il arrive que des êtres morts dans la fleur de l'âge donnent beaucoup de fruits. J'aime à penser, j'aime à dire que Raoul est de ceux-ci.

Nous étions dans un milieu porteur.

Il y a une quinzaine d'années, un fanzine étudiant nous avait envoyé un même questionnaire, à Elvire, Lorris et moi-même, pour que nous répondions sans nous concerter à la question : « Votre choix d'être écrivain provient-il du hasard, d'une vocation, ou est-ce le fruit de l'hérédité ? » Si Lorris répondit qu'on ne naît pas écrivain, mais qu'il faut travailler jusqu'au moment où l'on réussira à faire croire aux autres qu'on est venu au monde avec un talent particulier, Elvire concéda qu'elle croyait à l'ambiance familiale. De toute évidence, nous étions dans un milieu porteur. Mais notre père, le petit Jean de La Ferté-Loupière, comment a-t-il pu décider qu'il était poète ? Très tôt, lui qui était élevé par une dame illettrée, il plia des feuilles de papier de façon à en faire les pages d'un livre, et il écrivit son nom sur la « couverture ». Comme il me l'expliqua, la poésie n'était pas pour lui un phénomène littéraire. Elle était sa façon de se battre, de ne pas mourir, elle était à l'origine de sa conscience. La poésie, parce qu'il grandissait dans un milieu très simple, c'était le réel lui-même. L'hiver, ce qui le ravissait, c'était d'aller au petit matin voir sous la gouttière, dans un seau, une grosse lune de glace qui s'était formée pendant la nuit. Pour lui, c'était la beauté pure. Il avait une vie poétique intense sans que personne ne lui ait rien expliqué.

L'eau qui dort voit en rêve un visage
De soleil douloureux se défaire
Il suffit d'y pencher d'y avancer en âge
Pour y retrouver les traits de lumière
Que l'enfant écrivait sur les pages
De son premier cahier de chair

Gérard Murail

*

Le petit Jean-Paul était d'un autre milieu social, bourgeois, cultivé, et quand, à 7 ans, il inaugura son « cahier de romans », il plagia ses lectures. « Me tenais-je pour un copiste ?, s'interroge Sartre dans son autobiographie. Non. Mais pour un auteur original : je retouchais, je rajeunissais ; par exemple, j'avais pris soin de changer les noms des personnages. » Je soupçonne que ma poésie, « Petite neige qui scintille sur les toits », pieusement découpée par maman et collée dans mon album, était une reprise de quelques vers d'un Tristan Derème ou d'un Maurice Fombeure, aperçus dans mon manuel de lecture. Plus les écrivains sont précoces, plus ils sont susceptibles d'être des plagiaires. Pour deux raisons, ils n'ont aucune expérience vécue et ils n'ont pas eu le temps de se faire une culture personnelle. « Plus on lit, et moins on imite », remarque Jules Renard. *A contrario*, moins on a lu…

« Étranges romans, toujours inachevés, toujours recommencés ou continués sous d'autres titres ; je les ai perdus et je me dis parfois que c'est dommage : si je m'étais avisé de les mettre sous clé, ils me livreraient toute mon enfance. » Sartre

Mes manuscrits de jeunesse sont là, sous mes yeux, *Les Chevaliers de Provence* ou bien *La Complainte de Doldoulidou*. J'avais gardé, comme Sartre, le souvenir de nombreux récits laissés en suspens, mais ils semblent pour la plupart avoir été bouclés. Ma sensation d'inachèvement venait probablement de ma déception quand j'arrivais à la fin.

Dès mes premiers essais, je me suis inscrite dans le registre de la littérature pour la jeunesse. Peut-être parce que j'écrivais pour être lue et que, étant à mille lieues des adultes, je choisis ma petite sœur pour lectrice. J'avais 12 ans quand j'inventai une formule de magazine pour la jeunesse, *Le Journal de Zip et Zop*, dont je précise en couverture qu'il est destiné aux enfants de 7 à 12 ans. La maquette est bien celle d'un journal avec un découpage en colonnes, le prix, tout à fait honnête pour l'époque, est de 1 franc 50, et les rubriques varient selon l'âge du lectorat. On y trouve une histoire policière avec les héros éponymes du magazine, les jeunes Zip et Zop, une biographie du curé d'Ars, allègrement pillée dans une vie de saint en bande dessinée, un Courrier des lecteurs, fictifs comme tout le reste, et un conte animalier pour les plus petits. Je ne possède qu'un seul numéro de mon journal, le n° 3, et encore est-ce par miracle. Il y a une vingtaine d'années, Elvire, qui était passée prendre le thé chez moi, me demanda soudain si je voulais récupérer les histoires que j'écrivais, étant enfant. Je ne voyais pas de quoi elle me parlait, mais elle ajouta que je les avais jetées dans la corbeille à papier de notre chambre et qu'elle les avait récupérées. C'est ainsi que Zip et Zop, après être restés plus de vingt ans en pension chez ma sœur, prirent le chemin de ma maison.

J'écrivis mon premier roman, *Les Chevaliers de Provence*, à 13 ou 14 ans. C'est une énigme policière avec quatre enfants et un chien. Aucun doute possible sur

13 ans

mes sources d'inspiration. Je ne suis pas ma propre dupe puisque, à la fin de l'histoire, mes personnages voulant baptiser leur club, l'un d'entre eux déclare : *« Il y a bien le Club des cinq, mais c'est déjà pris.* » On voit la trace de mes lectures dans tout ce que j'écris entre 14 et 22 ans. Pour *La Complainte de Doldoulidou*, qui se passe avant la guerre de Sécession, j'ai puisé ma documentation dans l'*Histoire des États-Unis* d'André Maurois, trouvée dans la bibliothèque de mon frère Tristan, et le personnage principal de Timmy Shrimp, voleur séducteur, s'inspire d'Arsène Lupin, dont j'empruntais les aventures à la bibliothèque de mon frère Lorris. Les influences que je subis, les admirations littéraires qui me terrassent me font parfois écrire à contre-courant de ce que je suis. J'ai ma période de pastiche dickensien comme dans ce titre de chapitre : *Qui pourrait n'être qu'une digression aux yeux des lecteurs malveillants mais contient des informations non négligeables sur l'homme au chapeau.* Plus mon style s'encombre, plus mon écriture, par compensation, s'amenuise.

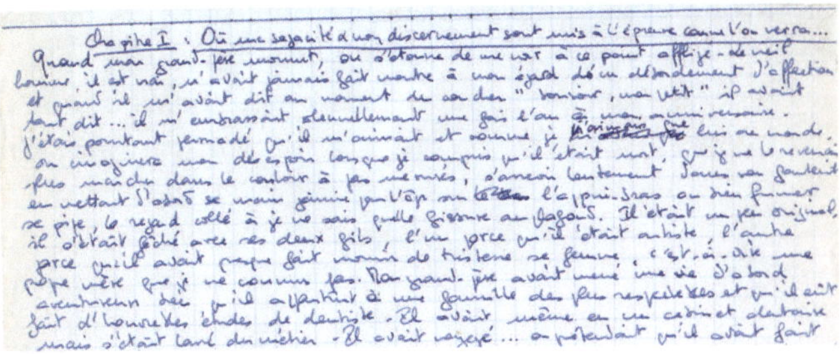
Chapitre I : Où ma sagacité et mon discernement sont mis à l'épreuve comme l'on verra...

Voltaire, Stendhal, Maupassant, Mérimée, Bernard Shaw, ce sont les secs qui me conviennent, non que je leur ressemble, mais ils m'enseignent la rétention et le mordant, « le style sans bavures », comme dit Jules Renard.

Ce qui paraît le plus prometteur dans tous ces manuscrits de jeunesse est un court recueil de contes, intitulé *Chroniques du Paradis*. J'y exprime cette familiarité acquise au cours de mes longues années de catéchisme avec tout le petit personnel de l'Église catholique, les anges, les saints, les patriarches, les diablotins. J'ai 16 ans et ma petite sœur, qui en a 12, se fait mon illustratrice. Il y a un air de famille entre mes *Chroniques du Paradis* et *Les Lettres de mon moulin*. En moi beaucoup d'écrivains respirent. Mais j'ai trouvé mon ton d'humour

Le diable vu par Elvire

désinvolte et cette façon nette d'avancer dans le récit, comme on coupe le verre avec un diamant.

L'année suivante, je notai dans mon journal intime : *J'ai souvent envie d'écrire. Un jour d'angoisse, je me suis dit que je n'arriverais jamais à écrire quoi que ce soit et cela m'était insupportable. J'ai décidé d'écrire une autobiographie mais comme j'ai à peine 17 printemps (ou 17 hivers, je n'ai pas de préférence), je n'ai pas grand-chose à dire. Pas de souvenirs de guerre, pas de conflits familiaux. Pas de crimes sur la conscience. Pas de richesse intérieure. Des idées de petite fille, des rêves en abondance, des amis imaginaires. Pas de quoi faire un roman.* Cependant, j'ai écrit. Sans matériau, sans confiance, mais sans attendre. Dans l'environnement qui était le mien, écrire ne relevait pas d'une décision. La question n'est pas : pourquoi avez-vous voulu écrire ? Mais : pourquoi avez-vous voulu être publiée ? Car c'est vraiment là qu'il faut vouloir, et parfois vouloir avec opiniâtreté.

Sartre raconte qu'il était heureux tandis qu'il plagiait dans la clandestinité *Michel Strogoff* ou les Pardaillan, jusqu'au jour où les adultes, le surprenant à l'œuvre, posèrent sur lui ce diagnostic : « Il a la bosse de la littérature. » Son redoutable grand-père, Charles Schweitzer, entreprit alors de lui expliquer le métier d'écrivain. « Sais-tu ce que faisait Flaubert quand Maupassant était petit ? Il l'installait devant un arbre et lui donnait deux heures pour le décrire. » Personne ne me tint ce genre de propos et pourtant, à 21-22 ans, je parvins aux mêmes conclusions. Pour rivaliser avec les modèles qui me terrorisaient par l'étendue de leur palette, Colette ou bien Théophile Gautier, je devais apprendre le dictionnaire. Je ne suis pas allée plus loin que « Adamantin : semblable au diamant par son éclat ou sa solidité ». L'autre tâche que je m'imposai fut celle préconisée par grand-père Schweitzer : décrire une brûlure triangulaire faite sur mon bras par la pointe du fer à repasser ou un rayon de soleil sur le carrelage humide de ma cuisine. Tandis que je m'imposais ces pensums dans l'espoir qu'ils m'ouvriraient la voie royale vers la Littérature, ma plume véloce couvrait des blocs Rhodia de joyeuses chasses au trésor et d'histoires d'amour qui finissaient toujours bien. J'en avais un peu honte, comme du temps perdu.

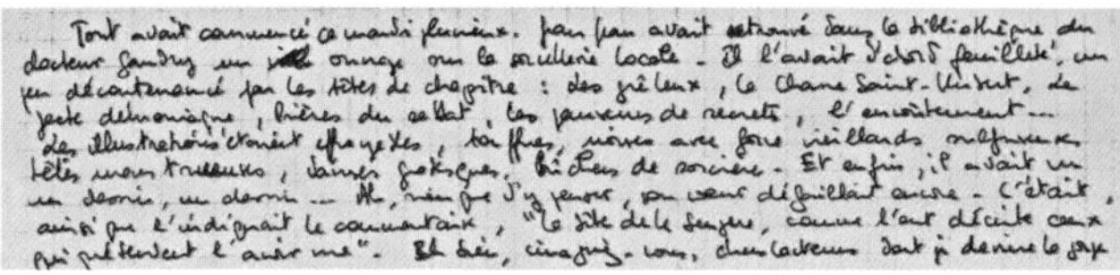
Tout avait commencé ce mardi [illegible]. Jean [illegible] avait retrouvé dans la bibliothèque du docteur [illegible] un ouvrage sur la sorcellerie locale. Il l'avait d'abord feuilleté, un peu décontenancé par les têtes de chapitre : des [illegible], la Chasse Saint-Hubert, le pacte démoniaque, prières du sabbat, les jeteurs de secrets, l'envoûtement... Les illustrations étaient effrayantes, [illegible], [illegible] avec [illegible] vieillards malfaisants, têtes monstrueuses, danses grotesques, bûchers de sorcière. Et enfin, il avait vu un dessin, un dessin... Ah, rien que d'y penser, [illegible] encore. C'était, ainsi que l'indiquait le commentaire, « la bête de la [illegible], comme l'ont décrite ceux qui prétendent l'avoir vue ». Eh bien, imaginez-vous, chers lecteurs dont je devine la [illegible]

J'avance si lentement dans ce manuscrit, je fais de si nombreuses pauses pour lire un livre que j'ai déjà lu trois fois, regarder un film que je connais par cœur ou simplement marcher face au soleil le long des quais de la Loire, que le soupçon m'est venu ce matin – dans mon lit, à 9 heures – que je suis paresseuse, que je l'ai toujours été, ce qui contrarie quelque peu l'image besogneuse et méritante que je me suis forgée de moi-même.

Le temps est mon seul luxe. C'est la seule chose qui m'appartienne. Temps perdu, mes rêveries, mes manuscrits inédits et qui le resteront, mes Dickens mâchés et remâchés, mes pensées qui s'effilochent soir et matin ? Temps gâché, ces trente années où je n'étais pas née ? Longtemps je me suis donné un horizon rassurant en songeant que la comtesse de Ségur a commencé à publier à 56 ans pour ses petits-enfants. Je sais que je vais à rebours de ce monde qui prône la vitesse et la précocité. J'étais avide quand j'étais enfant, je voulais thésauriser des mots, je mettais en fiches les livres que je lisais pour ne pas en perdre la trace. Mais cette avidité n'a pas accéléré mon tempo. Dès l'enfance, j'ai senti que le monde m'échappait, je pleurais devant ces documentaires qui me montraient des pays où – je le savais déjà – je n'irais jamais. Le Grand Nord, les terres des aborigènes, le fond des océans, les flancs des volcans, *Vingt mille lieues sous les mers*, *Voyage au centre de la Terre*, *Tintin au Tibet*. Je suis peut-être devenue écrivain comme je suis devenue lectrice. Pour posséder, mais sans remuer trop d'air.

Je pense parfois à ce qu'avait écrit Aurélien, un enfant de 7 ans, à qui la maîtresse avait demandé, comme à tous les petits CP de la classe qui m'avaient rencontrée : « Pour toi, qu'est-ce que c'est, un écrivain ? »

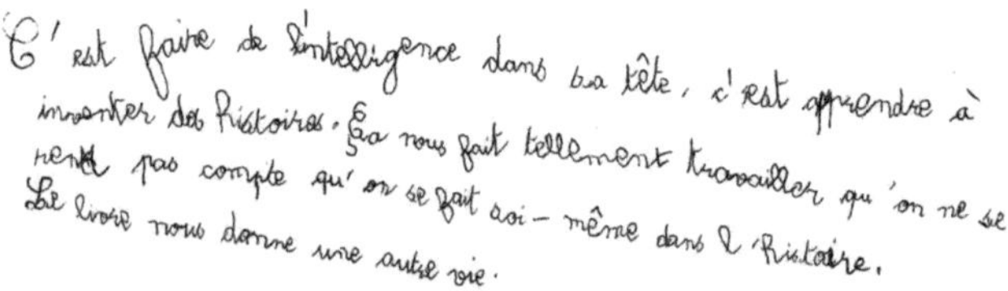

« C'est faire de l'intelligence dans sa tête, c'est apprendre à inventer des histoires. Ça nous fait tellement travailler qu'on ne se rend pas compte qu'on se fait soi-même dans l'histoire. Le livre nous donne une autre vie. »

Chaque fois que je reste en plan dans un manuscrit ou que je préfère somnoler plutôt qu'écrire, je me tranquillise en pensant : ça me travaille.

Mon portrait en adolescente

Si l'on considère que j'ai commencé à écrire pour la jeunesse à l'âge de 12 ans, cela fait quarante-huit ans[1] que je suis écrivain jeunesse. Je me suis demandé un jour si un écrivain jeunesse avait le droit de vieillir. Comme les enseignants, j'ai en face de moi des gens éternellement jeunes que je suis censée captiver. Dois-je faire des liftings, me pâmer devant Mika dans *The Voice*, apprendre par cœur les vidéos de Cyprien sur YouTube, tout en sachant d'expérience que le *swag* d'aujourd'hui est le ringard de demain ?

Je me suis aussi demandé s'il fallait avoir des enfants pour être un écrivain jeunesse. Je connais plusieurs personnes sans enfant qui écrivent d'excellents romans pour la jeunesse. Je connais encore plus de mères de famille qui n'ont jamais écrit pour les enfants. Mais je reconnais que, pour ma part, le fait d'avoir été la mère de trois enfants a imprégné ce que j'ai écrit, mais aussi ce que je dis, ce que je suis. Sur un quart de siècle et grâce à ma progéniture, j'ai collectionné les footballeurs Panini, les images de Dragon Ball Z, j'ai eu un creux à

1. Cinquante-quatre ans à présent…

Pokémon, mais j'ai rempilé avec Yu-Gi-Oh ! On a eu le Tamagoshi et les Rollerblade. Constance a hérité tout Star Wars en modèle réduit de son frère aîné, et il ne doit pas nous manquer une cassette des chefs-d'œuvre immortels de Walt Disney. Les Barbie, les Bratz, les Diva Starz, les Polly Pocket et les Fashion Polly ont repoussé les murs de ma maison. J'ai appris à dire EPS et SVT au lieu de gym et sciences nat', et moi, qui avais vécu une adolescence heureuse à l'abri de la linguistique, j'ai affronté dès la sixième de Charles le schéma actanciel et les connecteurs logiques. Mais j'ai aussi appris grâce à lui qu'une fille qui est « bonne » n'est pas nécessairement promise à la béatification et qu'on peut survivre à 13 ans avec trois expressions : « C'est clair », « T'inquiète », et « Carrément ». J'ai été initiée au livre dont vous êtes le héros, au jeu de rôle, au jeu vidéo, au jeu en réseau, au tchat, je suis devenue un pilier de France Telecom grâce à nos dépassements de forfait. J'ai été tenue au courant de toutes les marques vestimentaires, des chaussures à la casquette en passant par le versatile sac à dos, qui a viré de Lafuma à Eastpak, j'ai supporté le rap en pensant que rien ne pouvait m'arriver de pire, avant que ma fille ne se mette à écouter Lorie.

Bien que j'aie encore récemment consenti un effort pour acheter deux poupées Monster High, Frankie Stein et Draculaura, à mes petites-filles, Isis et Stella, puis fourni les moyens à une de mes jeunes amies de s'offrir son *« ultimate dream »*, à savoir une poupée Pullip (135 euros quand même), je me sens moins curieuse des chanteurs, des acteurs, des distractions et des inventions langagières de cette génération.

Par une de ces boucles temporelles que la vie nous réserve quand nous vieillissons, je me suis retrouvée ce jeudi au CDI du collège Charlemagne, dans le IVe arrondissement de Paris, face à la classe de madame Bouaziz, qui fut la professeure de français de mon fils aîné en sixième et a cette année pour élève l'une de ses filles. Sur le mur du collège, avant d'en franchir le portail, j'ai pu lire cette déclaration tracée à la bombe par quelque ado *no future* : « En raison de l'indifférence générale, demain a été annulé », ce dont j'ai fait part aux petits sixièmes de madame Bouaziz. « Y a pas piscine alors ? » s'est prise à espérer une rouquine de 11 ans. Je crois que je les aime toujours autant.

Nous nous sommes pourtant perdus de vue cette année. J'ai refusé beaucoup d'invitations dans les écoles ou les bibliothèques pour me consacrer à ce travail de remémoration dont je me suis dit à regret qu'il ne pouvait guère les concerner. Comme pour me donner tort, j'ai parlé ce jeudi à Naomi, Virgile, Isis et Cie du temps où j'avais 11 ou 12 ans, et l'une des élèves m'a interpellée : « Ça ne vous fait pas revenir des souvenirs de parler avec nous ? » Mais si, carrément. Depuis jeudi, ça me revient. À 10 ans, je fus inscrite au lycée Sophie-Germain, qui n'acceptait que les meilleures élèves du IVe arrondissement, de sages petites filles, en blouse beige la semaine 1, en blouse rose la semaine 2. Voici ma chambre de collégienne, ma moitié de chambre, puisque je la partage avec Elvire.

Tout est en place dans ma mémoire, le bureau à abattant, la collection des *Contes et légendes* Fernand Nathan sur l'étagère du haut, le collant qui gratte, et le pull tricoté par maman. Je vais reprendre le classement thématique pour balayer ces années 1964-1971, cela stimule la remémoration.

*

La fiche de renseignements. Chaque année, ça recommençait. La prof principale nous demandait de remplir une fiche de renseignements. Profession du père : .... Profession de la mère : .... Ce qui renouvelait chaque année ma perplexité. Mon père était avant tout poète, mais les 67 francs de ses droits d'auteur annuels ne pouvaient pas nourrir quatre enfants. Il était secondairement peintre et, de fait, il échangeait parfois une toile contre des soins dentaires. Il avait été journaliste, et même grand reporter, romancier, critique littéraire, critique d'art, publicitaire à l'agence Havas, chômeur, puis simultanément directeur (et unique employé) des éditions ARCAM à compte d'auteur, rédacteur en chef (à titre gracieux) de la revue polypoétique *Phréatique* et fabricant des produits de beauté rajeunissants Tessa Barrois (dans sa cuisine). Ma mère, qui vissait les bouchons des produits et recevait les clients au salon, avait en outre le privilège de tenir la comptabilité de son mari sur son cahier d'écolière et d'aller négocier quelques arrangements avec le percepteur des impôts ou bien avec le proprio, s'habillant pour la circonstance « en femme d'artiste », me disait-elle, soit d'une gabardine vert Nil étriquée avec un fichu sur les cheveux. Pour arrondir les fins de mois, ayant, comme elle s'en vantait, « l'écriture facile », elle publiait des histoires d'amour dans *Confidences* : « Elle avait de longs cheveux blonds qui, dans le contre-jour, l'auréolaient de

lumière… », tandis que mon père vendait *Kilt ou Double* et *La Main au fez* à la collection « O.S.S.E.X ». Bref, simplifions-nous la vie. Profession du père : publicitaire. Profession de la mère : journaliste.

Ma galerie de professeurs. Au lycée Sophie-Germain, j'avais tout loisir de rêver aux garçons, car il n'y en avait aucun. Nous étions trente filles par classe, régies par une dizaine de dames ou de vieilles demoiselles qu'un soupçon de moustache ne transformait pas pour autant en objet de désir. Notre professeur[1] de gymnastique donnait son cours en jupe. Tandis que nous faisions des tours de préau, elle nous exhortait à « remuer notre popotin » ou bien elle nous montrait avec ses deux index comment faire des ciseaux.

De la grosse bouche ensanglantée de rouge à lèvres de madame Mazard, la professeur d'anglais, tombaient parfois ces deux mots : « Plouf, zéro. » Les plus lâches affectaient de trouver ça rigolo.

Mademoiselle Kilikini, notre jeune professeur de mathématiques, voulut nous amuser en nous racontant qu'un jour, glissant de l'estrade, elle était tombée dans le seau d'eau, où croupissait l'éponge. Nous mimant la scène, elle perdit l'équilibre, retomba dans le seau, et s'acquit une popularité définitive.

Notre professeur de latin me paraissait avoir coupé son tailleur dans le tissu verdâtre de mon matelas. Pendant plusieurs mois, ses *hic, haec, hoc* me parurent de parfaites élucubrations. *Le Cid* en cours de français me

1. Je renonce à l'écriture inclusive qui voudrait que j'écrive « professeure », mais qui serait anachronique. J'ai grandi dans un univers où le masculin l'emportait.

faisait le même effet. L'histoire aurait pu être sympa, mais je ne comprenais pas pourquoi ces gens s'obstinaient à parler de cette façon-là. Pendant ce temps, mademoiselle Kilikini, sortie de son seau, nous dessinait – maths modernes obligent – des patates au tableau. Je vivais dans un univers à la limite de la déraison.

Les quelque douze élèves qui choisirent comme moi l'option russe en quatrième avaient des parents communistes, ce qui n'était pas mon cas, maman étant gaulliste et papa anarchiste. Notre petite salle de langue se trouvait dans un des baraquements voués depuis vingt ans à une destruction prochaine. « Madame, il pleut », signalait parfois une élève, et on mettait le seau sous la fuite d'eau. J'aimais faire passer la langue russe dans ma bouche, la faire rouler, claquer, chuinter. Je lui dois ma Tsviétlanie, de *tsvetok*, « la fleur » en russe. Je revois le meuble bas dans le couloir du baraquement, où l'on mettait à notre disposition deux ou trois rangées de romans russes. J'ai lu Gogol, Gorki, Pouchkine, Dostoïevski, noyée dans les brumes slaves, ne comprenant pas la moitié des motivations des personnages et prenant plaisir à tant de flou. À l'époque, on n'avait pas encore détecté ma myopie.

Au lycée, la jeune mademoiselle Kilikini fut remplacée par madame Testu, qui avait un postérieur énorme et des jambes comme deux tours, compressées par des bas à varices. Son odeur de talc et de suri nous faisait retenir notre respiration quand elle passait avec difficulté entre deux rangées, nous frôlant de son épaisse jupe en tweed.

À la terrifiante madame Mazard succéda une insignifiante souris grise dont la grande plaisanterie était de nous demander, lorsque nous bavardions entre nous, si nous avions mangé de la graine de perroquet au petit déjeuner. Elle m'est restée en mémoire à cause d'une de ces piqûres d'amour-propre qui ne se font jamais oublier. Mon père était un puriste pour qui il ne fallait pas dire « par contre », mais « en revanche », et qui soutenait qu'on hérite de quelqu'un mais qu'on hérite quelque chose. Lorsque la prof d'anglais écrivit « malgré que » au tableau, le sang de mon père se mit à bouillir en moi.

— Madame, « malgré que » n'est pas français !

Au cours suivant, ma prof me demanda de prendre une feuille de papier et sans le moindre préambule me dicta deux phrases, l'une de Gide, l'autre de Proust, qui avaient tous deux osé le « malgré que ». Elle eût dû admettre que cette conjonction de subordination est considérée par les grammairiens comme familière, voire fautive. Mais la prof a toujours raison, ce qui était embêtant pour moi, parce que papa aussi.

En histoire-géographie, mademoiselle Drevon, qui avait de très beaux yeux gris-vert et un nez en pied de marmite, jugeait que la Révolution française avait échoué parce que Robespierre s'était arrêté trop tôt de guillotiner. Elle tranchait sur la fadeur du monde extérieur. Je percevais intuitivement sa dimension sadique et son penchant pour certaines d'entre nous. L'histoire étant ma matière préférée, je tenais la tête de classe. Un jour, devant toutes les élèves, mademoiselle Drevon décréta qu'elle retirait un point de leur moyenne générale aux deux premières parce qu'elles ne participaient pas assez à son cours. À la fin de l'heure, je me plantai devant son bureau pour protester. « Ah oui, bien sûr, c'est une injustice », persifla-t-elle. Elle me demanda si j'étais fille unique, me laissant deviner qu'elle me prenait pour une enfant gâtée. Puis elle ajouta : « Je ne sais pas si je suis injuste, mais vous, vous pourriez faire profiter vos camarades de votre savoir par… comment dit-on chez les catholiques… par charité ? » Je me sentis suffoquer d'être ainsi prise dans les rets des projections d'autrui.

PREMIER GROUPE D'EPREUVES

Communication des notes obtenues au Baccalauréat de l'Enseignement du Second Degré

SERIE A-2 – JUIN 1971

		NOTE sur 20	Coef.	Points obtenus	SUR
Epreuves de français	1. Ecrit	11	3	33	60
	2. Oral	16	1	16	20
Epreuves écrites	3. Philosophie	17	4	68	80
	4. Latin ou 1re langue vivante (rayer la mention inutile)	14	3	42	60
Epreuves orales	5. Histoire et Géographie	15	3	45	60
	6. 1re ou 2ème langue vivante (rayer la mention inutile)	15	2	30	40
	PREMIER TOTAL DES POINTS →			234	320

PREMIER TOTAL en toutes lettres : deux cent trente quatre

En classe de première, je fus préparée à l'épreuve de français par une excellente prof (même si mon 11/20 au baccalauréat ne lui rend pas hommage), dont le principal mérite à mes yeux fut d'accueillir en cours d'année un stagiaire de français, oui, UN stagiaire. Je me portai aussitôt volontaire pour un exposé sur Colette, dont je venais de découvrir la série des *Claudine*. Ma documentation se limita au seul ouvrage que possédait papa, *Colette par elle-même*. Ayant hérité la bibliothèque de mon père (pas hérité de la bibliothèque), je viens de retrouver ce livre. Une annotation de ma main avoue d'emblée ce que j'étais allée chercher chez Colette.

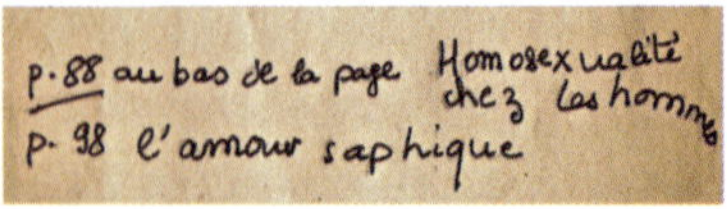
p. 88 au bas de la page Homosexualité chez les hommes
p. 98 l'amour saphique

Je fis mon exposé le jour béni où la prof de français, malade, laissa la place au stagiaire. Je m'installai au bureau tandis qu'il alla m'écouter dans le fond de la classe. Un peu émue, je lus ce que j'avais écrit puisque j'écrivais déjà pour être lue. À la fin de mon exposé, relevant les yeux, je rencontrai ceux du stagiaire. Troublés. Hourra ! « C'est… C'est bien », bafouilla-t-il. Hourra ! Hourra ! Mes mots peuvent toucher quelqu'un. Ma première émotion d'écrivain.

Les bonnes copines. Mon frère déclara un jour à notre libraire de la rue des Archives, qui me le répéta comme étant un bel exemple d'amour fraternel et filial : « Je vis avec les gens que j'aime. » Est-ce à dire que notre famille suffisait à sa sociabilité ? En tout cas, nos camarades de classe ne franchissaient presque jamais le seuil de notre maison. La fois où j'invitai Myriam L. fut immortalisée par une photographie.

Kilt et cheveux courts

Les autres élèves ne m'ont laissé que quelques éclats de souvenirs. Sylvie Palais a des parents communistes qui lui interdisent de lire *Arsène Lupin* parce que c'est un voleur. Chez elle, on pousse si loin la passion égalitaire que, le matin, ses deux sœurs plongent le doigt dans leur bol de chocolat pour vérifier qu'il arrive au même niveau. Chantal s'est fait traiter de « youpine » au sortir de la rue des Rosiers. Elle a la lippe boudeuse, l'air bohémien et des ballerines qui lui lâchent le pied. La prof lui a dit d'aller aux toilettes ôter le charbon qu'elle se met sur les yeux. On peut lui dire ce qu'on veut, elle s'en fout. Dans un an, elle est vendeuse. Isabelle S. trouve que j'ai l'âme slave parce que je lui ai confié que, si ma petite sœur mourait, je me tuerais. Martine Deigout ne croit pas que la langue française est la plus belle langue du monde, on s'est disputées. Les filles ont désigné la plus jolie de la classe. Ce n'est pas moi, c'est Martine Deigout. Sylvie Palais est venue m'en informer.

Je crois que je n'étais pas très aimée. Est-ce que je voulus en avoir la confirmation en me présentant aux élections des déléguées ? J'étais alors en première A, ainsi qu'on désignait la section littéraire. J'avais parmi mes camarades une rousse Patricia qui arrivait parfois en classe, sa grosse poitrine agitée de remous, la bouche gonflée de prénoms de garçons, qu'elle déversait sur Monique, son inséparable et fade amie de cœur. Le jour des élections, toutes deux m'encouragèrent à me présenter, me promettant de voter pour moi. Je fus flattée. La prof ayant indiqué que les candidates pouvaient voter pour elles-mêmes, je conclus que j'aurais au moins Patricia + Monique + ma meilleure amie + moi = 4 voix. Étant la plus jeune de la classe, je fus envoyée au tableau pour mettre des bâtons devant les noms des candidates au fur et à mesure du dépouillement du scrutin. J'eus 1 voix, puisque j'avais voté pour moi.

Mon portrait en collégienne. D'après maman, « Marie-Aude ? Il n'y a rien à en dire ». Même si je ne comprends pas pourquoi on veut que j'apprenne ce que j'apprends, même s'il me semble que ma leçon d'histoire ou l'alphabet cyrillique ne tiendront pas tout entiers entre mes tempes serrées, j'essaie de faire ce qu'il faut pour qu'on me laisse rêver en paix. C'est un marché que j'ai passé avec les adultes, bien qu'ils ne soient pas au courant. D'après maman, « Marie-Aude ? Elle ne donne aucun mal ». Je ne donne peut-être aucun bien non plus. Je me souviens d'avoir ressenti un jour en pleine rue que j'étais un Janus aux deux visages, petite fille sage en classe et à la maison et… ? Quelque chose d'autre, quelqu'un peut-être, entre l'école et la maison, dans cet intervalle de liberté qu'on appelle le chemin des écoliers. Le mien me faisait traverser la rue Saint-Paul où, une fois, mais une seule, pour épater la galerie, j'ai risqué ma vie en traversant au moment où les voitures démarraient. Puis je passais par l'ancien ghetto juif de la rue des Rosiers où, entre deux maisons décrépites, au bord d'un trottoir graisseux, la pâtisserie orientale étalait ses tentations, ses pâtes d'amande tricolores, rouge, vert, jaune, ses nids d'oiseaux en sucre, ses serpentins dorés gouttelant de miel. J'étais gourmande, oui, gourmande, mais l'argent de poche faisait défaut.

De mes exploits scolaires, il ne reste que deux bulletins collés dans mon album de photos, attestant d'une cinquième méritante avec le premier prix d'honneur, et d'une quatrième « très honnête », comme l'écrit maman. Derniers feux du vieux système, qui allait s'écrouler lors de ma troisième. Les moyennes chiffrées et les classements par ordre de mérite disparaîtraient dans l'opprobre, les 12,8 et les 17,1 seraient remplacés par des B– et des A+, « pour ne pas vous traumatiser », ironise mademoiselle Drevon.

Ai-je vu venir la révolte de Mai 68 ? L'année précédente, je m'étais établie en Tsviétlanie, pas le meilleur poste d'observation sur le monde contemporain. Mais après tout, mes parents et mes professeurs n'ont rien vu venir non plus. Et soudain c'est là, dans la brusque éclosion du printemps. Le 6 mai, j'ai 14 ans. J'ai écouté les meneuses du lycée à une AG dans l'amphi, j'ai regardé les garçons de Charlemagne nous haranguer, juchés sur des bancs. J'ai participé à un sit-in rue de Jouy. Je ne sais même plus si j'ai eu la sensation de vivre quelque chose d'exaltant ou de ridicule. Je n'ai aucun souvenir de discussions à la maison. Je ne pourrais pas dire si mes parents étaient hostiles à la chienlit ou sympathisants. L'autre jour, à Chamadelle, Lorris soupirait : « Dire que j'ai vécu le temps de la libération sexuelle et que je n'en ai même pas profité… »

La jeune fille d'agrément. Ayant désormais la mémoire à fleur de peau, il suffit que j'aperçoive au détour d'une rue un arbre qui fleurit rose sur un ciel bleu pour que s'encadre devant mes yeux la même vision sur papier Canson, gâchée l'instant d'après par les affreux oiseaux que j'y dépose au pochoir. Quelle que fût la technique proposée par notre professeur de dessin, l'espoir qu'avait fait naître en moi l'ingéniosité de la carte à gratter, du pochoir ou de la tesselle taillée dans une pomme de terre s'évanouissait bientôt devant mes réalisations. Mes souffrances se poursuivaient à l'heure de couture, car, oui, nous avions une prof de couture, qui me fit pratiquer le point de bâti et le point de surjet sur de misérables bouts de tissu, ce qui ajouta d'autres « mais pourquoi, pourquoi ? » à mes perplexités devant les alexandrins de Corneille. Je me souviens aussi d'un coussin en forme de patate avec des bras en feutrine, mais était-ce dans mes cauchemars ou en travaux manuels ? Enfin, j'eus une prof d'éducation ménagère qui, après m'avoir considérablement ennuyée avec ses glucides et ses lipides, m'envoya faire les courses avec deux copines à l'épicerie du quartier. Nous entrions enfin dans le monde réel, nous heurtant à ces vraies difficultés de l'existence que sont les pets-de-nonne et le roulé à la confiture. Il m'échut de revenir triomphalement à la maison avec les susdits pets dans une boîte en fer. Les produisant au dessert, j'en espérais compliments et cris de ravissement (la mégalomanie, encore une fois) et récoltai blagues et moqueries de mon père et de mes frères, qui prétendirent s'étouffer. Meurtrie dans mon identité naissante de ménagère, je repartis vers mon lycée, mais fis une station à l'église des Blancs-Manteaux, où je sanglotai devant la statue de la Vierge Marie.

Toutefois, une jeune fille qui aspire à devenir un des ornements de la société a plus d'une corde à son arc et, à propos de corde, si j'apprenais la guitare ? Ma camarade Corinne s'est proposée pour me donner des cours au foyer du lycée entre midi et deux. Je m'empare de la guitare que mon frère, ce dilettante, a dû utiliser trois fois et je fais le chemin de la rue de Bretagne à Sophie-Germain, la guitare fièrement passée en bandoulière. « Ça vous va bien », me complimente un dragueur au passage. J'ai l'air artiste. D'ailleurs, au bout de deux leçons, je décide que je m'en contenterai. Si je jouais la comédie, plutôt ?

Sylvie Palais prend des cours de théâtre à la MJC de son quartier. Je l'écoute qui récite « La Mort du loup », les yeux exorbités.

« Fais énergiquement ta longue et lourde tâche
Dans la voie où le Sort a voulu t'appeler,
Puis après, comme moi, souffre et meurs sans par-
[ler. »

Décidément, les communistes, ça ne rigole pas. Je vais rester à la maison et m'apprendre la dactylo. En utilisant mes dix doigts et une méthode car, à défaut d'être artiste, je suis méthodique. Quant à savoir si les jeunes filles ont un jour un emploi rémunéré, je ne me souviens pas que cela m'ait beaucoup tourmentée. Maman pense que « professeur, c'est bien, tu auras du temps pour t'occuper de tes enfants ». Donc, je serai professeur de français ou d'histoire-géographie et, comme toujours, je me prépare bien à l'avance. Je lis *Le Lutrin* de Boileau et *Les Caractères* de La Bruyère. Si vous trouvez plus ennuyeux, faites-moi signe. Toutes les semaines, j'achète *Le Journal de la France* en kiosque, je suis amoureuse de Saint-Just et de Camille Desmoulins. Je peux réciter les cinquante capitales des États-Unis et je reconnais tous les pays d'Europe à leurs contours, que j'ai reproduits sur papier calque. Ne le dites pas à maman, tout cela est un paravent. Professeur de français, c'est pour cacher que je veux être écrivain. Professeur d'histoire parce que je serai archéologue, et professeur de géographie car je n'ai pas renoncé à être exploratrice.

La grande liberté des enfants de Dieu. Quand j'entrai au collège, le *catèche* devint l'aumônerie, mademoiselle

Baratin fut remplacée par un vieil aumônier qui aimait moudre à la main son café et pestait contre ce monde où des robots feraient bientôt tout à votre place, y compris votre Salut.

Avec les copines de l'aumônerie, je découvris les joies de la messe matinale, suivie d'un déjeuner de pain au lait trempé dans le chocolat chaud (ne pas oublier d'apporter 50 centimes). Puis l'aumônier, qu'on appelait « mon père », dépliait son écran pour une projection très attendue de diapositives. Le summum du bonheur sur cette terre fut atteint lorsque nous allâmes en récollection chez les sœurs. Entre deux parties de balle au prisonnier, nous étions invitées à la méditation, seules sous les frondaisons. Si l'inspiration divine nous faisait défaut, nous pouvions nous rabattre sur la vie de sainte Catherine Labouré aux éditions Fleurus. Sans vouloir décourager personne, les chances de finir sainte quand on n'est pas bonne sœur semblent assez limitées.

108 C'est ce que s'efforçait de faire Catherine à toutes les heures de ses journées. Et c'est ce qui la rendait bonne envers tous.
Les vieillards dont elle s'occupait n'étaient pas toujours commodes, on s'en doute. L'âge rend souvent grognon et ils se plaignaient facilement de tout et de rien.

Quand je fus au lycée, les cadres rajeunirent. Le vieil aumônier étant parti à la retraite, deux jeunes abbés débarquèrent rue de Jouy, Xavier, un petit nerveux, et Gérard, un placide fumeur de pipe. Sans être positivement amoureuse, je les aimais vraiment tous les deux.

Moi que complexaient mes fesses et mes cuisses, je n'hésitai pas à me mettre en short pour donner un coup de peinture à notre aumônerie.

L'année de ma terminale, nos jeunes aumôniers nous proposèrent un pèlerinage à Lourdes durant les vacances de Pâques. Maman voulut refroidir mon enthousiasme en m'avertissant que je ferais des processions aux flambeaux en chantant « Ave, Ave Maria ». Pressentait-elle que j'allais trouver un trou de souris par lequel filer ? La trappe de l'adolescence s'était si bien refermée sur moi que, de discrète, j'étais devenue muette. C'était la première fois depuis la classe de neige que j'allais quitter ma famille.

À Lourdes, dans une ambiance de fête communautaire, chantant « Reviendra-t-Il changer nos cœurs de pierre ? », faisant la farandole sous les voûtes de la basilique, m'exprimant en public et manquant de sommeil, j'explosai. Libre de me confier ou d'écouter (la jeune religieuse libanaise), de dire mes angoisses et mes désirs, libre de rire ou de pleurer, libre dans mes pensées, libre. On a le Woodstock qu'on peut. À mon retour, mon cœur avait changé. La première manifestation en fut une sourde hostilité à ma mère. Je lui avais envoyé une carte postale de Lourdes, où je lui lançais ce cri triomphal : *Pas de retraite aux flambeaux ! Pas d'Ave Maria !* Elle avait été vexée et avait eu la faiblesse de me le montrer. Je trouvai cela mesquin. Puis, quand il me fallut retourner à la messe dominicale de l'église Sainte Élisabeth, l'ambiance me fit pitié. Ça, des croyants ?

« Je croirai en Dieu quand les chrétiens auront des gueules de ressuscités. » Nietzsche

La révolte creusa en moi des galeries souterraines. Je décidai de boycotter les matières scolaires auxquelles ma raison n'avait jamais consenti. Je me désinvestis du latin et des maths, passant l'heure de cours tantôt en Tsviétlanie, tantôt à l'infirmerie. Au dernier trimestre de terminale, ma moyenne en maths chuta à 0,5. Par ailleurs, moi qui avais été une petite fille habile à la corde à nœuds et au saut en ciseaux, je ne supportais plus de devoir exposer mon anatomie en short et tennis bleu marine. J'exploitai au maximum une entorse pour me faire dispenser de gym pendant un mois, puis je découvris une utilité à mes règles douloureuses. Nous avions un carnet de correspondance avec de petits papillons à remplir et à découper selon les pointillés en cas d'absence. Devant « motif », j'écrivais : *indisposée*, puis je reproduisais la signature de ma mère, qui était assez entortillée, à l'aide d'un carbone. Je repassais au stylo Bic le crayonné obtenu et, pour parfaire mon œuvre de faussaire, je gommais toute trace de crayon. Mademoiselle Drevon, en feuilletant mon carnet, s'étonna de ce que j'étais indisposée deux fois par mois. Cette activité criminelle laissa en moi une trace indélébile. Quand vint cette heure solennelle où l'on se cherche une signature en couvrant d'essais des feuilles de papier, je ne pus m'empêcher de reproduire celle de ma mère dans une version simplifiée, peut-être pour donner moins de travail à mes futurs enfants.

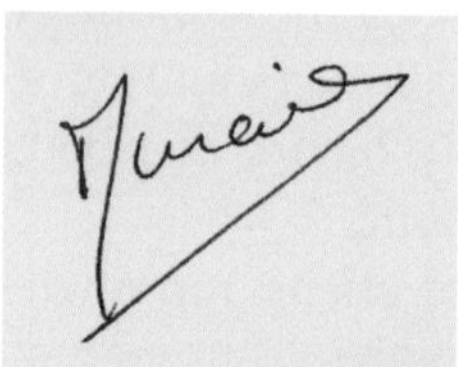

Encouragée par une certaine impunité et le printemps agissant sur moi comme un Mai 68 à retardement, je fis l'école buissonnière. Pendant quelques jours, je séchai les cours mais, comme le monsieur qui vient de perdre son emploi et fait croire à sa famille que rien n'a changé, je quittais la maison de bon matin puis je traînais dans les rues et sur les quais aux heures où j'aurais dû être au lycée. J'avais obtenu de maman en début d'année la permission de déjeuner au café chaque fois que mon emploi du temps ne me permettrait pas de revenir rue de Bretagne entre midi et deux. J'avais donc enfin de l'argent de poche et je pus m'offrir à plusieurs reprises une débauche de glucides et de lipides : un croque-monsieur spongieux + une bière avec faux col + une religieuse au chocolat. Tout en savourant chaque bouchée, je lisais la poésie de mon père, liant secrètement ma bohème à la sienne. Comme il était prévisible, maman reçut un courrier de la *surgé* lui demandant de justifier mon absence. Sa surprise fut telle qu'elle ne me fit pas de remontrances. Je sais qu'elle n'oublia pas cet épisode puisqu'elle m'en reparla des années plus tard, mais elle passa outre. Je n'eus donc pas à lui tenir tête et je rentrai dans le rang. Mais je n'étais

plus la même, je savais désormais qu'il était en mon pouvoir de faire dévier le cours de ma vie. Dans cette disposition d'esprit, il m'arriva une chose qui me prit au dépourvu et qu'il serait facile de résumer en peu de mots : je tombai amoureuse d'une camarade de classe. J'avais 17 ans et c'était le printemps.

*

À mon retour de Lourdes, j'étais brûlante d'un amour qui ne me semblait pas terrestre et que je ne pouvais partager avec personne. En famille, j'étais mutique. En classe, j'étais mal intégrée. J'étais partie en pèlerinage en compagnie de la troisième Patricia de ma classe, fille aînée d'une famille très chrétienne et très nombreuse, sans doute un peu trop raisonnable pour se laisser gagner par ma flamme. Pourquoi est-ce que, soudain, j'ai remarqué Patricia R. ? Une fille un peu garçon, aux cheveux blonds et courts, aux yeux clairs. Les mots franchissaient difficilement ses lèvres. Elle était tout en tension, depuis ses mâchoires contractées jusqu'à sa dure et sèche poignée de main. Je jetai sur elle mon dévolu, je la harponnai, je lui crochetai le cœur. Une prise de possession violente, intense, sans sommation, à l'égal du bouleversement qui s'opéra en moi. Sa vie était à mille lieues de la mienne. Originaire de Tours, elle était provisoirement éduquée par son oncle et sa tante. Elle avait vu, enfant, son père courir après sa mère autour de la table de la salle à manger, un couteau à la main. Sa mère était désormais en hôpital psychiatrique à Tours. Elle avait une sœur quelque part, mais elle grandissait avec sa cousine. Dans mon souvenir, cette amitié s'empara de moi peu après Pâques et se dilua dans les sables mouvants des révisions du baccalauréat. C'était ce que Gilles appelait un emballement.

Où l'avais-je rencontré, celui-là ? À Lourdes aussi, peut-être. Gilles P. était aumônier de lycée technique. J'allais parfois le voir dans un petit appartement, dont je ne sais plus si c'était chez lui ou bien un local d'accueil pour les jeunes. C'était rue du Perche, je crois. En tout cas, c'était un lieu perché. Ensoleillé dans ma mémoire. C'était tout de même singulier que je pusse fréquenter des hommes – encore jeunes et parfois séduisants – sous prétexte que c'étaient des prêtres. Ils étaient en civil, avec une petite croix au revers du veston, libres de parole, libres d'allure. Gilles était affectueux, souriant, et je voyais bien dans ses yeux que je l'attendrissais. Il posait parfois la main sur mon épaule, mon avant-bras. C'est drôle, quand je fais ce même geste vis-à-vis d'un jeune, je pense à Gilles, c'est lui qui m'y autorise. Mon cœur de ce temps-là était lancé sur des montagnes russes, et Gilles me rattrapait par le bras, tantôt en haut, tantôt en bas, me disant : « Ne plane pas trop » ou bien : « Allez, souris, c'est toi. » Combien de fois me suis-je dit cette phrase-là quand j'ai été déçue ou décontenancée par moi ? « Souris, c'est toi. » Tout ce que j'ai écrit, je l'ai corrigé d'un sourire.

Dans un petit mot que j'écrivis à Patricia, mais que je ne lui donnai pas, je lui avouais, et je m'avouais à moi-même, que ma vie s'évaporait en rêveries. *J'ai passé des après-midi entières, vautrée sur mon lit, les yeux au plafond, à inventer comme Manuel, le Visionnaire de Greene, une histoire et un monde qui n'existent pas et des personnages dont j'agitais les ficelles. Des nuits entières, des heures, en marchant, dans la rue, en classe, je rêvais. Je voyageais en rêve, j'aimais en rêve, je vivais en rêve. Le rêve m'ôtait toute énergie.*

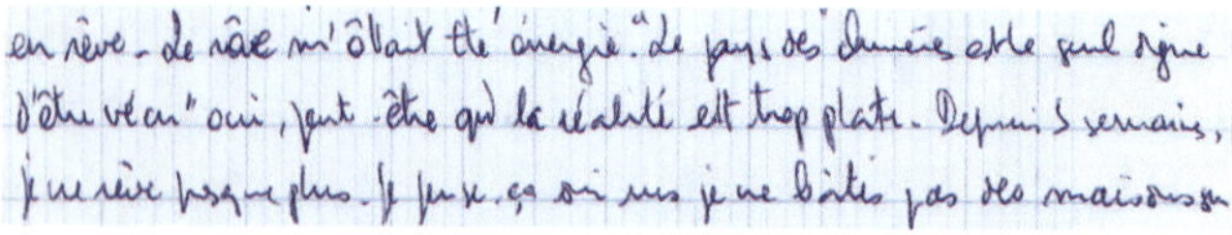
en rêve. Le rêve m'ôtait tte énergie. "Le pays des chimères est le seul digne d'être vécu" oui, peut-être que la réalité est trop plate. Depuis 3 semaines, je ne rêve presque plus. Je pense ça ou ... je ne bâtis pas des maisons en

« Le pays des chimères est le seul digne d'être habité et tel est le néant des choses humaines qu'il n'y a rien de beau que ce qui n'est pas », était une phrase de Rousseau que nous avions eue à commenter en dissertation.

Depuis trois semaines, constatais-je, *je ne rêve plus.* Non seulement cela ne m'était plus nécessaire, mais c'était devenu impossible. J'étais envahie de sensations dont l'intensité m'était jusqu'alors inconnue. « C'est Vénus tout entière à sa proie attachée. » Je pouvais sympathiser avec Phèdre, dont je m'étais demandé, quelques semaines plus tôt, pourquoi elle se mettait dans des états pareils.

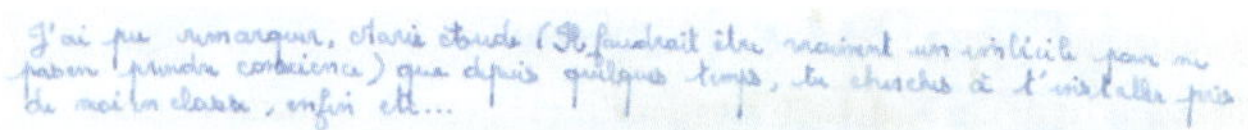
J'ai pu remarquer, Marie-Aude (Il faudrait être vraiment un imbécile pour ne pas prendre conscience) que depuis quelques temps, tu cherches à t'installer près de moi en classe, enfin etc...

« J'ai pu remarquer, Marie-Aude (Il faudrait être vraiment un imbécile pour ne pas en prendre conscience) que depuis quelques temps, tu cherches à t'installer près de moi en classe, enfin etc… »

Les lettres de Patricia ne sont ni datées ni classées. J'ai présumé que celle-ci était la première. Entre les lignes, je devine ce que j'ai pu dire à Patricia, que j'avais vécu une expérience à Lourdes qui m'avait changée, que je souhaitais faire un effort pour aller vers les autres.

Mais, me répond-elle, *tu es venue vers moi, j'ai souvent feint l'ennui de te supporter alors que j'espérais bien que tu resterais (ne cherche pas à comprendre). Cet effort que tu fais sur toi est extraordinaire, tu as commencé à t'ouvrir, ta confidence le prouve assez. Mais... Il y a un mais, Marie-Aude, tu viens vers moi, mais je ne suis pas LES AUTRES.* Sans doute eut-elle un premier mouvement de recul, dont témoigne la lettre suivante. *Je sais que tu as été déçue par mon comportement en cours de latin. Sache que moi-même je suis profondément déçue par mon comportement. (...) Je partage à tout moment ton exaltation, ton enthousiasme. Ton mot, rappelle-toi, « je me sens tout de suite une amitié immense »... m'a fait un immense plaisir. Sache qu'à tout moment, dans quelque endroit où je sois, tu es toujours présente en moi, je pense toujours à toi, à cette amitié qui nous unit, j'y pense beaucoup, tellement, peut-être trop.* Dans une autre lettre, elle remarque : *Tes états d'âme sont très physiques, tu es « brûlante de fièvre », « tremblante de fureur ». Je t'imagine, je te ressens, j'en ai la chair de poule.*

Ensemble, nous parlions de Dieu, auquel elle espérait croire à travers moi. Nous nous échangions des livres, *La Peau* de Curzio Malaparte contre *Le Petit Prince*, dont les dernières lignes me tirèrent des sanglots. J'ai noté pour Patricia cette citation comme étant ma préférée : « C'est le temps que tu as perdu pour ta rose qui fait ta rose si importante. » Je choisirais la même aujourd'hui. *J'étais loin de penser*, m'écrit-elle, *que toi aussi, tu as l'impression d'être la petite fille sage aux yeux des adultes.* Et sans doute inspirée par le Petit Prince, elle s'emporte : *Les adultes ne s'occupent que de choses sérieuses ! Ce qu'ils entendent par sérieux, c'est le matériel. Quant à nos sentiments, notre vue du monde, ils s'en foutent pas mal ou plutôt ils sont tels des aveugles tâtonnant dans le monde des adolescents.* Ni elle ni moi n'étions libres de nos mouvements, tout au plus suivions-nous parfois les quais de la Seine, au ras de l'eau, là où vont les amoureux. Sans jamais nous toucher, cela n'eût pas été viril. Juste une poignée de main, qui permit un matin à Patricia de me glisser un bout de papier dans la paume.

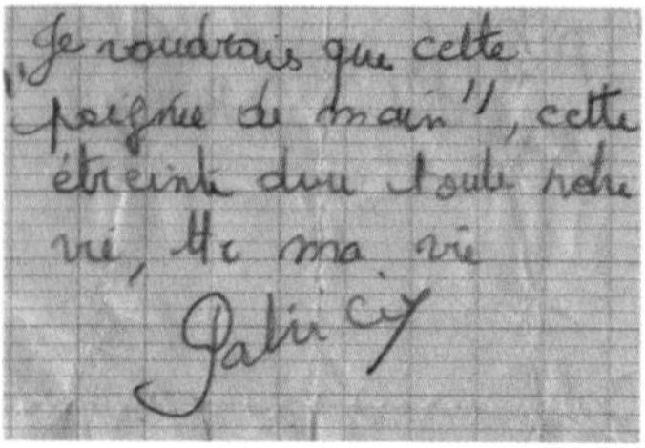
"Je voudrais que cette "poignée de main", cette étreinte dure toute notre vie, tte ma vie
Patricia

Quand Patricia eut rejoint sa mère à Tours après le baccalauréat, notre amitié passionnée s'éteignit, faute d'aliment.

« Amitié : mariage de deux êtres qui ne peuvent pas coucher ensemble. » Jules Renard

Faire l'amour ne va pas de soi

J'ai hésité au moment de partir pour Saint-Barthélemy en animation. Quel compagnon de voyage choisir ? *La Maison d'Âpre-Vent* de Dickens ou le *Journal* de Jules Renard ? J'ai embarqué le *Journal*, parce que j'emportais aussi le mien et celui de ma mère. J'avais le souvenir d'avoir lu le *Journal* de Jules Renard il y a quelques années avec des sourires de connivence, relevant au passage des citations. Mais c'était par plaisanterie que je plaçai ce manuscrit sous son patronage. J'ai donc été surprise en le relisant. Il ne s'agit pas de complicité entre nous, mais de filiation.

« C'est désespérant : tout lire, et ne rien retenir ! »

« J'attends, pour travailler, que mon sujet me travaille. »

J'appartiens à une famille d'écrivains. Celle des poids légers, livrés aux tourments de leur paresse. « Rêver, rêver éperdument et n'en rien faire paraître. »

Cherchant un titre pour une éventuelle parution de son journal, Jules se propose à lui-même *Tout nu*, avant de se reprendre : « Quelle horreur ! » Comme c'est un même sentiment de répulsion que m'inspire la vue du cahier où j'ai griffonné mes pensées intimes autour de ma dix-huitième année, je vais commencer par l'expertise du journal intime de ma mère. Ce ne sont d'ailleurs que quelques feuillets, elle n'avait pas le tempérament d'une diariste. C'est ici le journal d'une mariée de quinze jours

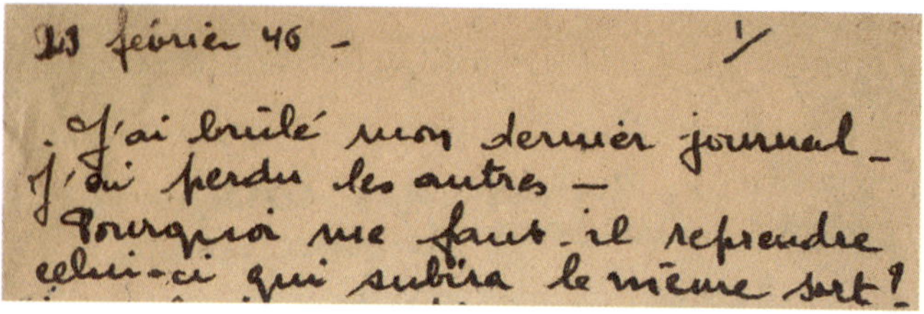
23 février 46 — 1/

J'ai brûlé mon dernier journal — j'ai perdu les autres — Pourquoi me faut-il reprendre celui-ci qui subira le même sort ?

qui a « un goût d'amour au réveil ». Elle vit avec son jeune mari dans une chambre de bonne au-dessus des beaux-parents. Gérard est sans emploi. Marie-Thérèse, toujours institutrice au Cours Gameau, profite des quelques jours de sa lune de miel. Il fait très froid cet hiver 1946. *J'ai voulu ouvrir la fenêtre tout à l'heure. J'ai reçu un gros bloc de neige à mes pieds. Non, il vaut mieux laisser nos fenêtres fermées, rester dans la chaleur de notre hutte, avec nos baisers. Je me demande pourquoi j'ai pris cette page. Je suis incapable d'exprimer ce que je ressens. Ce n'est pas tout à fait le vide, ni tristesse, ni joie, c'est plutôt comme une attente.* Qu'attend-elle ?

4 mars. *Mon âme est si légère aujourd'hui, c'est parce que je suis heureuse. Le désir, le désir à demi satisfait me remplit de tristesse et pèse sur moi au long de la journée. Cette nuit j'ai tout donné. Je me suis entièrement libérée. Maintenant je suis calme infiniment et je ris tout bas car Gérard travaille. Comme c'est agréable de rire avec soi,*

rien que pour soi. Plus j'avance dans mon bonheur, plus je retrouve mon âme rieuse et parfumée de petite fille. Mon âme est si légère, si légère.

Mon père m'a dit un jour avec, dans le regard, une sorte d'émerveillement rétrospectif : « Maïté était une vraie femme. » Cet accomplissement féminin de ma mère, qu'elle m'a fait savoir par des confidences ou des sous-entendus, m'a paru indépassable, inaccessible, et fait prendre la tangente. M'a-t-elle effrayée, dégoûtée ou découragée ?

Tout près du ciel

Au 7 mars, c'est la fin de la lune de miel pour l'amoureuse et la reprise du travail pour l'institutrice. *Ces jours de profonde intimité m'apparaissent comme un songe maintenant qu'ils sont près de finir. Demain le travail, demain les élèves, la course, le troupeau, les transports en commun. Demain ! Le cœur m'en remonte aux lèvres. Gérard m'a enseigné le mépris. Avant je ne savais qu'aimer.* Quand j'ai feuilleté le journal de ma mère la première fois, cette expression violente, « enseigné le mépris », m'a sauté aux yeux, et j'ai pensé : c'était donc ça. Ce que j'ai ressenti sans pouvoir mettre un mot dessus. Le mépris. Mais de qui, pour qui ? Il y avait les esprits supérieurs – dont nous étions – et les cons.

Un jour que j'avais vanté à Gilles P. mon père et mes frères, artistes et esprits supérieurs, il m'avait demandé mi-figue mi-raisin : « Et toi alors, tu es gentille ? »

À la même époque, un invité fit son apparition régulière dans le cercle familial. Il était à un bout de la table et parlait continûment aux heures des repas, on l'écoutait plus ou moins. C'est là que j'ai contracté une allergie à la télévision, pas tant à son contenu qu'au son particulier qu'elle émet, cette voix qui n'est pas humaine, mais veut la supplanter. J'ai le souvenir confus d'un débat télévisé qui me fut imposé, où l'intervenant tentait de démontrer que, par son anatomie, notamment son bassin, la femme était plus apte à la marche à quatre pattes que sur deux pieds. C'était peut-être une plaisanterie. Dans mon souvenir, mes frères et mon père ont ri, et j'ai pris pour la première fois en pleine face la misogynie. Parce que j'étais une femme, je ne savais pas de quel côté – par rapport aux cons – je me trouvais. Si j'hésite à lire mon journal intime, c'est que j'ai peur d'y trouver, noir sur blanc, ma connerie.

J'ai tenu ce journal durant ma seconde année de classe préparatoire à l'École normale supérieure de Saint-Cloud. L'année précédente, en septembre 1971, j'avais fait ma rentrée scolaire en « Hypo-Cloud », au lycée Henri-IV. Henri-IV était, comme François-Ier au Havre, un lycée de garçons, qui s'était ouvert frileusement aux demoiselles après Mai 68. J'avais bien changé depuis le cours préparatoire. Eux, pas tellement. Quand une fille passait au tableau pour faire un exposé, ils sifflaient « cuissse, sssexe » entre leurs dents.

Je me souviens d'un garçon monté en graine, dont les pantalons trop courts dévoilaient des chaussettes jaune vif, et qui gardait à la main une serviette en cuir fatiguée qu'il semblait avoir volée à papa. C'était un brillant sujet. Je l'avais baptisé Flegdeby sans l'en avertir et j'ai été amoureuse de lui jusqu'à ce que je constate que, comme le Flegdeby de Dickens, non seulement il était laid, mais bête et méchant. Son meilleur ami, rose et frais comme un petit goret, professait qu'il était en prépa « pour faire son trou dans la vie ». Je crois qu'il était un peu amoureux de moi, mais j'ai dû le décourager en me présentant à lui comme une sorte de Louise Michel en puissance. Dans cette même classe de prépa, il y avait un jeune alcoolique qui s'effondrait sur son banc, romantique et imbibé dès le matin, un jeune homosexuel en manteau de fourrure qui aimait chanter « Gare au gorille ! », un Torquemada barbu aux yeux farouches qui lisait Léon Bloy, priait la Vierge au fond des chapelles, me soutint que le pape était infaillible et me déclara, comme sous l'effet de la torture, qu'il était amoureux de moi. Je ne me souviens d'aucun prénom, probablement parce que les professeurs ne nous donnaient que nos noms de famille. J'étais donc « Murail », ce qui inspira au prof de philo cette réflexion : « On croirait que vous allez vous enfoncer dans le mur », le jour où je refusai de me joindre à la classe pour la photo de groupe.

Les anciens élèves des classes préparatoires, parfois critiques sur les méthodes de leurs enseignants, tombent unanimement d'accord pour vanter la formation intellectuelle qu'ils ont reçue dans ces établissements d'élite. J'ai pratiquement tout oublié. Je sais que le prof de français, plus large que haut, et que les élèves surnommaient pour cette raison « Quart Perrier », nous parla de Sade,

Maman m'habillait de petits pulls au boutonnage compliqué et d'une peau de chèvre qui sentait le bouc dès que le temps était à l'humidité.

éveillant ma curiosité. Ayant trouvé dans l'enfer paternel *La Philosophie dans le boudoir*, je la lus en me masturbant et en me demandant ce que pouvait bien être la sodomie. Ou la fellation. J'ai toujours confondu les deux. Dans ce domaine, ma formation intellectuelle a vite atteint ses limites. Les Mérovingiens étaient au menu du cours d'histoire et, à part qu'ils avaient des noms rigolos genre Clotaire et Childéric, j'en retins une phrase prononcée par quelque clerc, peut-être Alcuin, constatant que le monde civilisé retournait à la barbarie : « Dans tout l'Empire, je n'entends plus que le bruit de ma plume. » Les jours où je doute de l'avenir de notre civilisation, je m'identifie à ce moine penché sur son écritoire. « Et s'il n'en reste qu'un, je serai celui-là. » Après tout, c'est peut-être cette certitude que m'auront léguée de plus précieux mes deux années de prépa. À la décharge de mes professeurs, je dois avouer que, dès les premiers jours d'Hypo-Cloud, j'échappai à leur contrôle en tombant amoureuse – globalement – des garçons. Je les voyais pourtant tels qu'ils étaient, pas beaux et plutôt malpropres, au moins dans leurs propos. Mais j'éprouvais en leur compagnonnage une formidable sensation d'émancipation. Jeanne d'Arc entourée de ses soudards.

*

Le 9 septembre 1972, quand j'ouvre mon journal, un simple cahier de brouillon, pour y tracer ces mots : *C'est un soulagement quotidien que je viens chercher*, il s'est passé quelque chose de définitif dans ma vie. Le mot angoisse apparaît trois fois sur la première feuille avec cet aveu : *Ma vie se passe en sourdine, mais mon cœur éclate.* En haut de la page, dans la marge, un commentaire, écrit quinze jours plus tard, exprime les craintes que j'ai en me relisant quarante-deux ans plus tard. *J'étais toute haletante d'orgueil en commençant ce cahier. Je me croyais face à la postérité, pleine des récits de Marie Lenéru et autres Bashkirtseff. Aujourd'hui, bien que je ne renonce pas tout à fait à l'espoir d'un lecteur, mes prétentions sont moins frénétiques. Je commence même à craindre que des proches feuillettent ceci négligemment et y découvrent mes ridicules.* J'use ici d'une parade que j'ai enseignée à une de mes jeunes amies en butte au harcèlement collégien. Dire : « Je sais que j'ai des goûts de chiotte, mais j'adore Gérard Lenorman. » Ou bien : « Ouais, c'est bébé, mais je kiffe les PetShop. » Coupant l'herbe sous le pied d'un éventuel critique littéraire, je fais la liste de « mes ridicules » : exaltation, romantisme sirupeux, verbiage, emphase, autosatisfaction. Ce qui me permet de continuer mon journal. *Je suis décidée à mettre ici tout ce qui est en moi jusqu'à l'ignoble. J'en ai l'habitude ; depuis que je suis en âge de le faire, je descends au fond de mon âme. J'essaierai de ne rien travestir ou bien d'arracher ensuite le déguisement car le masque fait encore partie de moi.*

J'hésitais à me relire parce que je pensais avoir honte de mon style, un style adolescent poético-gnangnan, avec des routes qui cheminent sur des coteaux ensoleillés et des astres qui crissent sur leur axe. Mais ce n'est pas du tout cela qui me fait tenir ce cahier à distance.

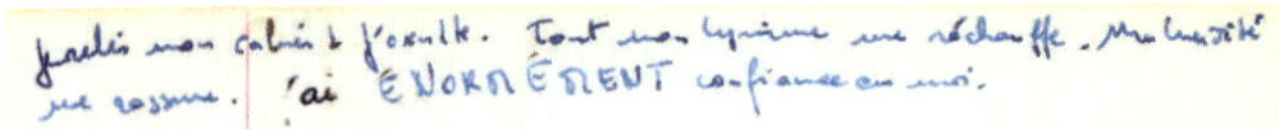

« Je relis mon cahier. J'exulte. Tout mon lyrisme me réchauffe. Ma lucidité me rassure. J'ai ÉNORMÉMENT *confiance en moi. »*

Cette déclaration m'a arraché un rire de surprise. Je ne me souviens ABSOLUMENT pas de cette jeune fille. J'avais gardé en mémoire une adolescente introvertie, écrasée par l'évidente supériorité masculine, doutant d'elle-même, paniquée par les problèmes matériels, celle qui écrit : *Et le cirque* (la rentrée scolaire à Henri-IV) *repart ! Me voilà à nouveau empêtrée dans la paperasse, confondant les horaires, séchant les cours, ne suivant pas les consignes, n'allant pas aux convocations. Je vais traîner derrière moi une légion de soucis, une cohorte de choses mal faites, pas faites, à faire. Ainsi le veut ma nature négligente qui a peur des choses, des numéros, des signatures, des ultimatums, des règlements. Comment puis-je m'en sortir, moi qui ne comprends jamais ce qu'on attend de moi, qui mêle gauche et droite, qui n'aperçois pas les feux rouges, et qui crains toujours de passer pour abrutie ?*

Cependant, je fends les pages de ce cahier, caparaçonnée de mépris. Ce mépris qui m'a été enseigné. *J'ai beaucoup de mal à admettre la valeur de la personne en face de moi et je suis toujours fort étonnée de l'entendre parler intelligemment. Je la jauge avec tous les critères à ma disposition : apparence physique, niveau scolaire, profession, manière de se comporter. Je cherche la faille qui me rassure et me permet de garder pour elle un fond de mépris. Le cancer de la jalousie me rongerait si je n'étais protégée par un sentiment de supériorité aussi solidement ancré que parfaitement odieux. Les rapports avec mes congénères féminins sont encore plus insupportables, car toute femme est une rivale. Il me faut la déprécier pour pouvoir en toute quiétude accepter ses qualités.* Si j'avais aujourd'hui la même sincérité et que j'exprimais par écrit le magma de sentiments qui s'agite au fond de mon cœur au cours d'une seule journée, je me trouverais sans doute antipathique. Dieu merci, je n'y suis pas obligée.

À 18 ans, je découvrais l'hypocrisie et l'inconscient, chaque acte ayant, selon moi, trois motivations, celle qu'on avoue aux autres, celle qu'on n'avoue qu'à soi, celle qu'on ne s'avoue même pas, chaque phrase dite ayant un sous-texte pensé et un sous-sous-texte inconscient. La tête m'en tournait. *Je me suis cherchée une et je me suis trouvée plusieurs. Irréconciliable. On m'a dit que j'étais inconstante, attachante, agaçante. Parfois je le veux mais souvent c'est la simple expression de mon chaos.* En soi, jamais rien de sûr, dans les autres, jamais rien de fiable. J'en déduisis, moi, l'exploratrice, que *l'ailleurs n'est pas plus loin, mais plus profond. Il est vertical. C'est un puits.* Je déclare vouloir entreprendre « l'épuration de mes sentiments vis-à-vis d'autrui ». *Toutes mes amitiés n'ont qu'un but, changer l'autre, le modeler. C'est pour cela que je refuse les relations impersonnelles.* Ce que j'ai, par la suite, appelé mon empathie, c'est ma manière très particulière de m'identifier à mon interlocuteur et d'écouter ses confidences en cherchant une solution à ses problèmes. Je voulais, je veux toujours, quitter la personne en me disant comme à la fin d'un épisode du *Mentalist* : « Case closed ». *J'arrive à sentir la nécessité d'un changement, ce que je n'avais jamais admis. Je me disais : je suis dure, intransigeante, méprisante, solitaire et je m'en réjouissais presque. Aujourd'hui, je sais que j'ai des défauts qui entravent ma personnalité et mes relations avec les autres.*

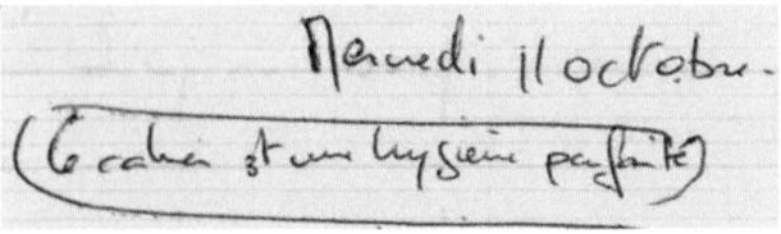

Ce cahier est une hygiène parfaite.

« Ces notes sont ma prière quotidienne. »

Jules Renard

Un an auparavant, j'avais découvert un autre lieu d'exploration de soi que j'appelais – que nous appelions – la Communauté. Rejetant l'Église traditionnelle et ses simagrées, j'avais rejoint un groupe de jeunes catholiques, âgés de 16 à 22 ans, qui s'était constitué en marge de la paroisse Saint-Denys-du-Saint-Sacrement autour d'un prêtre espagnol, crédule, rieur et enthousiaste, Paco. Nous nous retrouvions pour prier, discuter, manger ensemble et dire des messes dans l'esprit des premières communautés chrétiennes. Nous partagions le corps et le sang du Christ sous la forme de la baguette du coin et du vin acheté chez Nicolas. Je me souviens des prénoms, des visages, car c'est grâce à Francine, Catherine, Dominique, Philippe, Mila, Annick, Marie-Hélène, Pascal, Francis, Hervé,

Martine, Évelyne, Agnès, que j'ai appris ce que ni ma famille ni l'école n'avaient pu m'enseigner. À vivre avec les autres.

Un autre cheminement se fait sur ces deux années, celui de ma foi. Le pèlerinage à Lourdes m'avait fait renouer avec le mysticisme de mon enfance et mon journal en garde la trace sous la forme de prières répétées. *Mon Dieu, donne-moi Ta volonté car je n'ai plus la force d'agir. Je ne comprends pas ce que je vis, ce que je suis.* Et plus loin : *Sans cesse je Te parle, j'écris Ton nom sur les feuilles de mes cahiers, je dis Ton nom dans toutes les langues. C'est un bonheur que de T'appeler, Toi, Toi qui ne réponds pas.* De fait, Dieu ne me répondit jamais, ce qui était préférable pour ma santé mentale, mais j'y laissai ma foi. *Croire. C'est un mot qui ne veut plus rien dire pour moi. J'ai peur parfois de ce néant qui a remplacé ma confiance d'autrefois, les fiançailles avec Celui qui me relance de temps à autre, nostalgie d'un dimanche, solitude du midi, puis que j'oublie parce qu'Il n'est plus de ma vie, Lui qui m'était un ami, un confident, un complice presque. Je ne peux plus croire en Lui parce qu'il n'est pas possible qu'Il existe.* Les dernières lignes de mon journal laissent à penser que je me suis rangée à l'avis de Jules Renard quand il note dans le sien : « J'ignore si Dieu existe, mais il vaudrait mieux, pour son honneur, qu'il n'existât point. » *Pourquoi a-t-Il inventé ce mal horrible qui ronge les enfants, les vieillards, qui détruit les familles ? Ce mal que je peux à peine nommer, qui me révulse comme s'il m'avait déjà touchée car je sais qu'il m'attend. Il faut que je l'écrive. Cancer, voilà. Étrangement, je m'y sens destinée.*

C'est en suivant à travers les pages de mon cahier le cheminement de ma pensée que je suis tombée sur trois copies doubles soigneusement pliées et entièrement couvertes, marge comprise, par mon écriture d'élève de prépa. Balayant du regard la première feuille, toujours avec cette méfiance vis-à-vis de mes écrits de jeunesse, j'ai compris que je tenais là, entre mes mains, l'équivalent du roman d'amour que Raoul écrivit en 1914. J'ai daté mon texte au bas de la dernière page.

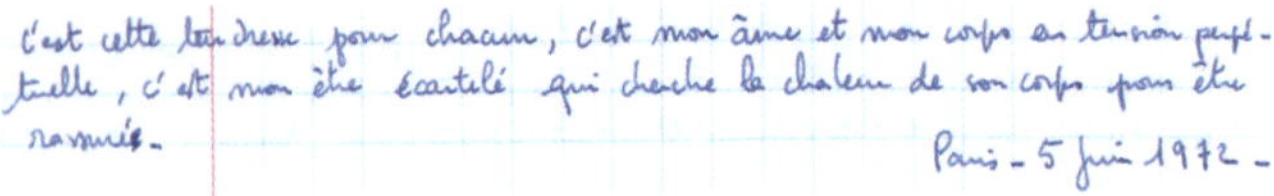
c'est cette tendresse pour chacun, c'est mon âme et mon corps en tension perpétuelle, c'est mon être écartelé qui cherche la chaleur de son corps pour être rassuré.

Paris – 5 juin 1972 –

J'ai tout juste 18 ans quand j'écris, mais mon récit commence quelques mois plus tôt, au moment où un garçon de 21 ans, qui anime parfois les messes paroissiales et que les autres désignent entre eux comme « le guitariste », se joint aux jeunes de la Communauté. « Beau comme un ange », d'après une vieille paroissienne enthousiaste.

Je m'interrogeai sur le statut de l'ange en question. Était-il, ou non, séminariste ? Il logeait au presbytère, rue Saint-Claude, dans un appartement situé au-dessus de celui du curé de la paroisse, qui l'invitait le dimanche à sa table. Les jours ouvrables, l'apprenti curé était étudiant en sciences économiques à Assas. J'avais, quant à moi, la responsabilité d'un groupe de petites filles d'une dizaine d'années, auxquelles j'étais censée faire le catéchisme, au rez-de-chaussée du presbytère. N'ayant reçu aucune formation pastorale, je transformai rapidement la catéchèse en groupe de parole où, selon le curé qui ne me voyait pas d'un bon œil, « j'exorcisais mes démons ». La suite lui donna raison.

Un jour, passant par hasard (?) devant ma salle du rez-de-chaussée, le jeune séminariste-guitariste-étudiant en économie me proposa de monter le voir après ma séance pour l'aider à préparer une de nos messes. Il partageait son appartement avec deux colocataires, tous deux « en recherche » après être passés au séminaire d'Issy-les-Moulineaux, et tous deux homosexuels, comme je le découvris des années plus tard. *Cette invitation me donna une ardeur plus grande pour la fin de la réunion et je montais chez lui... Un escalier aux marches basses et glissantes. Puis, j'agitais la cloche d'entrée.* L'émotion du moment me fait oublier l'usage du passé simple. Quitte à nuire à la vérité historique, je vais faire les corrections orthographiques qui s'imposent.

Me voici donc dans la chambre du jeune homme. Il est assis à son bureau dans un fauteuil tournant, et moi, j'ai pris le fauteuil rouge qui a autrefois servi aux mariages dans l'église voisine. Je me souviens qu'il me parla des socialistes utopiques... Il ne se passa rien d'autre et, quelques jours plus tard, nous nous retrouvons à un dîner-débat de la Communauté sur le thème de la communication. *Il arriva en compagnie d'une jeune fille et je me rappelle l'avoir détaillée sans pensée précise, formulée, rien qu'un certain déplaisir. Fatiguée par trop de rencontres, j'avais décidé de ne pas participer. J'inaugurais un pull-over violet* (un col roulé assez moulant), *je me sentais à l'aise, me sachant jolie et observée. Cela me suffisait, je ne ressentais pas le besoin habituel de m'imposer et de choquer.* Mon désir d'absolue sincérité me rend parfois injuste avec moi-même. Ce qui m'envahissait quand je me retrouvais en société, ce qui m'envahit encore parfois, c'est la colère que provoque en moi la sensation de ne pas exister. *Après la discussion, Pierre me proposa de venir lui « dire bonjour » samedi quand j'en aurais fini avec mes jeunes amies. Tiens, son nom m'a échappé. Oui, il s'appelle Pierre. Un nom que j'aime parce qu'il est simple, dur puis léger. Je ne me rappelle pas si j'attendais le jour avec impatience mais j'avais pris une résolution qui, à chaque fois que je me la répétais, m'oppressait jusqu'à ce qu'un long soupir me délivre de cette angoisse. Le jour dit, je devais être un peu fébrile.*

C'était le samedi 26 février. Pierre a noté la date dans son agenda 1972. Il collectionne tous ses agendas depuis le premier en 1968. Jusqu'à aujourd'hui, je trouvais cela idiot. *Je m'installai dans le fauteuil de velours rouge. La chambre était mal éclairée. J'étais étrangement seule face à ma décision. Pour ne pas être trop brutale, je laissai d'abord languir la conversation. Il s'étala complaisamment sur une anecdote d'intérêt limité et qui, en dépit du répit qu'elle m'accordait, m'exaspéra prodigieusement.* « L'anecdote d'intérêt limité » m'a fait sourire. Pierre a gardé cette capacité de disserter en termes généraux de sujets qui ne semblent pas l'intéresser, mais avec le regard fixe du type qui ira quand même jusqu'au bout. Quand cela se produit en société, je lui fais un petit moulinet de la main et du poignet pour qu'il accélère. Ce qui ne change rien. J'attendis donc qu'il en ait fini avec « une impatience crispée ».

Alors, je me lançai. Cela ressemblait à un plongeon dans le vide. Je lui fis comprendre que je ne voulais plus me cacher derrière des banalités et que c'était lui que je cherchais. Je lui dis qu'il m'intimidait, me paralysait même ; chaque mot me coûtait horriblement surtout que je ne voyais pas la nécessité de cette souffrance. Je parlais par métaphores comme je l'ai fait souvent depuis. Il était un mur sans brèche, une digue sur laquelle les vagues viennent se briser. Les mots que je disais n'étaient pas neufs. Je les avais retournés dans ma tête et ils me venaient mécaniquement sans me procurer la joie de la découverte. Je lui demandai la permission de l'interroger et il se plia au jeu avec un certain plaisir. Moi, je souffrais. Je ne sais même pas si j'écoutais les réponses. Il me parla de son frère mort, noyé, et de la douleur de ses parents. Quelle désinvolture dans cette phrase, comme s'il s'agissait encore d'une « anecdote d'intérêt limité » ! Pourtant, à ce moment-là, Pierre me révélait le drame de son enfance. *Il dut aborder le problème de ses études. Sa situation me semblait complexe, économiste et séminariste. Je ne voulais pas savoir trop précisément. Je le quittai tard, presque délivrée. Il m'accompagna jusqu'au portail en bas et, bien qu'il eût l'habitude d'embrasser les jeunes filles de la Communauté, je lui tendis la main.*

Les jours suivants, j'attendis que Pierre prenne l'initiative puisque… *Il me semblait que ma démarche ne pouvait rester sans réponse. Je crois que son nom commençait à m'obséder. J'avais l'habitude de ces emballements. Pourtant je ne mettais pas de nom sur cette sensation, sensation plus que sentiment : impatience, énervement. Je voulais le revoir. Je n'arrivais plus à rêver le soir avant de m'endormir. Je pensais à lui. Il appela le mercredi. Quand le téléphone retentit* (Archives 93-12), *je sus que c'était lui. Il m'invitait au restaurant pour « continuer la discussion ». Je choisis le vendredi et l'attente se poursuivit. Deux jours à tuer. Il m'attendait devant le lycée. J'aurais voulu le voir dans sa veste noire. Je crois qu'il portait un imperméable* (style inspecteur Columbo). *Nous étions embarrassés, nous parlions peu. Mais le vrai supplice commença au restaurant. Je trouvais bête de manger devant lui, de reconnaître n'être qu'un corps, une machine. Les aliments m'étouffaient, ma respiration était douloureuse et le silence me paniquait. Pourtant, rien ne m'échappait, venant de lui. Il excitait mon imagination par des phrases un peu obscures. Il parla de l'écroulement d'une personnalité en détruisant une pyramide de sucres en morceaux. Heureuse de ce supplice, je décidai de le prolonger en sautant le cours de philosophie. Il m'emmena à une « bibliothèque de curé ». Je me trouvai mieux alors : c'était une grande salle éclairée par de larges baies qui donnaient sur un jardinet. Nous travaillions de chaque côté d'une longue table, levant la tête parfois pour échanger un sourire. Je lisais mécaniquement, pleine d'une torpeur assez voluptueuse. Je le quittai un peu triste, désemparée et, en arrivant à la maison, je ne pus faire autre chose que lui écrire. Je lui donnai la lettre le lendemain en la posant furtivement sur son bureau avec un clin d'œil pour ne pas être trop remarquée des amis présents dans la chambre.*

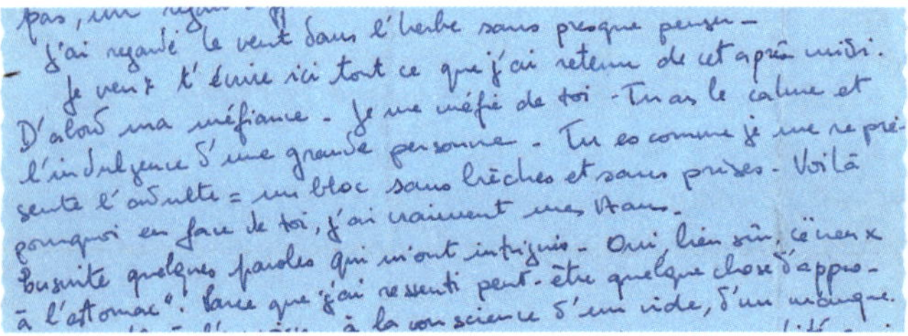
J'ai regardé le vent dans l'herbe sans presque penser —
Je viens d'écrire ici tout ce que j'ai retenu de cet après-midi.
D'abord ma méfiance. Je me méfie de toi - Tu as le calme et
l'indulgence d'une grande personne. Tu es comme je me repré-
sente l'adulte = un bloc sans brèches et sans prises - Voilà
pourquoi en face de toi, j'ai vraiment mes 17 ans.
Ensuite quelques paroles qui m'ont intriguée - Oui, bien sûr, ce « creux
à l'estomac ». Parce que j'ai ressenti peut-être quelque chose d'appro-
[illegible] à la conscience d'un vide, d'un manque.

« Tu es comme je me représente l'adulte : un bloc sans brèches et sans prises. Voilà pourquoi en face de toi, j'ai vraiment mes 17 ans. »

Pierre a gardé toutes nos lettres de l'époque et je lui ai demandé de relire les siennes et de les dater. Quand on se relit à une telle distance, le premier mouvement est presque toujours le rejet. « Qu'est-ce que j'étais chiant ! » s'est-il récrié. À la réception de sa première lettre, moi, je fus éblouie. *Je la lus quand je pus en me levant de table pour me réfugier dans ma chambre et la savourer, puis revenant à table, la tête un peu troublée. Je la lus plusieurs fois avec un enthousiasme grandissant. Elle était sage, drôle, très construite. Elle me révélait une nature différente de la mienne et j'en fus ravie. J'ai cherché des fautes d'orthographe, des accords de participe mal mis. J'avais peur d'en découvrir et en même temps je l'espérais : cela me permettrait de moins l'admirer, de ne pas me sentir inférieure.* Pierre s'exprimait épatamment bien, mais d'une façon qui évoquerait par moments le ronflant Achille Talon, écrivant par exemple qu'il souhaitait rencontrer quelqu'un qui le pousserait dans ses retranchements et que je pouvais être ce quelqu'un *mais peut-être tout aussi équivalemment me trompè-je*. Quant à être chiant, disons qu'il noyait parfois le poisson dans l'abstraction comme moi dans le sirop.

Je lui répondis en fin d'après-midi, les joues en feu, le cœur bourré de lyrisme et de ferveur. Certes, certes, mais je pressentais déjà tout ce que recèle d'ambivalence le sentiment amoureux. Dès cette deuxième lettre, je fais ce constat : *Tu n'es pas là, tu me manques. Tu es là, je n'y suis plus (ou si peu)*. Cet évidement que créait en moi le désir insatisfait ne tarda pas à me révolter. *Pour toi, par peur de te perdre, j'ai refusé de vivre une journée entière, j'ai refusé de parler, de penser, de travailler. J'ai gardé ton nom, j'en ai rempli mon cœur vide, ma tête vide, le ciel gris. Mais ça fait mal, si mal, que je prends cette décision : Je veux vivre comme toi, masculiniser mes sentiments. Je refuse le sacrifice de tout mon être. Je refuse d'être femme. Je refuse l'héritage de millions d'années de féminité.* Ma mère m'avait infestée d'images sacrificielles, jusqu'à celle du « pélican dont les enfants dévorent les entrailles ». Le désir physique qui, en quelques jours, m'avait vidée de ma substance semblait lui donner raison. *Mais je veux garder ma liberté. Je veux ÊTRE par moi et pour moi. Je lutterai. J'apprendrai à sourire, même quand tu me manques, à travailler au lieu de rêver, à me concentrer sur l'instant présent. J'apprendrai.* Toute ma vie a été cette lutte, où je fus tantôt défaite, terrassée par les premières relations sexuelles, la grossesse ou le petit âge de mes enfants, tantôt renaissante. Et dès le début de ma vie amoureuse apparaît l'autre plaie de mon existence, le syndrome de la femme du capitaine : *Et l'attente reprit.*

Durant tout le lundi, je me sentis écrasée par la laideur et la médiocrité ambiantes, traçant des parallèles entre lui et mes camarades de classe. Je refusais de penser à autre chose qu'à lui et me sentais coupable dès que son nom ne battait plus dans mon cœur, ne coulait plus dans mes veines. J'oscillais entre la mélancolie et la colère, comprimant des sanglots et réprimant des tremblements. Je retournai à la maison, tout à fait désespérée, ne sachant quand je le reverrais. Je passai chez lui, il n'y était pas. Je mis ma lettre bleue bien en vue sur son bureau et traçai au feutre : HELP ! On entrait dans le presbytère comme dans un moulin, et la rue Saint-Claude est tout près de la rue de Bretagne, ce qui fut un encouragement à mes démarches amoureuses. *Pour que le sommeil vînt, je me promis de l'appeler le lendemain matin, très tôt. Je me trouvais très gênée en le relançant ainsi, mais il parut l'être autant que moi. Sa voix était dolente, comme s'il venait juste de se réveiller, un peu plaintive aussi. Mais ce qui importait, c'était de le revoir l'après-midi même. Je me souviens de son accueil distant, de ses commentaires sur ma lettre, commentaires mesurés qui écartaient mon débordement d'enthousiasme pour ne retenir que les paroles sages qui m'avaient échappé. J'étais cruellement déçue, un peu humiliée peut-être et je me sentis agressive. Je lui reprochai assez naïvement de me laisser avancer vers lui et de se dérober. Puis fatiguée par mon agressivité, je lui expliquai ma conception « orientale » de la féminité, le besoin de soumission qu'éprouvait ma nature de colère. J'en avais assez de rencontrer des faibles et de devoir jouer les Amazones, moi qui me sentais l'âme infiniment plus voluptueuse de l'esclave. C'était un appel impudique à son potentiel de domination.* Je savais bien que j'aurais honte en me relisant, et c'est d'autant plus mortifiant que je le fais à voix haute.

De retour rue Saint-Claude, nous prîmes nos emplois du temps pour les faire concorder. Absorbée par cette tâche, je n'en remarquai pas le saugrenu. Je ne connaissais Pierre que depuis quelques jours et je n'hésitais pas à recenser le nombre d'après-midis que je pourrais passer en sa compagnie. Ce n'est que dans l'escalier, quand Pierre s'exclama : « Tout ça me paraît un peu dément », que j'éclatai de rire. J'étais heureuse que ce fût loufoque et mystérieux.

Je n'allais plus que rarement en classe, passant mon temps avec lui dans sa chambre ou à la bibliothèque,

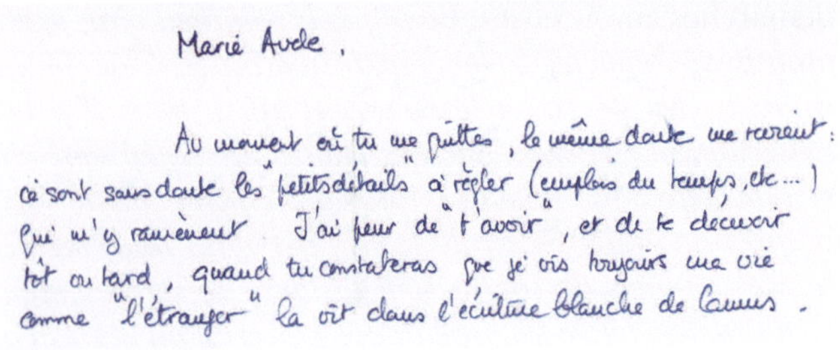

Marie Aude,

Au moment où tu me quittes, le même doute me revient : ce sont sans doute les "petits détails" à régler (emplois du temps, etc...) qui m'y ramènent. J'ai peur de "t'avoir", et de te décevoir tôt ou tard, quand tu constateras que je vis toujours ma vie comme "l'étranger" la vit dans l'écriture blanche de Camus.

le suivant à ses cours d'économie ou de statistiques. Nous mangions parfois ensemble, nous faisions nos courses, nous nous promenions au Luxembourg et surtout nous nous taisions. Je ne voulais pas savoir ce que je vivais, y mettre un nom, par peur de me tromper et être ridicule ensuite. Nous nous regardions jusqu'à en perdre la notion du temps et nous nous taisions. Un soir, avant de m'endormir, je me suis dit : « Peut-être je ne l'aime pas mais tant pis, ce sera lui. Je ne veux pas briser l'élan qui me pousse vers lui. Lui ou personne. » Est-ce que cela ne ressemble pas au « Me voici » de ma mère ? *Dès lors, je ne voulus plus savoir ce que disait mon cœur. Ma volonté avait décidé pour toujours et je m'en sentis soulagée. Mais il fallait qu'il m'aime. Or, j'avais un rival bien singulier : Dieu. Je ne savais pas ce qui se passait en Pierre ni ce qu'il avait choisi : économiste ou séminariste ? J'avais peur de lui faire trahir une vocation. Mais il me fallait être aimée puisque j'avais décidé d'aimer. Devais-je être jalouse de Dieu ? En tout cas, j'étais résolue au combat et avec la seule arme qu'on m'ait donnée : la séduction.*

Je réussis sans doute au-delà de mes espérances puisqu'un jour, *alors que j'étais assise dans ce damné fauteuil rouge, il se tint debout devant moi, le regard chargé d'attente. Il étendit les bras vers moi et m'arracha à mon fauteuil en disant avec une douce brutalité : « Viens. » Je me retrouvai contre lui sans savoir comment. Je crois que j'avais peur et que je le détestais. Je pleurais, je le repoussai puis le serrai contre moi en broyant son épaule. Je balbutiai en secouant la tête : « Non, non », puis : « Laisse-moi » et je m'effondrai dans le fauteuil. « Je suis trop petite, je ne sais pas », dis-je. « Moi aussi, je suis petit », me répondit-il. Je voulus sortir car cette chambre m'oppressait. Et nous avons marché... Nous avions l'habitude de faire des kilomètres côte à côte, silencieux, mais cette fois, avec un pauvre sourire qui se voulait insouciant, je me forçai à lui prendre le bras. Cela ne me fit rien, ni étonnement, ni gêne, ni plaisir. Je ne savais pas si je devais être fière d'être à son côté. Je me demandais s'il était beau, s'il n'était pas d'une taille inférieure à la mienne, et cela m'obséda* (au point que je guettais le couple que nous renvoyait chaque vitrine de magasin). L'irruption d'un partenaire sexuel me met aux abois. Ma mère était prête quand elle dit « Me voici », je ne l'étais pas. Une lettre adressée à « mon petit frère » (ce dont Pierre se moquera en m'appelant « ma sœur ») arrive à décortiquer assez bien ce que je nomme mon « secret ».

1 m 76

Le tragique, c'est la contradiction qui noue ma personnalité. Je me sens animal, et je viens me frotter contre toi pour réclamer une caresse. Plus mon corps est lourd et heureux, plus mon puritanisme s'exacerbe et plus mon âme est loin par-dessus les toits. Curieuse image qui renvoie à la photographie de ma mère au septième ciel. Mais ce que je vis est d'une autre nature, j'essaie de m'échapper, de fuir *la tension entre ce haut et ce bas qui tend mon être jusqu'à lui faire mal. Actuellement, je ne supporte pas la moindre trivialité, le plus léger laisser-aller. Les seuls mots d'acte sexuel me font frémir. L'idée de la maternité que je respectais infiniment me fait horreur. Une plaisanterie grossière me donne envie de pleurer. Ce n'est plus du puritanisme, c'est de la pudibonderie (le mot est aussi ridicule que sa signification). (...) Tu es responsable d'une petite fille qui refuse d'être femme. Tu peux tout sur moi si tu ne demandes rien. Tu peux prendre. Mais si tu étouffes la petite fille, il restera dans la femme un fond d'amertume, peut-être de haine. Évidemment il est lâche de t'imposer mes contradictions et de te laisser te débrouiller. Il me semble que ce sont des histoires « pas de mon âge » que je comprends assez mal. Je m'accroche à ma naïveté, à ma candeur. Elles ont un doux parfum d'enfance.* Ce à quoi mon apprenti curé me répond : *Je suis un homme, du moins je le deviens.* Sans regretter ses gestes (*comment le pourrais-je ?!* s'écrie-t-il entre parenthèses), il se dit qu'il va un peu vite en besogne, pas en se servant de cette expression, bien sûr, mais : *inventons le jeu dialectique de l'esprit et du corps.* Voilà de quoi me rassurer.

Je ne sais combien de jours s'écoulèrent ainsi. Je le suivais comme son ombre, un livre à la main, me mettant dans un coin sans parler, le suivant à ses cours, manquant de plus en plus au lycée. Mon secret m'étouffait et ma joie était tout endolorie. Je vécus ainsi isolée du monde, je ne voyais plus que ses yeux. Mon cœur se rétrécissait. Pierre était devenu mon univers, mon horizon, mon idéal, mon Dieu. Je devins la prêtresse d'une nouvelle religion. L'amour est mysticisme et contemplation. Je ne pouvais que penser à lui, et encore « penser » est un verbe un peu trop actif pour mon état d'hébétude. Il était en moi, il était moi et je refusais d'exister par moi, pour moi. Répétant 100 fois son nom, gravant ses initiales dans le bois des tables, je passais mes journées à l'ensorceler. C'était un philtre d'amour que je devais lui faire boire goutte à goutte. Cesser mes pratiques magiques, c'était le perdre. Une prière démoniaque palpitait en moi à chaque seconde. Elle mourait à la nuit pour renaître au soleil. Partout où j'allais, j'emportais ce tourbillon de noirceur, ce flot de passion souffrante, cette psalmodie, ces invocations au nouveau Dieu. Parfois, je croyais qu'il m'aimait et cela me faisait peur. Parfois, je croyais que je l'aimais et je ne savais si c'était pour l'éternité ou si j'étais trop jeune pour supporter le poids de cet amour-à-jamais. Cela me paraissait invraisemblable de vivre le seul amour à 17 ans et cela m'était insupportable de penser qu'il pouvait avoir une fin. Je ne suis capable que d'absolu, mais choisir à 17 ans... D'ailleurs, fallait-il choisir ? Nous nous taisions toujours, cela faisait monter la colère en moi. Que voulait dire ce silence ? Nous marchions. Je me sentais frustrée quand je ne lui prenais pas le bras mais je n'étais pas très heureuse quand je le faisais. J'étais gênée en regardant les couples et leurs attitudes stéréotypées. La haine de ce qui est commun me faisait rejeter « leur » amour. J'étais contente de ce que le nôtre fût hors la loi, contente de n'avoir que 17 ans et que Pierre soit déchiré entre ses choix. J'aurais voulu que ce fût encore plus dramatique. Il me semblait que jamais je ne pourrais recommencer à vivre quotidiennement. Je ne comprenais pas que des amoureux passent des examens, aillent au bureau, s'amusent avec des amis. On est amoureux et rien d'autre. Impossible d'être amoureux et étudiant ou fonctionnaire. Amoureux, c'est un état, c'est un métier, une vocation, une nouvelle nature, une deuxième naissance. Il faisait soleil et nous marchions dans la tiédeur du printemps sous un ciel bleu. J'étais ce soleil et ce printemps, sans mots, sans phrases. Un néant d'amour.

Je me souviens que le portier un peu simplet des Magasins réunis, qui nous avait repérés, chantait sur notre passage : « Dansons joue contre joue... » Puis le curé de la paroisse, me croisant dans l'escalier du presbytère, un sachet de croissants à la main, me demanda si je dormais là. Notre secret prenait eau.

Je passai voir Gilles au « grenier ». C'est un ami avec lequel j'ai parlé plusieurs heures au cours de cette année. Un véritable ami, mais que je redoutais comme les autres adultes. Il avait une réunion car il est aumônier de lycée. J'écoutai les filles qui étaient présentes mais je restai silencieuse – on s'habitue vite au refuge du silence – la tête dans les nuages, le corps bien fatigué se faisant léger. Au moment où j'allais partir, Gilles s'informa de ma santé : « Tu es toute pâle », et il y mit une telle intonation que je me crus devinée. Je me démasquai tout de suite : « Une rencontre », dis-je. J'en parlai le moins possible en guettant sa réaction de grande personne. Il ouvrit ses grands yeux clairs, il eut un joyeux sourire et dit simplement : « Je suis heureux pour toi » et m'embrassant : « Ne plane pas trop. » Je repartis à la fois sereine et troublée. Il avait bien accueilli ma confidence, trop bien peut-être. Il avait paru peu surpris comme si cela devait m'arriver, étant donné ma nature, et lui n'avait pas hésité à parler d'amour.

« Où en sommes-nous ? » me demanda Pierre, un jeudi. Nous n'avions pas à notre disposition ces petites phrases idiotes, mais bien commodes, des jeunes gens d'aujourd'hui : « On est ensemble » ou « Je sors avec lui ». Nous voulions faire comprendre à nos amis qu'il y avait quelque chose entre nous, sans rien afficher. Nous eûmes une première occasion lors d'un week-end à la campagne. Notre communauté était invitée dans la résidence secondaire d'un couple de cathos. Nous passâmes la nuit dans une grange tous ensemble, et mon principal tourment fut d'aller faire pipi sans que personne, et surtout Pierre, n'en sache rien. Nombre de comportements incompréhensibles ou prétendument mystérieux ne sont que la conséquence de ce genre de trivialités. Ma loufoquerie ou mes provocations n'étaient souvent que le masque de ma timidité ou la traduction de mes complexes. Ainsi, lorsque nous nous retrouvâmes tous au bord de la mer, quelques-uns d'entre nous, se déchaussant et remontant le bas du pantalon, goûtèrent la fraîcheur de l'eau. Pour ma part, j'entrai dans l'eau avec mes bottes… parce que je n'aurais pas supporté que Pierre vît mes pieds nus.

Puisque nous sortions de la clandestinité, il fallait nous mettre en règle avec les « gens ». *Ils allaient m'accabler de conseils, me condamner à mettre un nom sur chaque chose, exiger des garanties, des engagements, des promesses. Ils allaient nous confiner dans le rôle des jeunes-gens-amoureux-qui-prennent-le-temps-de-se-connaître et je ne savais pas ce que nous étions. Pierre eut l'idée de se présenter à mes parents sous un prétexte quelconque, un livre à prendre ou un renseignement à demander. Je pensai tout de suite au jeune homme qui vient faire sa demande en gants blancs et je trouvai la démarche absurde. Pourtant, il fallait en finir avec ce jeu perpétuel, ce mensonge qui me mettait à bout de nerfs, creusait mes joues et cernait mes yeux.* Pierre passa rue de Bretagne « sous un prétexte quelconque » et maman fut si peu dupe que c'est là qu'elle me glissa à l'oreille : « Ça me fait revivre ma jeunesse », ce qui m'épouvanta.

Estourbis par ce qui nous arrivait, Pierre et moi n'avions encore rien appris de ce qu'est l'amour. Nos corps étaient vierges et nous allions découvrir notre sexualité sous le contrôle de la société. Comme s'en était inquiétée auprès de maman la marchande de chaussures qui nous avait vus passer main dans la main devant son magasin : « Est-ce que c'est pour le bon motif ? »

La présentation plus officielle de Pierre à ma famille un mardi d'avril provoqua quelques remous. Mon père déclara : « S'il touche à ma fille, je lui casse la gueule », à quoi maman répondit : « Ces choses-là se font à deux. » Dès la semaine suivante, devinant les visées de ma mère sur ce pauvre jeune homme qui avait franchi le seuil de notre maison, Lorris l'appela « le mongendre ». Le 6 mai, jour de mes 18 ans, Pierre vint rue de Bretagne, un bouquet de roses rouges à la main. « Amour-passion », commenta maman. Tout trouvait un nom, c'était effarant.

« Le mariage, c'est l'histoire d'un jeune homme et d'une jeune fille qui cueillent une fleur et reçoivent une avalanche sur la tête. » Bernard Shaw

*

La fin des classes nous sépara, Pierre et moi, et je dus traîner ma langueur amoureuse sur les routes de France, coincée entre mes parents, Elvire et Narcisse. Pierre, ayant parlé de moi dans une lettre à ses parents, sa mère le traita de bourreau des cœurs par retour du courrier, puis voulut savoir :

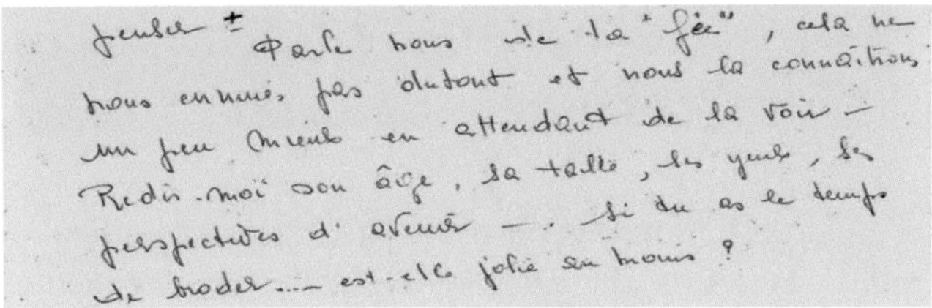
Jeudi – Parle nous de la "fée", cela ne nous ennuie pas du tout et nous la connaîtrons un peu mieux en attendant de la voir — Redis-moi son âge, sa taille, ses yeux, ses perspectives d'avenir — Si tu as le temps de broder... est-elle jolie au moins ?

« Parle-nous de ta "fée" (...). Est-elle jolie au moins ? »

Je fus présentée à la famille de Pierre le 19 juillet, ce dont je fais à ma mère le compte rendu dès le lendemain. *Le premier choc est passé. J'ai vu la famille au grand complet hier midi pour le déjeuner d'anniversaire* (celui de Pierre qui fête ses 22 ans). *Pierre était ému, moi, un peu empotée. Il avait bien préparé le terrain. J'ai une solide réputation de Parisienne et la maman veut à tout prix que je sois difficile du point de vue nourriture, logement, confort, etc. Et plus je me défends, moins on me croit. Pierre a dû insister sur mon côté petite fille gâtée.* Les parents de

Pierre me reçurent dans une ferme qui leur appartenait, mais qu'ils louaient pour l'essentiel à un paysan, se réservant deux pièces pour leur usage en été.

C'était en Charente-Maritime, à Cozes, au milieu de nulle part, dans une campagne plate et désolée. Qu'on imagine la petite chatte blanche que j'étais, à laquelle des inconnus, monsieur et madame Jacques et Micheline Robert, offrirent un lit dans la pièce commune, un paravent pour me protéger des regards quand je ferai mes ablutions à l'eau froide du robinet, et des cabinets de plein air, derrière un tas de purin, pour satisfaire mes besoins naturels. La nuit, j'avais droit à un seau en faïence, où on aurait pu compter le nombre de gouttes de pipi par le bruit qu'elles faisaient.

La maman n'est pas désagréable à regarder. Elle a des yeux un peu voilés parfois émus et émouvants, une voix un peu cassante, une gentillesse légèrement envahissante et une tyrannie dans les façons qui m'exaspèrent un peu.

Je multiplie désespérément les « un peu », sans doute étonnée de ne pas avoir été accueillie par des hourras d'enthousiasme.

Jacques et Micheline, mes futurs beaux-parents, ne s'étaient pas remis du malheur d'avoir perdu leur fils aîné. Pierre avait évoqué ce drame dès notre premier tête-à-tête, mais je n'avais pas compris grand-chose. Christian était-il mort noyé, étranglé, assassiné, suicidé ?

Le 31 mars 1963, par un dimanche froid et ensoleillé, le jeune Pierre, 12 ans, ouvrit la porte à un gros policier rubicond, embarrassé de lui-même autant que de la nouvelle dont il était porteur : un corps avait été retiré de la Charente par un pêcheur. Rien ne l'identifiait, à l'exception d'un mouchoir brodé avec la lettre C. Et quelqu'un avait rapproché cette initiale du prénom d'un jeune homme qui avait disparu depuis deux semaines. Disparu depuis ce samedi où sa mère, entrant dans la chambre des deux frères comme d'habitude à 7 heures du matin, avait découvert à la place de l'aîné un polochon glissé sous les couvertures. Pierre fut le dernier témoin à avoir vu Christian en vie.

La veille de sa fugue, le jeune homme mit dans son sac de sport quelques affaires tirées d'un placard, ainsi qu'un poste de radio et le roman *Bonjour tristesse* de Françoise Sagan. « Tu as gym demain ? » questionna le cadet qui, d'ordinaire, ne se mêlait pas de la vie de ce frère un peu lointain. Soutenant étrangement le regard de l'enfant, Christian ne le démentit pas, mais Pierre sentit la gêne, le malaise qui plana sur eux deux. Ce n'est que le lendemain matin qu'il comprit ce que son frère avait fait. Une fois la maison plongée dans le sommeil, Christian avait descendu l'escalier sur la pointe des pieds, puis il était parti au volant de la voiture familiale toute neuve pour une destination connue de lui seul. Laissant derrière lui un grand X barrant fermement la date du vendredi 15 mars sur un bloc-éphéméride dont il ne tournerait plus les pages.

L'autopsie révéla que Christian avait avalé de nombreux somnifères, non dissous dans l'estomac au moment du décès. Il n'avait pas d'eau dans les poumons, preuve qu'il n'était pas mort de noyade, et il portait les marques d'une strangulation, peut-être due à sa cravate. L'affaire fut classée, mais non résolue. La voiture ne fut jamais retrouvée.

Aux dires de Pierre, à partir d'avril 1963, la maison d'Angoulême se transforma en cénotaphe. Dans chaque pièce ou presque, la mère plaça une photo du frère mort, toujours la même, une photo d'identité qu'elle avait fait agrandir. La chambre des garçons resta à l'identique, et Pierre voyait tous les jours l'éphéméride barrée au vendredi 15 mars 1963. Le temps s'était arrêté. Tel était le fils rescapé qu'il m'était donné d'aimer. Je crois que sa mère l'eût préféré curé.

*

À la rentrée de septembre, j'étais toujours élève de classe préparatoire mais, comme je l'écris dans mon journal, j'avais pris du galon. *Le statut de fiancée me donne une assurance vis-à-vis d'autrui, une assurance de propriétaire. J'ai un homme. Je ne crains plus ses semblables. Celui d'épouse est encore plus enviable de ce point de vue. Je me sentirai plus forte d'être deux en un. Et fière aussi. Il y a une sotte vanité à être et paraître aimée. Les couples vont à la parade.* Chaque fois que je pousse l'analyse, je prends conscience de ma naïveté. De ma connerie, en fait. *Son corps est un peu étonnant pour mon innocence, mais sa nudité à la réflexion ne m'effraie pas. La pudeur s'efface avec la honte. Quelle force en moi quand son corps écrase le mien. J'ai besoin de ce poids étouffant mes colères, ma haine, mon ennui, écrasant ma petitesse. J'espère qu'il y a dans l'acte d'amour une véritable authenticité. La Bible dit : connaître. Est-ce un acte de connaissance, connaissance pure sans mots ? J'espère qu'il y a dans l'acte d'amour un anéantissement du trop humain* (Dragon a compris : « du troupeau humain »), *est-ce un pas vers Dieu ou une chute vers la bête ?* Dans une note en marge, il y a ce commentaire écrit vingt jours plus tard : *N'exagère pas, tu as encore peur de ton corps, tu en as encore honte et le sien t'a déconcertée. Tu osais à peine le regarder.*

Dans mon cahier, à la date du 18 septembre, je passe en mémoire les quelques jours d'été que j'ai vécus avec Pierre à Angoulême sous la surveillance de sa famille. Rue de Montmoreau, tout en haut de la maison, dans sa chambre de jeune homme, Pierre me fit écouter les chansons de Barbara, que dévidaient les grosses bobines d'un magnétophone, « est-ce la main de Dieu et celle du Malin qui, un jour, s'unissant, ont croisé nos chemins », il alluma une bougie noire, « est-ce l'un, est-ce l'autre ?

Vraiment je ne sais pas, mais pour cet amour-là, merci et chapeau bas ». Je lui lus à haute voix *Hérodias* de Flaubert pour qu'il comprît que l'amour des mots me faisait pleurer. À l'heure du repas, nous descendîmes furtivement l'escalier, et la maman de Pierre nous accueillit en bas, les lèvres pincées : « La faim fait sortir le loup du bois. » Mais c'est dans le village de Courcoury, sous le toit de la grand-mère paternelle, Grand-mère Thérèse, une aimable sorcière au nez crochu, une ancienne pécheresse qui avait eu Jacques pour enfant de l'amour, c'est chez elle, mi-sourde, mi-aveugle, ce qui faisait bien nos affaires, que nous nous trouvâmes pour la première fois, Pierre et moi, dans un même grand lit, au sommier grinçant.

Je repense à son odeur, cette odeur que j'avais dans la bouche au lever du soleil et qui m'est restée dans la tête, odeur sucrée, un peu écœurante que j'ai appris à aimer. J'aime à me souvenir du sourire qu'il avait ce jour-là, un sourire d'enfant qui fait des bêtises, à la fois complice et victorieux. J'aime à entendre de temps en temps les gémissements qui lui échappaient, celui d'un désir qu'on approfondit mais sans le contenter. Toute la journée, j'avais gardé la chaleur de ma fatigue, la fièvre de ma découverte et l'empreinte de son corps. Je me suis dit une phrase étrange cette nuit-là : « La chair de femme lui va bien » et c'est vrai que dans la pénombre, son corps mat s'harmonisait bien à la teinte blanche de ma peau. Et plus qu'une harmonie de couleurs, je crois qu'il y avait une harmonie de formes. La femme a bien été faite pour l'homme et cette femme-là pour cet homme-ci. J'ai osé penser que nous avions été créés ensemble. Mais dans la marge, j'ai écrit ce commentaire : *Je recouvre tout de mon lyrisme et pourtant, je ne sais pourquoi aujourd'hui, 25 septembre, je me donne la souffrance de me souvenir lucidement. Ce jour-là, l'épanouissement du corps avoisinait le dégoût, non pas le dégoût, mais une sorte de peur. Je me suis dit : je ne comprends pas sa façon de m'aimer. J'ai même craint qu'elle ne fût anormale. Je n'ai pas osé le lui dire mais j'ai répété plusieurs fois : « Je ne comprends pas. — Qu'est-ce que tu ne comprends pas ? » Eh bien, c'était ton désir de me voir, nue, debout, à la lumière, c'était ton inlassable insistance à me caresser, et je me suis même dit : « peloter ». C'étaient tes mots, c'étaient tes gestes qui glorifiaient mon corps, mes seins, mes cuisses, ma « croupe » et qui me blessaient. Seules l'excitation et une sorte de langueur m'ont empêchée de pleurer.*

Il y a sans cesse en moi un mouvement de balancier, une poétisation de mes découvertes sexuelles, puis la volonté de me dessiller. Je ne savais rien du fonctionnement de mon corps, et de l'anatomie masculine je ne connaissais que la statuaire grecque. Maman m'avait fait lire *Clara d'Ellébeuse* de Francis Jammes, où l'héroïne meurt de honte littéralement parce qu'elle se croit enceinte d'avoir été embrassée. On voulait me faire rire d'Agnès qui pense que les enfants se font par l'oreille et du petit Pagnol qui s'imagine qu'on déboutonne le nombril pour les faire sortir. Mais je n'étais pas tellement plus avancée que Clara, Marcel et Agnès. J'avais deviné qu'entre le moment où le monsieur et la dame se mettent au lit et celui où la dame accouche d'un bébé, il y a « des gestes à faire ». Mais lesquels ? J'ai cherché au hasard des livres dans la bibliothèque de mon père, avec une intuition de plus en plus sûre au fur et à mesure que je grandissais. *L'Art d'aimer* d'Ovide, le *Satiricon* de

Pétrone, *Les Égarements du cœur et de l'esprit* de Crébillon fils, que maman vint reprendre à mon chevet, *L'Ingénue libertine* de Colette, que je lus en terminale, sans comprendre en quoi consistait sa quête de l'orgasme. Quand je rencontrai Pierre, j'en étais encore réduite à chercher mes informations dans *L'Amant de lady Chatterley*. Il m'en est resté une image, celle de la « battue phallique » du garde-chasse et de la lady, à poil sous la pluie, qui me fit penser qu'elle allait s'enrhumer. Que je m'interdise de comprendre ou que tous ces ouvrages ne vaillent pas un bon croquis, je ne voyais toujours pas en quoi consistaient les « gestes à faire », ni l'effet qu'ils produiraient sur moi. La jouissance, mais c'est quoi ? Je ne la reliais pas à la masturbation, qui m'était familière depuis la petite enfance. La jouissance, ce devait être à l'intérieur de soi quelque chose d'intermédiaire entre la déflagration et le feu d'artifice, non ? *Une seule chose échappe à mon intelligence : j'ai du mal à comprendre sa façon de m'aimer charnellement. J'ignore tout de l'amour, vraiment. Je saisis la signification de certains gestes, mettons pour parler d'une manière horrible, que je vois où il veut en venir. Mais parfois je ne comprends plus. Je ne sais pas ce qu'il peut ressentir à certains moments, pourquoi il agit ainsi. Tout à l'heure, il m'embrassait fougueusement. Nous étions sur le lit, la position horizontale nous devient très coutumière. Il m'embrassait en me faisant un peu mal, en ouvrant les lèvres comme pour me mordre. Je sentis ses dents contre mes lèvres, puis sa langue. Nos salives se mêlaient. J'entrouvris mes lèvres sous sa pression puis, le repoussant de la main, je me suis détournée légèrement. Je ne pensais pas qu'il agissait sciemment, mais par inattention ou du fait de l'incommodité de sa position. Mais il me dit : « Tu as peur ? » Ne comprenant pas à quoi il faisait allusion, je me mis à rire un peu craintivement pour sacrifier à mon rôle. Je compris qu'il agissait volontairement quand, après avoir recommencé, il me demanda : « Je te choque ? » Réalisant brusquement, je fis oui de la tête. Qui m'expliquera ce que cela signifie ? Parfois, je crois que tout est cause de mon ignorance et que son attitude est expliquée scientifiquement dans les livres spécialisés. Parfois – et c'est bien pis – je m'imagine qu'il est un peu pervers.* Je me demande si les premières expériences sexuelles des jeunes filles n'ont pas été de tout temps traumatiques. N'ai-je pas lu dans la correspondance de mon grand-père ce compliment cruel qu'il adresse à la petite Cécile : *C'est à ne pas croire, tes vers sont parfaits, un surtout est superbe : « Heureux de posséder ce qu'en vain je pleurais ». Ce vers est très bien, il exprime en une courte phrase et très adroitement nos 2 sentiments après l'acte d'amour.*

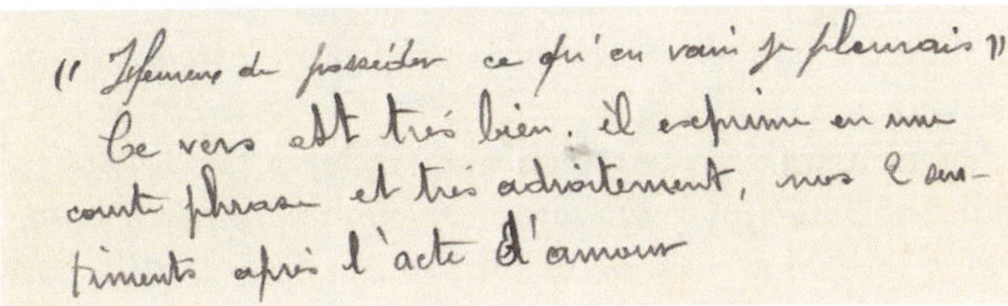
« Heureux de posséder ce qu'en vain je pleurais »
Ce vers est très bien, il exprime en une
courte phrase et très adroitement, nos 2 sen-
timents après l'acte d'amour

J'avais tout de même cette chance d'échanger avec un partenaire en qui j'avais toute confiance, comme le prouve cette lettre du mois d'août 1972. *Je dois te dire que le problème posé par la sexualité me tourmente de plus en plus et le peu que j'ai lu me découvre des abîmes d'ignorance qui m'effrayent moi-même. J'ai la tentation de rester dans ma naïveté mais comme je suis au bord d'un gouffre, je ne tarderai pas à avoir le vertige. Il fallait être parfaitement ignorante. Maintenant, j'en suis quitte pour tous les traités de sexologie qui me tomberont sous la main. Je n'ose même pas avoir recours à mes parents. Avoue qu'ils m'ont bien mal aidée et qu'ils ont beau avoir l'esprit large, leur fille n'en est pas moins une oie blanche. J'ai fini par avoir honte des questions que j'avais dans la tête en voyant leur gêne et leur façon de procéder par allusions.*

En ce qui concerne mon éducation sexuelle, maman m'avait munie d'un vade-mecum assez léger.

Les règles : « Chut ! Ton frère… »

La défloration : Une amie de maman a fini sa nuit de noces à l'hôpital, « déchirée ».

La vie conjugale : « Sois gentille. »

La contraception : « La cousine Germaine a eu quatre petits Oginos. La méthode n'est peut-être pas fiable. »

Le sexe : « On n'est pas obligé de faire ça toujours de la même façon » (conseil qui aurait pu rendre service à la cousine Germaine).

Je poursuis ma lettre en avouant que *J'ai même eu honte de mon ignorance en apercevant un sourire d'ironie condescendante de maman à je ne sais quelle gentille naïveté de petite fille. Mais elle se serait bien gardée de rectifier. Je lui en ai voulu et je me suis étranglée de fureur. J'ai toujours eu ce sentiment d'infériorité vis-à-vis des adultes, même les plus cons, qui, eux, « savaient ». Maintenant, je commence à être embarrassée par ma virginité. Tu comprends, ça n'est pas à la mode (tout au moins dans les livres parce que dans la vie…). Mais je ne vais tout de même pas faire l'amour pour être dans le coup. J'ai peur d'être traumatisée en fait de me décomplexer.* Une amie m'a confié récemment que, ayant atteint la vingtaine et toujours vierge dans une ambiance de campus post-soixante-huitarde, elle s'était crue « coincée » ou même anormale. Elle avait donc choisi parmi les étudiants un garçon ni trop laid ni trop viril et lui avait demandé de la dépuceler. Rendez-vous fut pris et la chose se fit. Une corvée de moins, conclut l'intéressée. Heureusement qu'il y a des gens qui aiment rendre service.

J'essaie de trouver *ça* drôle. C'est le choix que je fais pour surmonter ma gêne en écrivant ce chapitre. Trouver *ça* drôle. Mais j'ai arrêté de dicter à Dragon. Ce que j'ai écrit si courageusement à 18 ans, je voudrais que cela s'imprime sur mon écran d'ordinateur sans passer ni par ma main ni par ma voix. *Je voudrais me désolidariser de moi, de même que je me suis si souvent absentée de mon corps. Mercredi 18 octobre. Je me suis laissé dévêtir ce matin sans opposer de résistance avec une absence totale d'appréhension, d'émotion, de pudeur. À peine un peu de révolte quand j'ai compris qu'il voulait me dénuder tout à fait mais c'était plus par peur de prendre froid ou d'un certain ridicule. Son regard a retrouvé une innocence trouble si cette association de mots peut signifier quelque chose pour autrui ! Le fond du regard est clair mais le voile qui le recouvre est fangeux. (...) Moi aussi, j'ai ma façon de désirer ou de désirer être désirée. A-t-il compris ce que je lui ai dit ce matin : « Ma ligne de conduite, c'est de ne pas accepter mais de ne jamais refuser » ? Par moments, j'ai envie qu'il me jette sur le lit et me force à céder. De toute façon, s'il me veut un jour et chaque fois qu'il me voudra, il lui faudra me faire violence. Ce ne sera souvent qu'un simulacre mais qu'il n'attende jamais une invitation sur carte de visite. J'ai trop d'orgueil pour laisser paraître le moindre désir charnel. Ce n'est peut-être que le vieux préjugé de réserve féminine que j'habille de ce mot d'orgueil. Mais je ne crois pas : c'est la ruse suprême de ma folle vanité. (...) Voilà ce que je décide : faire graduellement comprendre à Pierre que j'ai soif de sa violence et qu'il lui faut se conduire en propriétaire. Mon corps lui appartient et je souhaite qu'il en dispose à sa guise en négligeant ma révolte. Ce que j'écris là est l'indice soit d'une grande inexpérience soit d'un héritage de féminité impressionnant, je ne sais encore. (...) Je lui ai dit : « Mon plaisir, c'est de t'aimer », mais j'aurais dû ajouter : « Mon bonheur, c'est ton plaisir » car j'ai une puissance de projection énorme qui me vient de l'enfance. J'ai eu l'habitude de vivre le plaisir charnel à travers l'homme.*

« Beaucoup de vos rôles sont venus de votre désir de combler les besoins de l'homme. » Otto Rank à Anaïs Nin

La femme était dans mes rêves « impurs » et pourtant équilibrants de l'adolescence un distributeur de plaisirs, un être tout juste bon à procurer volupté et alanguissement de la chair. Je n'ai donc « vécu » le désir et sa satisfaction que par l'homme et actuellement seul son plaisir m'importe. Moi, je deviens alors plusieurs : il y a un peu de moi qui s'identifie à Pierre, un peu de moi qui s'envole au-dessus des toits, et un corps, mon corps, le distributeur dont je parlais plus haut. Je suis effarée par ce que je lis. Je n'arrive même pas à savoir ce que j'en pense. J'écarquille les yeux. *« Le corps n'a pas de mémoire » selon Pierre et c'est heureux car le souvenir de tant de caresses et de baisers nous lasserait. (...) Ce que j'aime en lui dans ces instants, c'est son visage espiègle en même temps que rusé. Dans ce clair-obscur, ses yeux font une trouée dans sa figure comme une clairière dans la forêt, ils brillent de convoitise.*

Mais il restait sur la défensive. Comme je l'écris peu après : *Il refuse de me prendre et sans doute a-t-il raison.* Pierre prétextait que nous ne pouvions mener en secret une vie sexuelle d'adulte tout en dépendant matériellement de nos parents. C'eût été les tromper. Peut-être ses deux années de séminaire créaient-elles un léger blocage au moment de concrétiser ? Pas facile de commettre le péché de chair au-dessus de l'appartement de monsieur le curé.

Enfin, un après-midi, *agacée par je ne sais quelle remarque à table, je déclarai ma décision d'épouser Pierre en juillet. Après le repas, papa vint me parler avec un air ému que je lui connais et qui semble faire rougir ses yeux. Il me dit sans préambule que l'analyse après l'opération que maman a subie il y a quelque temps révélait un cancer du sein. Je balbutiai, affolée, et toute ma force de vie se brisa. Quand je fus un peu rassurée sur la curabilité de ce mal, je restai abasourdie face à ce grand mystère de la souffrance et de la mort, ce gouffre tout soudain sous mes pieds. J'eus honte de ce que ma tristesse fût mêlée de colère. Je me suis dit que ce mal permettait à maman d'exercer un chantage sur moi. « C'est pour cela que j'aurais voulu te garder encore un peu », m'a-t-elle dit. Me garder ? Je frissonne. À qui suis-je ? Qui peut me prendre, me garder ?* Repoussant toute pression et toute culpabilité, je m'entêtai. *Je veux épouser Pierre en juillet. C'est simple, cela devrait être simple. Eh bien non, il paraît que c'est impossible. Parce que ? Tu es petite, ma chérie. Tes études ne sont pas finies. Tu n'as pas d'appartement, de situation. Aucune ressource. Gare au gentil trouble-fête que sera le bébé ! Ton Pierre n'a pas fait son service. Moi, je réponds : j'ai 18 ans, c'est l'âge de l'absolu. Je vais les forcer à me laisser libre. Je ne travaille plus. Je ne mange plus. Je me couche et j'attends.*

Je ne réalisai que la première partie de mon programme, en sabordant mes études. N'allant presque plus en cours, je me contentais de rendre sporadiquement des devoirs, ce qui fournit au professeur de philosophie l'occasion de ce commentaire sur mon bulletin scolaire : « Comme le Dieu de Spinoza, je ne la connais que par ses œuvres. » Et j'obtins de mes parents une première concession : mes fiançailles avec Pierre le 7 janvier 1973. Mon père dessina notre faire-part proclamant :

Nos corps n'aspiraient à rien d'autre.

« Puissions-nous vivre ensemble la réunion des eaux. » *Vivre avec Pierre et vite. La nuit, je me suis tordue comme une danseuse orientale. J'en ai assez de dormir sans son corps près du mien, assez de ces soirées gâchées à l'heure où je m'éveille. C'est pour cela que je veux l'épouser vite. Deux mois, deux mois et demi. C'est tout ce que je peux supporter. J'ai affolé tout le monde, sans doute aussi blessé. Mais s'ils ne comprennent pas ce que je ressens, ce n'est pas la peine que je m'intéresse à leurs jérémiades. Mais ils comprendront, ils comprennent. Oh, je n'y coupe pas de mille conseils et avertissements. Je sais que dans le fond ils ont raison. Mais que m'importe, à moi, d'avoir tort ? Un mariage raisonnable ne suffit pas à me donner de l'enthousiasme. Il me faut quelque chose d'un peu fou, de précipité. Un peu de stupeur et un tourbillon.* Pour obtenir ce mariage précipité, je me fis stratège amoureuse et me mis en tête de devenir la « maîtresse » de Pierre, qui résistait encore. Ce mouvement de conquête qui convenait à ce que j'appelais ma nature amazone m'apparut vite dans sa réversibilité, la maîtresse étant en définitive celle qui appartient. *Je me répète ces mots avec volupté : « être à lui ». Ma nature de colère frissonne devant cette formule d'esclave. J'aspire à la captivité, pire, à la destruction non de ma personnalité, mais de mon vouloir. Il s'est avoué jaloux à contrecœur, j'en palpitais de joie. Moi ! Mais je rêve d'être séquestrée comme une Agnès. Qu'on me possède enfin ! Car je m'échappe à moi-même comme l'eau entre les doigts. Oh, mon enfance, comme je te reconnais. Je rêvais de torture, d'avilissement, d'emprisonnement. Étrange masochiste qui pourtant fait avec acharnement « la chasse au bonheur ».*

Pierre me reprocha qu'« avec ma manie de l'initiative je l'avais mené au plus bas ». Mots mystérieux pour moi, qui demeurais dans l'innocence. *Même à présent je ne comprends pas ce qui s'est passé, ce qu'il entendait par « jouir tout seul », il balbutiait « c'est mal, je ne veux pas » puis gémissait sous mes caresses et se laissait prendre d'un spasme, oui, je ne saurais mieux définir ce mouvement convulsif et rythmé qui me broyait. Que pouvais-je faire d'autre qu'observer et chercher à comprendre ?*

Dois-je continuer à dépouiller ce journal ou vais-je le refermer ? Maman m'a dit un jour qu'elle s'était

« bridée » en écrivant ses romans, à cause de ses enfants. Il y a quelques semaines, je participais à une table ronde à Lyon, où l'un des écrivains présents déclara qu'il s'était d'abord abstenu d'écrire certaines choses dans ses livres à cause de ses parents et qu'à présent c'était à cause de ses enfants ! Mais les parents, les enfants, ce sont des prétextes, des évitements. Mes parents sont morts et mes enfants sont grands. Je suis libre parce qu'ils le sont. La seule chose qui puisse me brider quand j'écris, c'est ma propre pudeur ou ma propre honte, comme on voudra l'appeler. J'ai débattu en moi-même : pourquoi évoquer les ratés des premières relations sexuelles ? Je le fais parce qu'on m'a dupée en me faisant croire que la jouissance allait de soi. Vois les films, les romans et les confidences de ta maman : les adultes sont tous performants ! C'est faire œuvre de salubrité publique, en tant qu'écrivain pour la jeunesse, que de dire : ben, moi, pas vraiment.

Donc, au mois de décembre 1972, après avoir pris avec moi-même la décision d'être la « maîtresse » de Pierre, il me restait à m'exécuter. Je savais désormais quels étaient « les gestes à faire ». Ma surprise fut que ce n'était plus Pierre qui résistait, c'était moi. *Ce qu'on appelle joliment la défloration est quelque peu douloureuse pour moi. L'impression ressentie est curieuse. La membrane semble aussi dure qu'un os et je m'attends à quelque chose comme un déchirement soudain, un jaillissement de sang… le voile du Temple qui s'ouvre. Cela ne m'effraie pas. La souffrance seule me retient. « Intellectuellement », cette pénétration douloureuse est plutôt… oserai-je le dire ? exaltante. Physiquement, il n'en va pas de même et quand je ne peux plus supporter la pression il faut bien que je gémisse. Je me demande si je ne voudrais pas qu'il n'en tienne pas compte. Bien sûr, dans l'instant, je me révolterais et voudrais le repousser. Mais « intellectuellement », cela serait tout à fait satisfaisant. Une manière de viol… J'en ai gardé une certaine souffrance toute la journée. Je me suis même demandé s'il n'y avait pas une espèce d'hémorragie. Je me voudrais plus stoïque.*

Mais cette consolation que j'essaie de m'apporter en intellectualisant ce qui m'arrive, je finis par me l'ôter, et je m'arrache les écailles des yeux. Un mois plus tard, je fais le récit exact du jour où Pierre *voulut me prendre, me fit un peu mal, mêla nos sueurs et m'écrasa d'un spasme. « Arrête ! » ai-je soufflé, la tête tout contre le mur, la respiration brisée. « Pourquoi ? » Il a fallu que j'accepte tout sans comprendre et en plus que je rassure Pierre. C'est moi qui l'ai pris dans mes bras, moi qui me sentais si désemparée avec toute la peur de l'ignorance et la pudeur… Et il a fallu rire. Après, la pénétration s'avérant douloureuse, je suis devenue anxieuse. Je l'ai repoussé. Il est vrai aussi que je souffrais à en crier, à le mordre.* Bon, je vais mettre un terme au supplice que je m'impose à recopier les phrases de mon cahier. En résumé, je dus consulter un gynécologue qui, après examen, déclara que j'étais bonne pour le service et m'envoya me faire foutre, au propre comme au figuré.

Mon corps finit par céder, mais l'ancienne blessure s'était rouverte. *Il est trop sûr de sa possession. Cela me révolte. Une image me poursuit. Nous étions, lui assis le dos au mur, moi entre ses jambes. Et il avait ses mains croisées sur mon ventre, elles couraient parfois sur ma peau. Il parlait paisiblement en plaisantant un peu ou commentant mes formes. Le fait même qu'il soit satisfait de mon corps ne me comble pas. J'ai l'impression de m'être vendue. Oh, en fait, je ne sais plus ce que je ressens. Un peu de dégoût pour la vie et puis de la colère. Celle de ne plus m'appartenir. Ni le corps ni l'âme, ni ma tristesse ni mes idées vagues. Il finit par tout posséder et il commente, s'amuse, considère avec intérêt, et moi, ça m'énerve. Ça m'énerve parce qu'un être, ça ne se discute pas, ça ne se possède pas. Il me sait déjà trop. Il cherche à me distraire quand je suis triste alors que je tiens à ma tristesse. Ou bien il m'embrasse et me serre trop fort et je ne veux pas céder à cette chaleur qui délaye ma colère. Ai-je livré mon secret ?* Qu'avais-je compris de ce secret ? Que ma nature rentre-dedans entrait en conflit ouvert avec mes fantasmes masochistes ? Que la part qui m'était dévolue dans la sexualité contredisait la fabulation dans laquelle j'avais grandi ? En bref, que je n'étais PAS un garçon. Voilà pourquoi, après un silence de quelques mois, ma rêverie reprit. Je repartis en Tsviétlanie pour vingt années de plus.

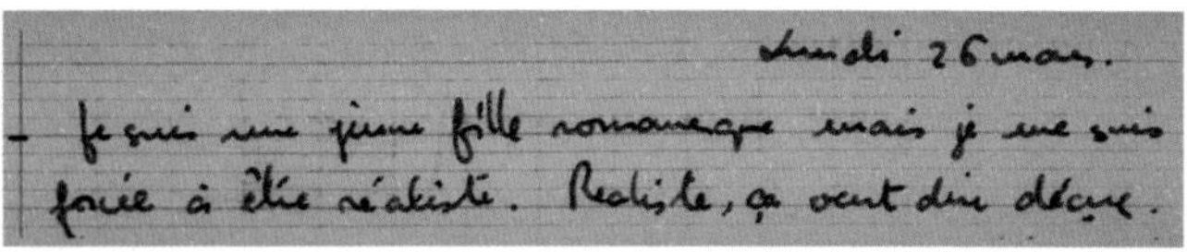
Lundi 26 mai.
Je suis une jeune fille romanesque mais je me suis forcée à être réaliste. Réaliste, ça veut dire déçue.

« Je suis une jeune fille romanesque
mais je me suis forcée à être réaliste.
Réaliste, ça veut dire déçue. »

Réaliste, pour Pierre, cela voulait dire gagner sa vie, ce à quoi il parvint en passant un concours et en devenant élève fonctionnaire de l'ENSAE. Réaliste, maman l'était aussi, et elle se rangea à l'avis de saint Paul pour qui « il vaut mieux se marier que brûler ».

*

Notre mariage eut lieu le 14 avril 1973, suivant de si près nos fiançailles que la marchande de chaussures prédit que j'allais avoir « un petit prématuré ». Mes parents, qui tiraient le diable par la queue, préparèrent eux-mêmes le cocktail qu'ils offrirent aux invités, rue de Bretagne, après la cérémonie, et Pierre entendit son père glisser à l'oreille de sa femme : « Y a pas d'argent dans cette maison. » Frimeurs d'artistes parisiens.

J'ai bien regardé cette photographie prise devant la bibliothèque de mon père. Cette petite mariée, que sa maman a apprêtée pour le sacrifice, anglaises et gants blancs, porte sur son visage les marques d'un combat récent. Du rhume aussi, à la réflexion.

Au moment de la séparation en fin de soirée, maman me recommanda de prendre soin de moi. Comme je lui répondis étourdiment et devant toute la société : « Oh, je n'ai plus rien à craindre », le farceur de service – le mari de la cousine Germaine – en profita pour ricaner : « Ah bon, vraiment ? » Sur le pas de la porte, prétextant que j'étais fiévreuse, j'émis le souhait de dormir à la maison. Maman sembla tomber des nues : la mariée qui veut passer la nuit de noces dans sa chambre d'enfant !

Tout ce que je pus obtenir, ce fut d'emporter mon oreiller sous le bras. Je n'aurais pu dormir sans. Mais je laissai Narcisse à ma sœur.

Je viens de parcourir *Les Égarements du cœur et de l'esprit* que j'avais trouvé dans les rayonnages haut placés de la bibliothèque de mon père, et que j'avais lu en espérant quelque révélation. Des phrases telles que : « Il m'importait peu que vous ne dissiez que vous m'aimiez », ou bien : « Il se peut que, sans avoir un dessein déterminé de me plaire, sans que moi-même je vous plusse » m'incitent à penser que les romans libertins durent surtout approfondir ma connaissance du subjonctif imparfait. M'eussent-ils parlé plus crûment de sexualité, qu'en eussé-je vraiment compris ? Le sexe n'est pas affaire de savoir, et il était normal qu'à Pierre je ré/pétasse : « Je ne comprends pas. » Il n'est pas nécessaire d'être Lacan ou le mari de la cousine Germaine pour s'apercevoir que, dès qu'on parle de sexualité, le langage n'est plus qu'un jeu de mots. Il faut trouver *ça* drôle.

« Je vais tomber dans mon dernier
trou de mémoire »

Gravure trouvée dans le dernier carnet de mon père.

Quand les gens me demandent ce que je fais en ce moment et que je tente de le leur expliquer, ils ont parfois un mouvement de recul comme si j'essayais de leur refiler une patate chaude. « Oh, moi, se récrient-ils, je n'ai pas de souvenirs ! » Après plus d'un an de travail sur ma mémoire, je sais pour ma part que c'est faux, mais que j'ai des trous. Les *abductees*, ces Américains qui pensent avoir été enlevés par des extraterrestres, appellent *missing time* ce trou inexpliqué dans leur emploi du temps qui correspond à leur enlèvement. J'ai souffert d'un *missing time* entre les années 1983 et 1986. Je me demande même si cette amnésie, au départ localisée, n'a pas gangrené ma mémoire au point que j'ai cru n'avoir rien gardé de mon passé.

*

Il pleuvait hier sur Bonny. Profitant d'une éclaircie, nous sommes allés nous promener sur une route de campagne, Pierre et moi. « Je suis tombé tout à l'heure sur un site qui explique la reproduction des escargots », m'a-t-il dit avec sa façon saugrenue de crever le silence pour parler des choses les plus improbables. Tout en l'écoutant me détailler les accouplements hermaphrodites au cours desquels les escargots s'échangent les rôles mâle et femelle, je riais sous cape. Je venais de relire ma seule pièce de théâtre, celle que j'écrivis en 1983, *Ni l'un ni l'autre*, portant en exergue cette citation de Platon : « Le mâle tirait son origine du soleil, la femelle de la terre, l'espèce mixte de la lune, qui participe de l'un et de l'autre. » « C'est assez compliqué, je n'ai pas tout compris », a conclu Pierre, à propos des escargots.

En 1983, j'approchais de la trentaine, j'avais un petit garçon, une thèse de lettres en Sorbonne, pas vraiment de métier. J'écrivais des histoires d'amour à 1 000 francs les 18 feuillets pour *Nous deux* et *Bonne soirée*. Schématiquement, il s'est passé ceci.

Un soir, de retour du bureau, Pierre m'a fait savoir qu'il était potentiellement amoureux de cette personne, peu recommandable, qu'on appelle « quelqu'un d'autre » dans *Nous deux* et *Bonne soirée*. J'ai eu envie de la tuer, de le tuer, de me tuer. Finalement, je suis tombée amoureuse d'une amie, elle-même mère de famille. Au bout de quelques semaines, faisant une nouvelle fois cette saisissante constatation que je n'ai pas de zizi, j'ai laissé Pierre conclure à ma place. Puis je suis tombée amoureuse d'un garçon homosexuel, qui était depuis longtemps amoureux de Pierre, mais qui s'est aperçu qu'il pouvait l'être aussi de moi. Les histoires d'amour à trois, c'est à peu près aussi compliqué que la reproduction des escargots et, en plus, ça ne marche pas. Le garçon homosexuel a préféré reprendre sa liberté en m'offrant en cadeau d'adieu le 45 tours de Cookie Dingler : « Être une femme libérée, tu sais, c'est pas si facile. » C'est là que les extraterrestres m'ont relâchée.

Dans quelle mesure ma pièce de théâtre est-elle un écho de celle que mon père écrivait en 1945 et dont il parlait en ces termes : *Le troisième acte sera très tendu, un duel à trois. Patrice, Vincent et Laurence. Patrice est un nouveau pédéraste, Vincent un ancien qui veut guérir Patrice tout en l'aimant et Laurence qui se débat entre les deux* ? Je n'ai pas lu cette pièce, qui a disparu des archives de mon père et dont mes parents, pour des raisons bien compréhensibles, ne m'ont jamais parlé. Or, ce troisième acte de *Lutte avec l'ange* pourrait être la description de mon troisième acte entre Claude, Charlie et Marie. *Ni l'un ni l'autre* met en scène l'impossibilité d'une relation entre un garçon bisexuel, Claude, un jeune homme impuissant, Charlie, et une jeune fille qui refuse sa féminité, Marie. Marie, mon avatar, est décrite comme suit : *Elle porte une chemise blanche à col*

cassé, une cravate de cuir noir. Ses cheveux très courts, son visage à nu en font un plausible petit garçon.

Comme j'avais développé une allergie aux rayons féminins des magasins, je portais des défroques masculines, la chemise à carreaux verts de mon frère aîné, dont je retournais les poignets, le nœud en cuir usagé de mon père, le blouson en peau du frère mort de Pierre.

Charlie est mon autre avatar. Il est écrivain ou tente de l'être, comme moi-même à l'époque, et il donne la réponse qui me semblait alors la seule possible à la question que lui pose Marie à l'acte I : « Pourquoi écris-tu ? »

CHARLIE

Pour avoir le droit d'exister. C'est la chose la plus difficile à obtenir. J'écris parce que la société admet que les artistes soient paranoïaques, agressifs, homosexuels, déprimés... J'écris pour avoir le statut d'artiste et le droit d'être bizarre. Si ce droit était reconnu exclusivement aux garçons bouchers ou bien aux marins-pêcheurs, je me ferais garçon boucher ou marin-pêcheur.

Après avoir mis un point final à ma pièce, je me suis demandé ce que j'allais pouvoir en faire. Je connaissais encore moins les milieux du théâtre que ceux de l'édition. Comme mes parents avaient récemment fait la connaissance d'un comédien du Français, poète, homosexuel, non prénommé Claude, je lui rendis visite, rue Rambuteau. Ayant lu ma pièce, il fit poliment référence à Harold Pinter, puis il me conseilla de fréquenter les boîtes pour lesbiennes, ce qui n'était pas d'un intérêt immédiat pour ma carrière de dramaturge. Je m'offris tout de même un *sightseeing* du Gay Paris, là où l'on drague, mange et danse entre soi, les bars à moustache, les night-clubs en débardeur, les fourrés au crépuscule, guidée par celui que j'appelais *Our mutual friend*, du titre de mon roman préféré de Dickens. Cet ami commun, nous le connaissions de longue date, Pierre et moi, puisqu'il avait été un des colocataires du presbytère de la rue Saint-Claude. Parfois, nous partions nous promener tous les trois dans les rues de Paris, moi entre eux deux, leur donnant le bras. Quand nous rentrions, fatigués, et que nous jetions deux matelas au sol comme font les enfants pour une pyjama-partie, je trouvais ça bien. J'aurais voulu aller plus loin, qu'on vive ensemble, que je porte un enfant pour notre ami qui, autrement, n'en aurait pas. J'avais l'esprit très ouvert, j'étais un peu dérangée peut-être. Mes camarades étaient plus timorés.

Après ma pièce de théâtre, j'écrivis ce qui devint mon premier livre, *Passage*, quelque chose entre le poème en prose et le journal intime. J'ai travesti les prénoms au moment de la publication, Pierre devenant Gilles et notre ami s'appelant, bien évidemment, Claude. Je l'ai feuilleté pour retrouver une chronologie des faits et j'ai accroché une date au passage.

MERCREDI 15 FÉVRIER

Mais de quelle année ? J'ai vérifié sur Internet. Il y a un mercredi 15 février en 1984, c'est le jour de la Saint-Claude. Ce jour-là, nous allâmes, Pierre et moi, au dispensaire de la Croix-Rouge, rue de Valois, pour faire une recherche de MST, éventuel cadeau de notre ami commun.

Mercredi 15 février. Dispensaire de la Croix-Rouge. J'aime beaucoup ces mots. C'est comme un catalogue des misères et des pauvretés. Il était beau, ce dispensaire de la rue de Valois, carrelé comme une cuisine, avec trois « Paris Match » sur une table basse, deux spots de lumière crue. Nous sommes nombreux. La salle est trop petite. Je devrai m'asseoir sur les genoux de Gilles. Il n'y a qu'une autre femme, les cheveux dans la figure, le geste égaré, le pull-over qui sort de la jupe. Nous hésitons à nous sourire. Nous savons tous pourquoi nous sommes là, parqués. Les dix premières minutes, j'éprouve l'angoisse d'une migrante à l'aéroport. (...) Il y a maintenant de jeunes garçons dans la salle d'attente. 16 ou 17 ans : ils n'ont pas fini leur croissance. Ils se font des petits bonjours de la main et des baisers mous dans le cou. Ils demandent à celui qui sort de la cabine : « Ça fait mal ? » L'infirmière, à qui j'épelle mon nom, peine à me croire mariée et mère d'un grand garçon, mais elle a des yeux doux qui s'amusent discrètement et une voix paisible qui appelle un chat un chat. « Donnez-moi votre bras... Serrez le poing... Ouvrez le poing... » Elle m'explique qu'on me fera une autre prise de sang dans trois semaines pour détecter une éventuelle syphilis. J'ai la carte 84 196. Je l'ai gardée au fond d'un vieux portefeuille, comme aurait fait ma grand-mère, pour ne pas oublier.

DISPENSAIRE C.R.F.
rue de Valois tél. : 261-30-04
N° de dossier 84196

Nous sommes passés au travers des mailles du sida, Pierre et moi. Trop petits poissons peut-être. Ou seulement chanceux. Notre voisin du dessous, rue Bréguet, est mort du sida, notre voisin d'à côté, rue de Charonne, est mort du sida. La Mort rôdait

dans nos quartiers. J'essaie de me tenir à distance de ce que j'écris, mais j'entends le clic d'angoisse dans ma gorge, celui qui se déclencha à l'époque. Depuis quelques jours, j'attends, pour travailler, que ma mémoire ait travaillé, et ce n'est pas de tout repos, je dors mal, je rêve trop. De temps en temps, je relis un petit bout de *Passage*. Au hasard, page 55.

> **Tu es pris entre mâle et femelle, tes fesses pressant en rythme le sexe de Gilles, ta bouche contre mes dents. Nos mains se promènent sur ton flanc, sur ton ventre, nos mains silencieuses, attentives au plaisir qu'elles donnent et qui parfois se rencontrent sur ton corps. Nous aimons t'avoir là, face et pile, entre nous. Tu te crispes, tu t'alanguis, tu protestes, tu abandonnes, tu marmonnes des bêtises :**
> **— Vous êtes beaux, tous les deux.**
> **Et tu te fais rabrouer :**

— Mais non, on est laids. Seulement, on est là.
Gilles coupe tes ailes aussitôt qu'elles te poussent.
— Il est romantique, dit-il de toi, avec un dédain affectueux.
Lui ne voudrait pour rien au monde alourdir son dandysme subtil, trahir l'énigme de ses yeux doux. Pour se défendre de toi, Claude, il se moque abruptement de tes approches, de ton désir.
— Tu ne sais rien. Il faut tout t'apprendre, dit-il.
— Quel con ! lui réponds-tu, il y a la moitié de ton corps qui ne sert à rien.
Vous vous querellez à qui est l'homme, à qui sait le mieux, à qui peut le plus. Je ris. Je ris, puis je m'écarte, car vous vous êtes saisis à bras-le-corps. Chacun essaie de terrasser l'autre. Vous vous injuriez, vous haletez puis vous vous laissez aller l'un sur l'autre, avec une grande claque sur les fesses.

Je marmonne « okay » en faisant la moue. Ce n'est pas moi, je ne me reconnais pas. Moi qui suis secrète et réservée. Moi qui suis gênée quand deux acteurs font l'amour sur grand écran. Un dernier effort, je tourne la page.

— Ça réchauffe, remarque Gilles.
Puis il bâille, s'étire, nous rapproche, toi et moi, s'esquive. Il s'amuse de ton embarras face à moi, il nous ajuste l'un à l'autre et grommelle :
— Il faut tout faire.
Enfin, il nous tourne le dos, constatant avec flegme :
— Je suis cocu, moi, dans l'affaire.

Encore est-ce drôle, ce n'est donc pas le pire. Le pire, c'est… où était-ce ? Voilà, page 48. *Dans la rue, nous marchons côte à côte, et sous un même joug. Notre mystérieuse gémellarité attire aisément les regards, regard de l'enfant et celui du passant. Nous sourions d'instinct comme si nous avions la drague dans le sang. Aimez-nous jusqu'à nous confondre. Dites-nous « vous êtes adorables » ou « vous êtes des voyous » de la même voix qui se rend. Aimez-nous, aimez le monstre qui veut être aimé, le monstre hermaphrodite.* Là, j'ai honte parce que c'est juste… juste ridicule.

Hier, dans la voiture qui me conduisait à Bonny, j'ai ouvert mon petit lecteur DVD, inséparable compagnon de mes voyages, et j'ai regardé l'épisode 21 du disque 5 de la saison 4 du *Mentalist*. Un jeune homosexuel y était brûlé vif, menotté au volant de sa voiture, dans une ruelle sombre où brillait une lumière « Entrée des artistes ». Poussant la porte, le mentaliste se retrouvait au beau milieu d'une boîte de drag-queens, ajustant leurs faux cils et leurs faux seins, ondulantes, soyeuses et pailletées. Je me serais faite toute petite dans un coin rien que pour les regarder et apprendre d'elles à narguer les regards, à s'en foutre de ce que les autres pensent.

— C'est quoi un pédé ?

Leurs têtes se rapprochent brusquement. Le petit garçon qui a posé la question a les sourcils froncés de curiosité. Il va enfin savoir ce que signifie cette insulte dont ils se gratifient si souvent. Ah, que j'aimerais connaître la définition ! Les têtes s'écartent. L'enfant a toujours les sourcils froncés, le visage plus crispé encore.

— Mais c'est quoi un pédé ? répète-t-il, dérouté.

— C'est quoi un « pédé-saxuel » ? m'a demandé mon fils.

Il y a toujours un monsieur aux idées larges, professeur de quelque chose quelque part, qui de toute façon a étudié le grec, pour expliquer aux béotiens que le pédéraste n'est pas l'homosexuel et que la racine « paidos »... Mais moi, je trouve : pédé, c'est bien. Pédé ! Ils nous le crachent en pleine figure. Pédé : comme on vomirait de la bile. Ils en ont la bouche amère. Si j'étais noir, j'aimerais le mot « nègre » et si j'étais juive, je penserais fièrement à la « youpine » au fond de moi. Pédé, c'est bien. On ne pourrait pas le mettre au féminin ?

Et là, dans la voiture, tout en cherchant le criminel, j'ai compris le sens des mots « Gay Pride » qui m'a toujours paru incompréhensible. A-t-on besoin d'être fier ? Mais si la fierté, c'est de la honte inversée ? Ne devrais-je pas retourner comme un gant la honte que j'éprouve à me relire et être fière de moi ? *« Be yourself ! »*, comme on dit dans les films hollywoodiens. C'est ce que j'ai fait pendant trois ans, vivant de coups de tête et d'impulsions, de bouffées de rage et de crises d'angoisse. C'était comme une psychanalyse à ciel ouvert.

De son côté, Pierre commença une analyse avec une psy lacanienne pur jus, ce qui me parut une très bonne chose pour lui, toujours plus ou moins mutique. J'imagine qu'il l'a briefée sur la reproduction des escargots. Quant à moi, j'avais une confiance totale dans le pouvoir guérisseur de ma machine à écrire et de mon Blanco. Je me disais : « Quoi qu'il m'arrive, je pourrai toujours l'écrire. »

Une douleur écrite est une douleur pansée.

Je sais que Claude n'apprécia pas d'être devenu pour moi un sujet d'écriture. C'est l'écueil de l'écriture autobiographique. On est amené, en parlant de soi, à parler des autres, le plus souvent sans leur consentement. C'est ce que je fais dans ce manuscrit, au risque de blesser des gens que j'aime. Moi-même, je ne supporte pas qu'on parle de moi à la troisième personne, encore moins qu'on écrive sur moi. Si je m'arroge le droit de faire à autrui ce que je ne souhaiterais pas qu'on me fît, c'est pour cette raison que je suis écrivain. Un peu maigre comme plaidoirie.

La rupture avec Claude n'eut pas la netteté chirurgicale qu'elle avait gardée dans mon souvenir. Son « adieu, je t'aime » qu'il m'écrivit sur un bristol était trop paradoxal pour que je m'en contente. Dans une lettre revenue en ma possession, je lui fais cette proposition de vivre, tantôt avec lui, tantôt avec Pierre, comme l'héroïne de *La Petite Hutte* d'André Roussin. Je ne sais comment je parvins à persuader Pierre d'acheter la petite hutte en question, en l'occurrence une chambre de bonne, boulevard Voltaire. Ma garçonnière ne me fut d'aucune utilité. C'était *a room of one's own* plus symbolique que je cherchais, moi qui étais passée à 18 ans du domicile familial au domicile conjugal, et du père à l'époux. Mais je ne l'ai trouvée ni dans le Paris gay, ni dans le lit des autres. Et pas davantage dans la petite hutte, aussi vite revendue qu'achetée. Alors, tout ça pour rien ? Pas tout à fait. Car il se produisit un dernier événement dans cette période. Je partis pour l'Angleterre, laissant derrière moi ma langue maternelle.

*

La chose se fit ainsi. Pierre apprit que le British Council offrait des bourses d'études à de jeunes diplômés parlant anglais, ayant un sujet d'étude approprié et quelques recommandations d'universitaires éminents. Je ne savais pas aligner deux phrases d'anglais et je ne connaissais qu'un chargé de TD en Sorbonne. Qu'à cela ne tienne, j'avais mon sujet : DICKENS ! Je réussis à m'introduire, je ne sais plus comment, au domicile d'un grand spécialiste dickensien, monsieur Monod, traducteur de son œuvre dans la Pléiade. Je débarquai chez lui en pleine réception de la Dickens Fellowship, vieux messieurs nostalgiques de la Merry England et demoiselles défraîchies, rêvant de porter des toilettes victoriennes. Monsieur Monod fut un peu déstabilisé par ma flamme pour le romancier anglais, que j'appelais *« my heavenly father »*, et guère convaincu par ma préférence affichée pour *Our Mutual Friend.* Je lui soutirai tout de même une lettre de recommandation et fus reçue au British Council, où j'emballai mon interlocuteur avec mon baragouinage enthousiaste. *Thanks God*, les Anglais sont sentimentaux ! C'est ainsi que, tel David Copperfield, je me retrouvai à Londres chez une logeuse de Prideaux Place. Puis, parachutée au Charles Dickens Museum, 48 Doughty Street, là où Dickens écrivit *Les Papiers posthumes du Pickwick Club*, j'éprouvai la surprise de ma vie en m'apercevant que les gens me prenaient au sérieux. Ce que j'ai raconté dans *Passage*.

July, the 13rd

Quand je parle, les grandes personnes m'écoutent. Elles ont même l'air attentif. « So, you are Madame Miouraille ? » On me présente monsieur le spécialiste, puis madame la directrice. Je bafouille, je brouillonne. « Oh, very interesting », disent-ils. Alors, ils n'ont pas vu ? Ils ne voient pas le petit lapin qui s'est blotti au fond de mon cœur comme au fond d'un terrier, le petit lapin affolé pour qui la chasse est ouverte. J'ai peur. J'ai envie de céder à la panique, de filer comme un lapin. « So, you are Madame Miouraille. Let me introduce you to Mr… who is a specialist… » Je suis au fond du terrier. Il n'y a pas d'issue. Je souris, j'acquiesce, j'accepte – le nom, le rôle, les répliques, la peur. La peur. Elle me traverse verticalement. Je la sens le long de ma trachée. Elle est mon fil à plomb. Ils me demandent ce que je veux. Demandent-ils leur chemin aux aveugles ? Je parle de démontrer les rapports de l'enfant à la métaphore, de faire la distinction entre Dickens écrivain de l'enfance et Dickens écrivain pour enfants, de faire une thèse en littérature comparée, de la… du… Oh, mon Dieu ! Ils me croient.

Cette thèse sur Dickens, je ne l'écrivis pas, la faute à Dickens. Durant mon séjour londonien, je me rendis par trois fois à l'abbaye de Westminster dans le coin des poètes, et devant la dalle sous laquelle Charles est enterré, je m'agenouillai. « Charles, fais-moi écrivain. » C'est ce que je lui ai demandé. Trois fois.

À mon retour d'Angleterre, ne sachant rien des milieux de l'édition, je remis le manuscrit de *Passage* à Fabienne Rubert, directrice de collection chez l'éditeur Pierre-Marcel Favre. C'était une amie d'amie qui, par amitié, promit de me lire. Au matin du 27 décembre 1984, revenant des courses avec mon petit garçon, je trouvai dans ma boîte aux lettres une carte postale représentant une porte fermée, et au dos, ce commentaire de l'écriture de Fabienne : *Cette porte s'ouvrira sur un nouvel auteur puisque Pierre-Marcel Favre a entériné mon choix.*

Je me suis toujours interdit de tirer trop de satisfaction du fait d'être publiée. Quand un de mes livres sort en librairie, j'en rajoute dans l'épouse-et-mère pour désarmer je ne sais quel Dieu qui n'aimerait pas les femmes écrivains. Je suis donc tombée enceinte peu après la sortie de *Passage*, et cette parution est devenue pour moi un non-événement. Quand le médecin m'a demandé pourquoi je souhaitais une interruption de grossesse, j'ai répondu : « Pour savoir ce qu'ont vécu d'autres femmes avant moi. » Il n'a pas apprécié, ce que je peux comprendre, mais je n'étais pas très loin de la vérité, de ma vérité. M'infliger un destin féminin au moment où j'essayais d'y échapper.

Où est passé l'Enfant merveilleux ?

J'ai eu trois enfants. En 1977, 1987 et 1994. Quelques années après la naissance du premier, prénommé Benjamin comme s'il était le dernier, j'ai pris des notes sur un cahier en le regardant grandir. Ces notes, une fois dactylographiées, sont devenues un manuscrit, *Le Sermon aux oiseaux*, que je n'ai jamais cherché à publier, et que j'associe à la chanson de Michel Legrand : « Où vont les ballons, les ballons rouges et ronds, lorsque les enfants ont cassé leurs ficelles ? » La cause en est sans doute cette anecdote.

La vendeuse de chaussures a offert à Benjamin un beau ballon rouge avec « André » écrit dessus. Toute la soirée, il a joué avec son beau ballon. Il le frappe d'un coup de tête, d'un coup de coude. On croirait qu'il danse sur la pointe des pieds une pavane amoureuse. Il est aussi rouge que son ballon. Au moment de se coucher, il pose le ballon rouge sur son lit, au milieu des peluches. « Maintenant, c'est un ami. Je le garderai toute ma vie. » Je regarde le ballon, un peu mal à l'aise. Pourquoi choisit-il un ami si fragile ? J'ai peur du jour où...

Fatalement, le jour est venu. Le ballon a éclaté. Benjamin s'est arrêté de danser, interloqué. Puis il a éclaté

à son tour en sanglots véhéments, se propageant jusqu'à moi comme une panique. Alors, j'ai crié, j'ai grondé, j'ai voulu le faire taire :

— Écoute, pour un ballon ! On en rachètera un...

— Non, c'était çui-là. Je ne veux pas que tu le jettes !

— Mais je ne veux pas le jeter. Les personnes vieillissent, on ne les jette pas. Tu avais un ballon neuf. Maintenant, tu as un vieux ballon.

Benjamin a déposé son ballon crevé dans une soucoupe. Épuisé par son chagrin, il m'a dit :

— Tu comprends, ce ballon, c'est tout ce que j'avais et que je n'ai plus. C'est tout ce que j'ai perdu.

Ballons, mes ballons perdus. Tous nos ballons d'enfant et nos bras vers eux tendus. Ballons échappés au bout de leur ficelle, seins donnés puis repris, ballons gorgés de sève maternelle, redescendez des cieux, suspendez vos tétines au-dessus de nos têtes, que s'y accrochent nos lèvres et nos dents, notre bouche d'enfant à tout jamais perdu !

Ce *Sermon aux oiseaux*, avec ses embardées lyriques et ses micro-observations à ras de bac à sable, me pose quelques problèmes de raccord avec mon écriture d'aujourd'hui. J'ai voulu le retravailler cet après-midi, lui ôter tout ce qui pouvait paraître exalté ou, au contraire, didactique, et je l'ai vu sous mes yeux s'autodétruire. Ce manuscrit qui me résiste traite de trois sujets, l'apprentissage de la maternité, l'angoisse de mort chez un enfant, la découverte de la différence sexuelle par un petit garçon. Mon champ d'observation était très étroit, il s'agissait de mon fils et de moi. Je barbotais en ce temps-là dans le grand chaudron psychanalytique, et mon saisissement fut de constater que les théories freudiennes coïncidaient avec mon quotidien. Le complexe d'Œdipe ou l'angoisse de castration, ça me crevait les yeux.

— Nous, à l'école, on se raconte des histoires cochonnes. Je ne sais pas si vous allez aimer, commence prudemment Benjamin.

— C'est quoi, une histoire cochonne ?

— C'est une histoire de sexe.

— Bon, eh bien, raconte, dit son père.

— Alors, c'est un petit garçon qui est dans le lit de ses parents. Il pose la main sur les couilles de son père et il demande : « C'est quoi, ça, papa ? — Ça ? C'est ma Volvo. » Alors, il pose la main sur les couilles de sa maman...

— La maman n'a pas de couilles, ai-je jugé bon de préciser.

J'ai cherché le mot pour dire... et je n'ai rien trouvé. Mais Benjamin ne m'attend pas. Il continue son histoire :

— « Et ça, c'est quoi ? » demande le petit garçon. « Ça, c'est le garage de la Volvo », dit la maman. Alors, il y a le papa qui dit : « Maintenant, pousse-toi, j'ai envie de mettre ma Volvo au garage. » Et le petit garçon, il répond : « Trop tard ! J'ai rangé ma trottinette. »

Vive l'éducation sexuelle ! On leur achète l'encyclopédie Nathan pour enfants de 8 à 12 ans, on leur met des planches anatomiques sous le nez, et les petits garçons parlent imperturbablement des couilles de leur maman. Mais comment se fait-il que je n'ai pas trouvé le mot pour dire ? Mon sexe n'a pas de nom. Ai-je bien regardé les planches anatomiques de l'encyclopédie Nathan ?

— Géraldine, elle t'a prise pour mon grand frère, me dit Benjamin, encore interloqué.

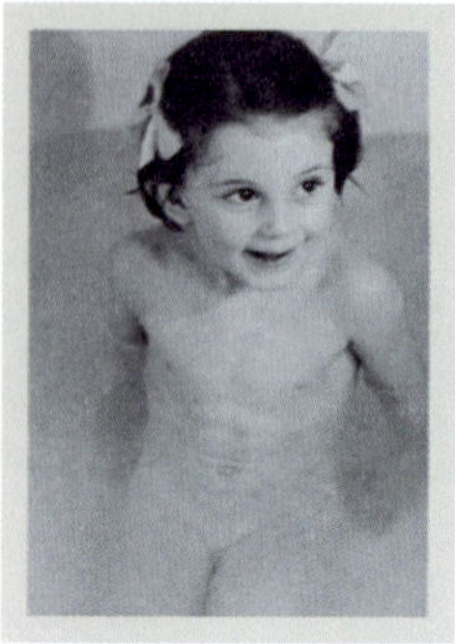

Il a besoin d'être établi comme tout le monde avec un papa et une maman homologués.

— Tu me montres la photo de quand tu étais petite ? Toi, tu peux te promener toute nue, constate Benjamin. Tu n'as rien à cacher.

Vlan. Prends ça : on a des couilles ou on n'a rien. Je ris.

— J'en ai de la chance, moi.

Fais pas ta crâneuse ! Puisqu'on te dit que tu n'as rien. Dernièrement, Benjamin m'a posé une colle pas facile :

— Pourquoi les petits garçons ont deux couilles ?

Ma langue au chat.

— C'est pour en donner une à leur maman.

J'ai répondu à Benjamin, le ton un peu pimbêche :

— Je n'ai pas besoin de zizi. J'ai tout ce qu'il me faut, un vagin, un clitoris, un utérus...

Waouh ! J'ai même trouvé les mots.

— Oui, mais c'est pas beau.

Ce qu'ils sont bêtes, les garçons !

Certains textes du *Sermon aux oiseaux* sont liés au travail que je faisais en psychothérapie. Mon psy, le docteur Danion, me fit observer lors d'une séance que le prénom de mon fils signifiait peut-être qu'il était le dernier-né de ma mère. En quelque sorte, je lui avais donné un benjamin pour pouvoir lui échapper. Un troc. Bien que je me souvinsse avoir choisi ce prénom pour honorer mes origines juives, la réflexion du docteur Danion me poussa à m'interroger sur ma difficulté à me reconnaître la mère de mon fils. *Pour être la mère de son enfant, le jour où il débarque, il faut un talent d'improvisation dont j'étais relativement dépourvue. Quand on m'a présenté mon fils, je lui ai trouvé un grand nez et une nette ressemblance avec Jacques Dufilho dans un rôle d'adjudant. Pour me consoler, je me suis dit : « Encore heureux que ce n'est pas une fille ! »*

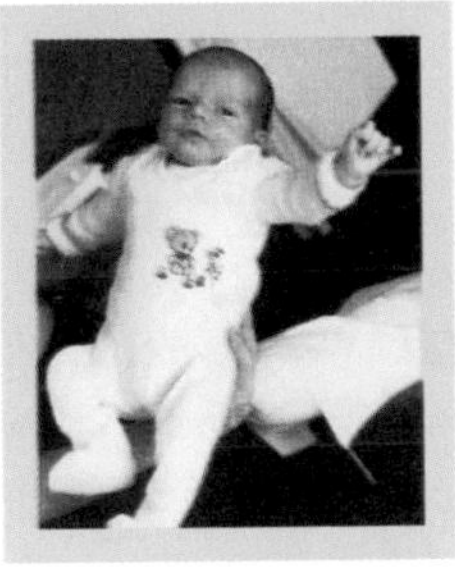

*

J'ai mis huit ans à devenir la mère de mon fils. Benjamin m'y a encouragée dès son sixième anniversaire en renonçant à m'appeler par mon prénom, comme on fait dans les familles modernes, pour m'honorer d'un très classique « maman ». « Manman » plus exactement, comme un chewing-gum qu'on mâche.

— Manman, ça t'intéresse que je te convertisse des kilomètres-heure en nœuds ?

Comme ça, dès le matin, au sortir de ma douche.

— Eh bien, heu... dans l'immédiat, je n'en ai pas l'utilisation.

J'ai la conviction que mon fils peut convertir n'importe quoi en n'importe quoi, y compris une personne assez ordinaire en sa propre mère. Certains esprits bien intentionnés me feront remarquer qu'on est la mère d'un enfant à partir du moment où le personnel de la clinique vous a certifié « C'est un garçon, madame » et lui a collé le numéro 803. Mais d'être socialement reconnue comme la mère de mon fils ne m'a pas fait tenir cette place. Je ne voulais pas, non, je ne voulais pas être une « mère comme celle-là ». J'ai pourtant donné le change car, à défaut du sens de l'improvisation, j'ai des talents d'imitatrice. J'ai paru être la mère de mon fils du jour au lendemain comme si j'avais été la mère de mon fils ma vie durant. J'étais un manuel de Laurence Pernoud ambulant. J'ai immédiatement commencé l'album du fils-de-sa-mère en collant soigneusement ses photos et en dressant le procès-verbal de sa croissance, comme j'avais vu ma mère le faire en quatre exemplaires pour ses enfants.

« 12 avril. Ça y est : je tiens bien assis à présent. Je fais "au revoir" et je dis "coucou". 3 mai. Rappel du DT Coq-Polio. Je n'ai pas eu mal mais j'ai eu un peu de fièvre. »

Les photos de l'album montrent une jeune fille un peu floue – ce flou n'étant pas le fait de l'opérateur – et un petit garçon assez content d'être là. Ils ne se tiennent pas

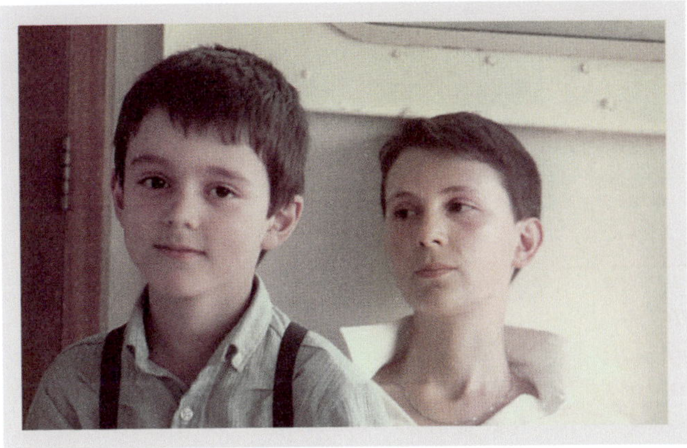

par la main, ils ne regardent pas la même chose. Le petit garçon sourit au monsieur qui le photographie et qui doit être son papa. La jeune fille regarde l'enfant d'un regard en coulisse. C'est ce regard qui me trahit, toujours de biais, se posant sur Benjamin mieux que ne le ferait la main, regard d'amour fou, mais tenu au secret.

Je lui porte son manteau. Je lui porte son cartable. Je lui cire ses chaussures. Je lui range ses jouets en classant les cow-boys avec les Indiens et les orques avec les kobolds. Je suis malade s'il rate son émission de télé, j'ai peur que son équipe de foot ne perde, j'ai envie de pleurer s'il a cassé son revolver, je boite sitôt qu'il a mal aux pieds, je lui sers son déjeuner au lit, je mets des fleurs dans sa chambre quand il s'est absenté, j'écoute ce qu'il me dit comme si des oracles me tombaient sur la tête, et c'est grave s'il n'a pas eu son goûter. Ce n'est plus de l'amour. C'est de la religion. Et j'ai mis huit ans à être sa mère parce qu'il m'a fallu huit ans pour accepter d'être une mère « comme celle-là », celle qu'un jour on rejette, celle dont on doute, celle qu'on déteste, celle qu'on aime trop, celle qui nous colle à la peau. Est-ce que tu crois que c'est facile d'accepter d'être une « mère comme celle-là » pour l'enfant qu'on aime ? Je ne voulais pas, je ne voulais pas. Mais trop tard, c'était fait.

Un après-midi, à la sortie de l'école, j'ai trouvé un petit garçon en larmes. Il était cinq heures moins vingt-cinq. J'avais cinq minutes de retard. Cinq minutes... « Je croyais que tu m'avais abandonné. » Benjamin ! Ce n'est pas possible que... Mais non, je n'ai pas protesté. J'ai pleuré comme toi sur le trottoir parce que ma maman n'arrivait pas. Comme toi, je n'ai pas eu foi. J'ai dit : « Si je ne venais pas, tu irais chez ton copain Benoist. Il y a d'autres gens qui t'aiment. » Benjamin n'a plus jamais pleuré sur un trottoir. Mais moi, j'ai su que j'étais sa mère parce qu'il doutait de moi.

Un matin, Benjamin a renversé son bol de thé. Nos regards se sont croisés et, dans le sien, j'ai lu la peur. « Je vais essuyer, a-t-il bredouillé, je ne l'ai pas fait exprès. » A-t-il supposé que j'allais crier, me mettre en colère, le frapper peut-être ? « J'ai l'impression que je te fais peur parfois ? » Cette peur me chavire. C'est la peur que j'ai eue de ma mère et qu'il me retourne. « Tu sais, Benjamin, quand tu étais petit, je me suis mise en colère une fois, très fort. J'avais des yeux très durs, sûrement. Ça s'est passé sous la lampe du couloir. Après, quand tu me trouvais méchante, tu disais : "Il y a la méchante lampe qui se rapproche." » Il rit : « C'est malin, les gosses. » Il réfléchit. C'est un garçon si réfléchi. « Je faisais un rêve quand j'étais petit. La porte de ma chambre s'ouvrait. Le métro arrivait du couloir, il entrait dans ma chambre et il me roulait dessus. » On a comparé la mère à bien des choses. C'est la première fois, me semble-t-il, qu'on la compare à un métro. Et moi, pour la deuxième fois, je me suis sentie piégée.

Un jour que j'avais joué avec lui, Benjamin me dit avec étonnement : « Ça faisait longtemps que tu ne t'étais pas occupée de moi. » Je me suis sentie tellement triste. Qu'il ait vu que j'étais là tout le temps mais que je n'osais pas « m'occuper de lui ». Je me revois (il avait alors 6 ans) songeant, seule dans ma cuisine, avec un mélange de satisfaction et de désespoir : « Il n'a plus besoin de moi. Il peut grandir même si je meurs. » Cette sensation d'en avoir terminé avec mon rôle nourricier, d'avoir à tout jamais desserré mon étreinte. Je pouvais remiser dans le placard à balais cette maternité dont je n'avais su que faire. À la même époque, avec ma mère, Benjamin jouait aux dominos, il apprenait à lire-écrire-compter. Avec moi, rien. Je ne sais pas jouer aux dominos.

Je mets un peu de coquetterie à me dévaloriser, mais j'étais intimidée par mon propre enfant. Cependant, entre lui et moi, il se passa quelque chose que ma fille vient de découvrir pour son propre compte. Elle est revenue, il y a deux jours, de sa première colonie de vacances en tant que monitrice. N'ayant pas d'autre compétence d'animatrice que de savoir plaquer trois accords sur son ukulélé, elle s'est d'abord demandé à quoi elle servait. Au bout de quarante-huit heures, en grand danger de « déprimer sévère », elle s'est soudain aperçue d'une chose : quand elle dialoguait avec les enfants de la colo, elle était émerveillée. L'enfance de mon fils fut ce dialogue émerveillé.

Benjamin ne veut pas mourir. Il me l'a dit. Il a 3 ans.

— Tout le monde meurt, Benjamin, c'est la loi pour tout ce qui vit.

Benjamin a porté les mains à ses oreilles. Puisqu'il ne veut pas mourir.

— Mais toi, dis-je en écartant les petites mains, toi, tu es vivant ! Est-ce que ça te fait plaisir ?

— Mais pourquoi on vit si on doit mourir ? crie-t-il.

Parfois, la nuit, Benjamin se met sur son séant et il hurle au secours. « Papa ! » C'est toujours Papa qu'il appelle la nuit. « Je veux pas ! Je veux pas ! Où on va quand on est mort ? Je veux pas grandir. Je veux rester petit. »

— Benjamin, il y a le pays des morts et celui des vivants, dit Papa d'une voix forte pour couvrir l'angoisse qui l'assaille. Les morts sont ensemble dans leur pays. Ils y sont heureux.

— Lis-moi la Bible, dit Benjamin, « quand ce sera tout neuf ».

Je me suis assise au chevet de Benjamin, mais derrière lui, pour qu'il ne sache pas que je pleure. Papa se met à lire : « Puis je vis un ciel nouveau, une terre nouvelle (...) et j'entendis une voix : "Voici la demeure de Dieu avec les hommes. Il essuiera toute larme de leurs yeux : de mort, il n'y en aura plus ; de pleur, de cri et de peine, il n'y en aura plus, car l'ancien monde s'en est allé." »

— Il y aura des jouets ? s'informe Benjamin.

— Sûrement, se noie papa.

Benjamin veut vivre cent vingt ans. Il me l'a dit. Il a 4 ans.

— Grand-mère, elle est très vieille, hein ? demande-t-il, d'un air plein d'admiration.

— 86 ans.

— Madame Rateau, à côté, elle a plus. Elle a presque 100 ans !

Benjamin aime Grand-mère Thérèse et le village de Courcoury qui meurt près des marais. Quand, dans le ciel rose du crépuscule, passent des vols de martinets criards, Benjamin donne la main à Grand-mère et l'accompagne au cimetière. Il va fleurir les tombes du mari de Grand-mère Thérèse, de la mère de Thérèse, des sœurs de Thérèse. Il y a même un demi-frère qui pose de sérieux problèmes à son esprit méditatif :

— On lui en met aussi, à celui-là ?

— Oui, mon chéri, s'il t'en reste.

— Oh, des tas !

Benjamin pose sur la pierre tombale un bouquet minuscule de mouron rouge et de véronique bleue, puis il reprend la main de Grand-mère et la reconduit chez elle. Grand-mère Thérèse est fort laide avec ses trois cheveux jaunes, son nez crochu et son énorme paire de lunettes. Benjamin l'aime. Et même, il la préfère.

— Grand-mère Thérèse est bien malade, ai-je dit à Benjamin, veux-tu qu'on aille la voir ?

— Maintenant ?

J'ai peur pour Benjamin. C'est le visage de la mort qu'il va rencontrer, lui qui en était déjà hanté. Nous sommes allés dans le village écrasé sous un ciel de pluie. Dès l'entrée, Benjamin s'est arrêté et a reniflé. Ça sent comme chez le docteur.

— Où est Grand-mère ? me demande-t-il.

— Dans la chambre. On va y aller doucement. Elle dort peut-être.

Elle ne dort pas. Elle est presque assise, soutenue par trois coussins. Elle est si maigre que les os vont lui trouer la peau et si jaune dans sa chemise de nuit blanche. On la croirait en carton. Ses joues sont toutes rentrées parce qu'elle ne porte plus son dentier. Elle a deviné la silhouette de Benjamin près du lit et poussé un geignement de bonheur.

— Bonjour, Grand-mère, comment ça va ? Voilà Benjamin. Benjamin est là.

J'étouffe de chagrin. Je m'éloigne pour me mordre les doigts et m'empêcher de pleurer. Benjamin s'est assis au pied du lit. Il observe la garde-malade qui nourrit Grand-mère Thérèse avec une espèce de bouillie. Benjamin l'encourage à chaque cuillerée en ouvrant aussi la bouche. Puis, quand Grand-mère a fait semblant de manger, elle s'endort fébrilement, en laissant entendre un râle. « Viens, Benjamin », ai-je dit à plusieurs reprises. Mais il fait non de la tête. Il s'assoit dans le fauteuil de Grand-mère et il frappe l'un contre l'autre ses petits souliers, mais sans faire de bruit. Puis il va vers la fenêtre et regarde tomber la pluie.

Nous sommes retournés chez nous, à Paris. Benjamin n'a rien dit, rien. Huit jours plus tard, le téléphone a sonné. C'est Papa qui appelle du bureau.

— Grand-mère... Grand-mère...

Il avait préparé des phrases dans sa tête. Il devait me dire comment Grand-mère était morte et à quelle heure et quels mots elle avait prononcés. Mais il n'y a plus rien devant lui que son chagrin. J'ai les yeux au loin en raccrochant le téléphone.

— Fais pas des yeux comme ça ! me crie Benjamin.

— C'est Grand-mère Thérèse. Elle est morte.

— Déjà !

— C'est toujours « déjà » quand on meurt, mais Grand-mère a eu une longue vie, une belle vie bien remplie.

— Maman, sanglote Benjamin, quand je serai grand, je ne pleurerai plus ?

Nous sommes allés tous les trois au cimetière. Benjamin avait cueilli quelques fleurs des champs. Il est passé devant les tombes de ceux que Thérèse avait aimés. Il s'est arrêté devant la dalle de marbre noir aux lettres d'or et il a posé son petit bouquet.

— C'est tout pour elle cette fois, a-t-il dit en écartant les bras, l'air de présenter aux autres ses excuses.

Au village de Grand-mère, tout passe mais tout demeure. Blés fauchés, fleurs qui fanent, arbres foudroyés. Mais les oiseaux ont fait leur nid dans le fond du jardin. Benjamin a 5 ans.

— Madame Rateau est morte, tu le savais ?

La nouvelle est d'importance pour Benjamin. Madame Rateau mesurait ici-bas sa propre espérance de vie. Elle avait 101 ans.

— C'est triste, dit-il calmement.

De la même façon qu'il dit, en s'asseyant sur le lit de Grand-mère Thérèse : « C'est le lit de mort de mon arrière-grand-mère. » La mort a un visage. Elle en est apprivoisée.

— Quand on est mort, dit-il, ou on voit Dieu, ou on est un morceau d'étoile, ou après la mort, il n'y a rien. Grand-mère, elle sait parce qu'elle est morte.

Après la mort de Grand-mère Thérèse, Benjamin a interrogé les gens autour de lui pour savoir qui croyait en Dieu et qui n'y croyait pas. « Et toi, l'ai-je questionné, tu crois en Dieu ? » Il m'a répondu qu'il voulait « faire catholique ». Il trouvait formidable qu'on ait chacun une âme différente.

— *C'est quoi, « une âme » ? ai-je demandé.*

— *C'est : plus on a d'âme, plus on aime.*

*

J'eus l'intuition, trois années après que mon Petit Prince était tombé des étoiles, qu'il lui faudrait des amis. Je ne fis confiance ni à la crèche ni à l'école pour l'approvisionnement. Dans la grande sagesse de ses 3 ans, Benjamin m'avait expliqué que « le travail des enfants, c'est de jouer », ce qui convenait à une maman lectrice de *Libres enfants de Summerhill.*

Mais où trouver un endroit dans Paris où les enfants n'apprendraient rien ? Un endroit où on ne développerait pas le sens de la latéralisation, la psychomotricité, les repères spatio-temporels, le langage conceptuel ? Un endroit où il y aurait des gosses, et puis les gosses joueraient.

J'ai trouvé l'endroit. Il tenait plus de la décharge publique que du Club Méditerranée. Il s'appelait Toboggan. À l'époque, les gens disaient : « C'est un collectif parents-enfants. » Depuis, on dit « crèche parentale », et c'est devenu propre. D'abord, quand on entrait, une vague tristesse vous poignait le cœur. La moquette était usée, le lino souillé de peinture. La vaisselle du midi n'était pas faite. Deux adultes fatigués prenaient ensemble le café. Où sont les enfants ? On n'entend pas de bruit. C'est l'heure de la sieste, peut-être ? Pensez-vous, ils ne la font pas. Dans un cagibi, il y a trois petites filles qui jouent au bébé. Dans les cabinets, on aperçoit deux petits garçons qui s'aspergent d'eau glacée en s'étranglant de rire. Sous le toboggan, un petit garçon et une petite fille, penchés l'un vers l'autre, feuillettent une bande dessinée. Puis il y a une gosse toute seule, assise sur un banc, le talon sous les fesses, qui se masturbe en se balançant, le regard halluciné. Ah ? C'est ça, Toboggan ? Oui, c'était ça. La vie comme tu n'imagines pas.

J'y ai conduit Benjamin précautionneusement. Il regardait, se tassant contre moi.

— Il faut qu'il fasse sa place, ils sont durs avec ceux qui arrivent, m'a dit Rémi (qui était le « permanent », les parents assurant des tours de garde).

Moi, j'avais peur des enfants. De la violence des enfants. Pendant un temps, les filles dressèrent une barricade de chaises et de planches dans le salon et barrèrent l'accès des cabinets aux garçons. Marquage du territoire comme seules les bêtes le font. Benjamin veut aller à Toboggan « voir les enfants », comme il dit. Je l'y conduis à petits pas, tout pâle, tout blanc. Parce que Benjamin est malade, d'une maladie qu'on ne comprend pas.

Un jour, j'arrive à Toboggan et je retrouve Benjamin couché sur la moquette. 39 °C ? 40 °C ? Il brûle. Un enfant l'a poussé du haut du toboggan, et la fièvre est montée. Cette envie que j'ai de rugir comme une mère tigresse ; cette envie de protéger mon petit, toujours, tout le temps, de frapper les autres enfants s'ils lui font mal. Je le prends contre moi, je l'emporte à travers rues. Il brûle, il tremble. Je vais, les bras chargés de mon trésor, mon seul trésor, et la rage au cœur. Le lendemain, Benjamin veut « voir les enfants ». J'y retourne à pas lents. Benjamin est trop fatigué pour jouer. On l'installe et il regarde les enfants. Il fait pitié.

Comme j'ai peur des enfants, de leur violence inouïe, je leur apporte des livres, des jeux, pour me les concilier, pour me protéger d'eux. Jamais je ne viendrais à Toboggan les mains vides, les mains nues. J'ai le trac avant de pousser la porte de l'appartement. Comme le clown qui entre en scène : « Bonjour, les enfants ! »

— Qu'est-ce que tu as amené ?

Ils s'habituent à moi, à mes sacs pleins de malices, à mes livres de contes. Pour eux, j'apprends par cœur l'histoire de « Un qui partit en quête du tremblement » et celle du « Chat qui s'en va tout seul ». Et puis comment ça s'est fait ? Comme ça. Un soir, en quittant Toboggan, j'ai levé les yeux vers la fenêtre de l'appartement. « Youhou ! me crièrent les petites filles au balcon, au revoir, Marie-Aude ! » Elles savaient mon nom. Ça s'est fait comme ça. Je suis rentrée chez moi, fière d'avoir pour elles un nom. J'ai toujours été fière qu'un enfant me nomme et me salue.

Peu à peu, Benjamin a guéri de cette maladie qui n'existait pas. Et moi, peu à peu, j'ai guéri de ma peur. Toboggan, ce fut cela, cette victoire sur notre peur de vivre, à Benjamin et à moi. Les enfants m'ont prise par la main, entrez dans la danse, voyez comme on danse, et ils m'ont emmenée. Mais comme je riais à Toboggan ! C'était d'émerveillement. « Qu'est-ce qu'elle a donc fait, la tit' hirondelle ? Elle nous a volé trois p'tits sacs de blé. » Il n'y a rien de plus beau que les rondes d'enfant. Et « Jacques a dit » ? Ce que c'est bien comme jeu !

Comme je riais... C'est un son de rire, c'est un son de voix que je n'ai pas ailleurs. C'est comme si j'avais bu.

J'aime les jeux d'enfant, les mots d'enfant, les chansons d'enfant, les histoires d'enfant. C'est la culture des enfants que j'aime, les Barbapapa, Nils Holgersson et Cadet Rousselle. J'ai toujours aimé. Je me souviens comme j'étais ravie lorsque ma petite sœur, en revenant de sa journée d'école maternelle, se mettait à fredonner : « Mon petit oiseau, où t'es-tu blessé ? » Vers elle je me penchais, comme vers eux je me penche, pour cueillir sur leurs lèvres tous ces bouquets d'enfance. Je me demande parfois ce que cette culture a pour moi d'irrésistible. J'ai une formation universitaire d'un classicisme irréprochable. Est-ce ma faute si je préfère Hector Malot à André Gide ? C'est aussi difficile à comprendre, vu de l'extérieur, que ma passion pour Toboggan, ce vieil appartement, terne et gris et sale, où s'assemblaient de silencieux enfants, et que je vois, moi, traversé de soleil, toutes voiles dehors.

Mes deux frères et moi.

Un jour, l'Enfant merveilleux disparaît. Lorris, père de quatre filles, me disait récemment qu'il avait le sentiment que l'enfant de 5 ans avait tué l'enfant de 2 ans, et l'enfant de 8 ans celui de 5 ans... Mon père se demandait, quand il voyait ces adultes attablés le dimanche autour de lui : « Où sont passés mes enfants ? »

Interruption

Chaque fois que de ma mémoire surgit un souvenir, la question se pose : en parler ou se taire ? « Il ne faut pas dire toute la vérité, mais il ne faut dire que la vérité. »

La vérité, mon cher Jules, est une suite de masques qu'on s'arrache. Chaque acte obéit à ces trois motivations que j'avais repérées dans mon journal d'adolescente : celle qu'on avoue aux autres, celle qu'on ne s'avoue qu'à soi, celle qu'on ne s'avoue même pas.

Si j'ai demandé une interruption de grossesse, c'était, comme je l'avais dit au médecin, pour éprouver dans ma chair ce que tant de femmes ont vécu. Mais aussi pour ne pas vivre une seconde fois les nausées, le corps déformé, le martyre de l'accouchement. Mais encore parce que je ne savais pas de qui était l'enfant. Un an après l'IVG, je tombai enceinte de Pierre, dont je voulais un deuxième enfant. Dans cette volonté d'avoir un autre enfant, il y avait un désir de réparation. Ce qui se passa, je l'écrivis pour ne pas oublier. Ou plutôt, j'abandonnai ce souvenir entre les pages d'un cahier[1]. J'avais obtenu une IVG à la neu-

1. Le texte en italique est un inédit écrit en 1987.

vième semaine de grossesse. Étant de nouveau enceinte, *je devais donc être malade pendant neuf semaines. Dans la rue pleine de bruits, je ne marchais plus, je me déplaçais ; mon ventre était de ce monde le centre de gravité, et mon sourire aux anges clouait le bec à ma nausée. Puis vint la dixième semaine. J'avais expié. J'étais purgée – à force de vomir. Je cessai d'être malade. À la onzième semaine, je rendis visite au gynécologue.*

— Je perds un peu de sang.

— Ce n'est rien. C'est le col qui est blessé. Ce n'est pas la grossesse qui saigne. Ne vous en faites pas. Écoutons le cœur de ce bébé.

Il a posé l'appareil sur mon ventre et il a cherché. Plus il cherchait, plus j'avais peur. Mon bébé n'a pas de cœur.

— Ça arrive, dit-il, c'est un peu tôt. Ce sera pour la prochaine fois.

J'ai quitté le médecin avec, en mon centre, quelque chose d'effrité – oh, plus que ça – d'effondré. C'est sans raison puisque ce n'est pas la grossesse qui saigne. Mais le sang coule. Alors c'est la grossesse qui pleure ?

— Ça ne va pas dans ma tête, dis-je à Pierre, je repars en arrière.

Il ne comprend pas. Ils ne comprennent pas. À la clinique, l'interne me dit, lui aussi :

— C'est le col qui est blessé. Ce n'est rien. Regardons ce petit bébé.

Sur l'écran, l'interne s'est mis à chercher, à chercher le cœur de mon bébé.

— Vous avez dû vous tromper dans vos dates, me dit-il, l'embryon n'a pas onze semaines. Il en a neuf.

Neuf semaines. Je sais que tout est perdu, mais je ne peux pas l'exprimer. Je ne saigne pas. Non. Je pleure du sang. Continûment, continûment, et je mange et je parle. Je n'arrive pas à y croire, à croire que ça m'arrive. Ce qui arrive aux autres, ce qui arrive dans les livres. Une fausse couche.

— Allez, dors, Benjamin.

— Mais je ne peux pas. Ça me fait du souci.

— Il ne faut pas.

— Mais c'est mon petit frère !

— Non, c'est un embryon qui est peut-être anormal.

Je m'arrache ça. Parce que je ne veux pas du chagrin de Benjamin en plus du mien.

Je me couche, les pieds bloqués dans d'imaginaires étriers. J'ai retrouvé ma respiration en surface, au-dessus du diaphragme. Celle qu'on m'apprit au cours d'accouchement sans douleur.

— Pierre, va chercher ma mère pour garder Benjamin. Après, on ira à la clinique.

Maintenant, je suis seule. Je vais prendre une serviette pour tout ce sang. Je me lève, je tombe à genoux. Ça s'est déchiré en moi d'un coup. J'ai avorté seule cette nuit.

Benjamin est debout, prêt pour l'école. Il embrasse sa grand-mère sans s'étonner de sa présence. Il a un travail en retard pour la maîtresse. Il me regarde à peine, occupé à colorier. Il met son manteau, il va s'en aller. Il n'y a personne d'autre que moi au salon. Il s'approche, il met la main sur mon fauteuil.

— Ça... s'est arrangé ? me dit-il, hésitant.

— Non. J'ai perdu mon bébé.

J'aurais dû lui dire : « J'ai fait une fausse couche », et je n'ai trouvé que ces mots de plein fouet. Benjamin court dans sa chambre et je l'entends qui sanglote, son cartable sur le dos. Ça, c'est quelque chose en trop, c'est vraiment en trop.

— J'ai de la chance de t'avoir, ai-je dit à Benjamin, un fils, c'est bien.

— Deux fils, c'est mieux.

Il pleure, droit comme un I. Il pleure un frère. C'est son droit. Moi, dans la rue, je marche comme une boussole sans son nord. Vidée, inutile, un jardin délaissé. Et faire les courses, bonjour madame, trois cents grammes, c'est ça. La ville est autour, mais je n'ai plus d'autour. Si vulnérable soudain. Au revoir, madame.

— Ce sera pour la prochaine fois, m'a dit l'interne en m'embrassant.

C'est un projet qui a échoué. Partie remise. On va recommencer tout de suite sans attendre, sans réfléchir, sans même en parler.

La vie est revenue en moi prendre sa place. Mais je ne peux plus porter la vie debout. Je me suis couchée. Ce qu'on appelle : être malade comme un chien. Si je me lève, je vomis. Parler m'est insupportable puisqu'il n'y a rien à dire. Parler, c'est vomir. Je veux être si malade qu'il faudra me mettre sous perfusion. Je veux qu'on m'emmène à l'hôpital. Je ne veux plus ni parler, ni marcher, ni manger. Les gens debout sont loin de moi. L'infirmière vient me piquer matin et soir. Je suis malade. C'est une maladie que les autres, les gens debout, appellent une grossesse. Je sais qu'il y aura une fin à cette maladie et que ce ne sera pas ma mort. Mais est-ce que ce sera la vie ? Il faut attendre neuf semaines pour le savoir et j'ai choisi d'attendre couchée. Je ne pense plus aux gens debout. Je pense aux gens couchés, fauchés par la souffrance, la maladie, la mort. Benjamin se penche vers moi :

— Pauvre maman ! C'est dur d'être une femme enceinte.

Il n'en revient pas.

— Mais je ne veux pas que ma maman souffre.

— Laisse. Ça ne fait rien.

Il y a d'autres gens couchés, autre part. Puis il y a une enfant, même pas, une forme d'enfant, une ombre entre deux eaux, quelque chose qui flotte, grisâtre, au bout d'un cordon. C'est moi. Un jour, je me remettrai debout.

Je suis partie en voyage, un beau voyage de la huitième à la neuvième semaine, dans une chambre muette et sombre, à la Maternité des Lilas. La porte s'ouvre à heures fixes, laissant le passage à un chariot ou à une serpillière. Derrière, il y a une femme qui dit :

— Comment tu vas ?

J'ai perdu six kilos. Je regarde, découragée d'avance, la pizza qui emplit mon assiette. Je ne fais rien. Je suis là pour être là. Les heures passent. Il y a des moments intenses : une orange, une crème au chocolat. Le monde entier tient dans ma bouche. Je vomis, et je pense : « Tout ce que je dois rendre. »

— Comment tu vas ?

Mes mâchoires se desserrent. J'ai quelque chose à dire. La sage-femme s'est assise. C'est Suzanne. Suzanne, j'ai à dire que je n'ai pas pu me pardonner, que c'est dur de se pardonner, que je veux être la maman de ce bébé-là, tu entends : la maman.

— Il faut que je me remette debout, dis-je.

— Prenez votre temps. C'est toute une histoire que vous vivez. Quand vous serez debout, la boucle sera bouclée. N'allez pas trop vite. C'est une belle histoire.

— Si j'entendais le cœur de mon bébé...

— C'est trop tôt. Vous seriez déçue. Mais ici, vous êtes en sécurité.

C'est vrai. C'est la neuvième semaine mais, ici, il ne peut rien m'arriver. Derrière la porte vitrée de ma chambre passe et repasse une femme qui berce son enfant.

— Alors, tu ne dors pas ? Pourquoi tu ne dors pas, mon bébé ? Tu as un chagrin, mon petit chat ?

On n'a jamais parlé comme ça. On n'a jamais aimé comme ça. J'ai un vide au creux des bras.

La nuit, j'entends les femmes qui accouchent et leurs cris de bûcheron à la peine. Han... Quelle heure est-il ? Une heure. Han... Je suis avec elle. Je lui tiens la main. Soudain, plus rien. En bas, la portière d'une voiture a claqué, un moteur ronronne. Dans la nuit, il y a un homme heureux qui va réveiller ses amis. Je me suis levée et je suis allée jusqu'à la fenêtre sentir les souffles tièdes de cette nuit de mai. Je n'en peux plus d'être malade et éveillée. En face de ma chambre, il y a une lumière bleue, étrange. C'est la lumière de la couveuse. Un bébé, aux gestes de nageur à contre-courant, semble y flotter.

En face de ma chambre, il y a la crèche de l'Enfant Jésus. Mes yeux viennent s'y poser, s'y reposer. Oui, je suis en sécurité. Ici, il n'est pas nécessaire de mourir pour ressusciter. Je vais atteindre le rivage de la dixième semaine, et ce sera Pâques.

C'est Pâques toutes neuves. Le neuf de Pâques, et je suis debout. Je suis retournée voir le gynécologue. Il a posé l'appareil sur mon ventre et tout de suite, tout de suite, un petit poulain s'est échappé de l'enclos, un petit cœur lancé au galop. C'est lui.

— Maman, tu sais pourquoi les enfants crient à la naissance ? me demande Benjamin.

— Pourquoi ?

— Parce qu'ils sont contents d'être nés. Ils crient « hourra ! »

— Tu crois ?

— Oui, il y a plein de bébés qui veulent naître, maman, et qui attendent, tout tassés.

Mon bébé, mon gros bébé, mon seau de grenouilles grouillant dans mon ventre, mon lièvre dans sa garenne tressautant, mon petit cheval, ma bébé, mon fille, ma gars, dès que je pose la main sur toi, tu me réponds de l'autre côté. Petit poing presque dans le mien. Mon poids, ma charge, ma cargaison d'enfant, j'étais malade de ne savoir te porter. Nous irons à bon port, mon bébé, mon lest d'amour, ma tonne d'enfant. Moi vivante, je te porte vivant, mais je pense à tous ceux que j'ai laissés derrière moi, à tous ceux qui, couchés, ne se relèveront pas. Mon bébé, il ne faut pas que tu m'en veuilles si la nuit, distrayant de toi ma pensée, je pleure en rêve ceux qui m'ont aimée, ceux qui m'ont portée. Mon bébé, mon salut à la vie, tu ne sais pas ce que mon fils aîné sait déjà et que porter la vie, c'est porter la mort en même temps.

— Je répète qu'il va naître, dit Benjamin, mais je n'arrive pas à y croire.

— Moi non plus. C'est incroyable.

— Mais bientôt, dit Benjamin, les coudes au corps et solidaire, bientôt, on sera quatre à marcher dans cette gadoue.

Nous sommes quatre. C'est à peine croyable. Pourtant, si je compte, ça fait : papa, maman, Benjamin et lui. Lui qui est là. Ils l'ont mis dans un berceau. Ils ont dit :

— Il dort comme un ange.

Et puis ils sont partis à reculons, le laissant près de moi. Dès qu'ils ont eu fermé la porte, il a rouvert les yeux, ses yeux de chat dans la nuit. Il a gémi. Et maintenant, il est là, contre moi, ta maman, Charles. Il s'appelle Charles. Il a un prénom. À croire qu'on l'attendait, que c'était prévu. C'était sûrement prévu puisqu'il a des vêtements. On avait apporté des vêtements pour lui qui n'existait pas. Il y avait une petite chemise, des petits chaussons jaunes. C'était idiot.

— Vous poussez encore une fois comme ça, et je vous le sors. Là. Allez !

Non, je ne vais plus y penser. On se raconte trop ces choses-là. Ça laisse des traces. Effacer les traces. La serpillière qui boit le sang.

— Tes contradictions sont de plus en plus fortes, m'a dit Pierre en regardant le tracé des contractions.

Bon, mais je n'y pense plus. J'ai dit que je ne me le raconterais pas.

— Là, oui, le voilà ! Il sort !

— Non !

Je sais que j'ai crié « non ». Après... après... j'ai pleuré. C'était fini, tant de choses finissaient.

— Une belle naissance.

C'est le médecin qui a dit cela. « Une belle naissance sans déchirure. »

Je ne dors pas. Je me raconte quand Benjamin va venir à la clinique. Il va entrer par cette porte. Qu'est-ce que je vais dire ? Je vais dire : « Voilà ton frère. » Qu'est-ce qu'il va dire ? Il va dire : « Il est tout petit. »

Je me raconte plein de fois quand Benjamin viendra. Tout de suite, il dort, il ne sait pas qu'il a un frère. Demain, il entrera par cette porte-là. D'ailleurs, on est demain. Tiens, il fait jour, et l'autre est toujours là, tt, tt, tt, à téter avec un petit bruit comme ça. C'est dommage que je n'aie pas pris mes lunettes. J'aurais mieux vu sa tête.

Mais alors, la tête que fait Benjamin ! Il a posé la main sur la tempe du bébé. Ses yeux se sont embués.

— Je peux le prendre ?

Il n'a pas attendu qu'on dise « oui » parce que c'était évident. Nous étions quatre.

Mais trois seulement dans le taxi qui me ramenait à la maison. Pierre, moi et l'autre. Charles. Vraiment un drôle de prénom. Est-ce la fatigue ? La satisfaction de rentrer chez soi, le ronron du moteur ? C'est quelque chose entre douleur et volupté, entre envie de rire et envie de pleurer. Ça commence par un « b ». C'est une chose rare, un élixir subtil, déjà presque évaporé. J'ose à peine le retenir. De partout déjà menacé. Fragile, oh, fragile. Dans un souffle, on peut le dire. Bonheur. Si j'y pense encore, je vais pleurer.

— Tu m'aides à défaire la valise ? Je suis crevée.

De la lessive à faire. Mon pantalon est trop serré. Je n'ai rien à me mettre. Pierre aurait pu finir le repassage.

— Bon, on mange avant qu'il se réveille ?

Il n'y a même pas une bassine pour le laver. Il faut des couches aussi.

— Quelle marque on prend ?

Dring. Les voisins. Il dort. Merci, il va bien. C'est gentil d'avoir pensé. Dring. Téléphone. Allô, oui, faire la fête ? Hein, ce soir ? Du champagne, bien sûr... La tête me tourne. Ils sont gentils, tous. Je les tuerais ! Une île déserte, par pitié. Moi, Pierre, le bébé. Et Benjamin ?

Il y a un grand garçon dans une chambre. Il lit des bédés. Qu'est-ce qu'il est grand, ce type !

— Ça ne va pas, maman ?

— Je n'arrive pas... Ce bébé, je ne sais plus. On dirait que c'est toi. C'est arrivé trop vite...

Ça va venir. Je sais que ça va venir. Il y aura du linge propre et des couches et une bassine et un grand frère et un petit frère. C'est le temps que les choses se mettent en place. Que je comprenne ce qui m'arrive, ce qui m'est arrivé.

Tout à l'heure, j'étais devant la poubelle, une couche sale dans une main, le bébé contre moi. Je jette la couche et une seconde, une fraction de seconde, une image me traverse la tête : mon bébé dans la poubelle. Mais quand la pédiatre lui a piqué le talon pour lui prélever du sang, en l'entendant crier de douleur, j'ai porté les mains à mon ventre. Quand je l'ai repris dans mes bras, mourir pour lui allait de soi. Mourir, pourquoi c'est ce mot-là ? C'est toujours la même question : pourquoi on vit si on doit mourir ? Est-ce que cet enfant me la posera ?

Hier, sous les arcades de la place des Vosges, je poussais mon landau sans trop savoir si j'étais heureuse ou très triste. Quelqu'un a appelé dans mon dos : « Raphaëlle ! » Une femme devant moi portait ce nom ailé et je me suis répété : Raphaëlle...

— C'est bien comme prénom, dis-je à Pierre, et ça va autant à une fille qu'à un garçon.

Raphaël ! Raphaëlle ! Quelqu'un t'appelle. Un jour, nous serons cinq, et de nos mains, oui, de nos mains, nous repousserons la mort un peu plus loin.

Mais elle préféra s'appeler Constance.

Charles et Constance.

La promesse des fleurs

J'ai écrit les premiers mots de ce manuscrit le 13 mars 2013. Je me suis demandé à plusieurs reprises, et peu à peu je m'en suis inquiétée, quand je verrais la fin de mon entreprise. La mémoire étant un matériau extensible indéfiniment, il me fallait un autre butoir que l'épuisement de mes souvenirs. J'ai décidé de m'arrêter quand j'aurai exploré la totalité de mes archives familiales. Or il me reste un document ayant appartenu à mon père, un cahier cartonné grand format. J'écris donc probablement mon dernier chapitre.

Ce cahier cartonné, je l'ai retrouvé dans un placard de la maison que mon père acheta à Bonny-sur-Loire après la mort de sa femme, et qui est mienne désormais. C'est un journal intime, un journal de deuil.

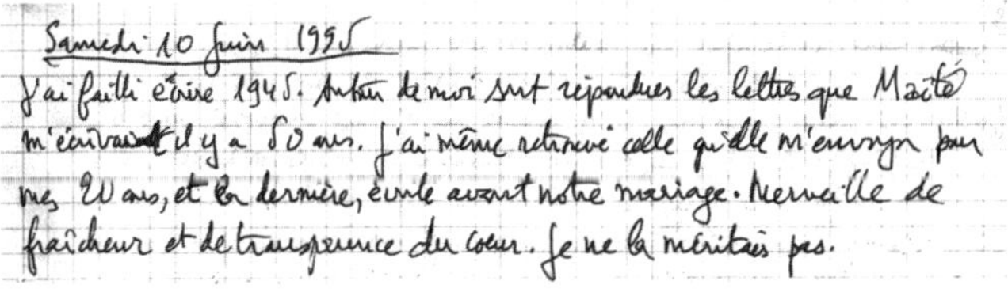
Samedi 10 juin 1995
J'ai failli écrire 1945. Autour de moi sont répandues les lettres que Maïté m'écrivait il y a 50 ans. J'ai même retrouvé celle qu'elle m'envoya pour mes 20 ans, et la dernière, écrite avant notre mariage. Merveille de fraîcheur et de transparence du cœur. Je ne la méritais pas.

Samedi 10 juin 1995. J'ai failli écrire 1945. Autour de moi sont répandues les lettres que Maïté m'écrivait il y a cinquante ans. J'ai même retrouvé la dernière, écrite avant notre mariage. Merveille de fraîcheur et de transparence du cœur. Je ne la méritais pas.

Voilà pourquoi, à la différence des autres correspondances, j'ai retrouvé ces lettres chahutées. Mon père m'avait devancée, dix-neuf ans auparavant. Après en avoir relu quelques-unes, il écrit : *1er mai 1922-1er juin 1995, des dates faciles à retenir. Son entrée dans le monde, son départ. Et moi comme un zombie errant dans la maison qui me parle d'elle partout, la cherchant parfois, oubliant que... Je l'appelle, je crie, je m'effondre en larmes. Pourtant je viens d'avoir une heure de répit en écoutant Vladimir Jankélévitch à France Culture. Même la mort mourra, disait-il, nous sommes par-delà... Un peu de paix m'entrait dans l'esprit. Pourquoi m'aimait-elle tant ? Elle aimait par amour, dirait Jankélévitch. Je cristallisais ses rêves. Je me laissais aimer.*

Hier soir, Marie-Aude, ma fille aînée (c'est curieux, cette précision, comme si ce journal était destiné à quelqu'un d'étranger à notre famille), *Marie-Aude s'est penchée sur tous les documents éparpillés dans les pièces. Tout ressort peu à peu. Maïté conservait à peu près tout, mais en diverses pseudo-cachettes, comme l'écureuil qui prévoit l'hiver. C'est parfois insoutenable et Marie-Aude n'a pas tardé à éclater en sanglots.*

Lettres, carnets, notes de travail et comptabilité... Les casiers dégorgent. C'est comme une pluie de cette écriture claire, soignée et apparemment sage, l'écriture modèle de l'institutrice qu'elle fut, avec la passion qu'elle mettait dans ses entreprises, car cette graphie tranquille lui servait à contenir une grande force de caractère et une âme ardente. Chaque fois que j'ouvre un tiroir, un placard, les vestiges des jours de bonheur me sautent au visage. Je viens de retrouver les menus de nos anniversaires de mariage pendant les premières années, très heureuses, dans un baraquement pour les habitants sinistrés du Havre. Et puis encore les photos que je prenais de ma belle mariée dans notre chambre sous les toits.

Marie-Aude vient de partir, hésitant à me laisser seul. Elle m'a dit : « Je t'aime. » (Je l'ai donc dit deux fois !) *J'ai répondu : « Moi aussi, et ce n'est pas nouveau. » Elvire m'avait dit : « Je t'aime, mon papa. » Il m'est très doux d'entendre autour de moi voltiger ce papillon de syllabes : papa, papa.*

Je découvre à travers ce journal, non pas à quel point il tenait à nous, ça, je le savais, mais à quel point il était attentif.

Mercredi 14 juin. J'ai dû m'agiter beaucoup aujourd'hui de sorte que j'ai moins subi de trous dépressifs. Je continue de parler à Maïté dans ma solitude en l'appelant Moumoune comme mes petits-enfants. J'avais ce soir apporté des œufs en chocolat à mes petites-filles et il y en avait un de trop. Comment faire de ce surplus un partage équitable ? Pour éviter la complication, Mélinda s'est écriée : « Il n'y a qu'à le donner à l'âme de Moumoune. »

La petite Mélinda, 6 ans, l'une des jumelles de mon frère, tient dans le journal de mon père le rôle de l'Enfant merveilleux, qui console et prophétise.

Vendredi 30 juin. Je suis arrivé hier, fatigué de traîner des valises, dans une grande maison à l'air abandonné. Pas gai au premier contact, rien de réconfortant dans ce vaste chantier où Lorris et Natalie ont l'intention d'établir la maison de famille dont j'ai souvent rêvé. Tout à l'heure, Mélinda m'a dit brusquement : « Poupoune, n'oublie pas que Moumoune t'attend au ciel. »

Dans ce journal de deuil, mon père cherche un sens à ce qu'elle et lui ont traversé. *Nous avions fini par nous aimer de cœur à cœur, ce n'est pas assez dire, d'âme à âme. Alors sa misère physique devenait pour moi sacrificielle. Une autre histoire d'amour commençait sur notre ancienne alliance. « Seigneur, ayez pitié de ceux qui s'aimaient et qui ont été séparés. » Car une immense espérance chantait en nous qui étions enfin prêts à nous reconnaître dans l'union sans possession.* Cette autre et ultime façon de s'aimer, mon père espérait que la mort n'en viendrait pas à bout. Dans les jours qui suivent le décès de sa femme, il attend un signe d'elle. Il la supplie dans son journal : « Réponds-moi ! » Il veut ressentir sa présence, même une seule fois, pour avoir cette certitude que leur amour torturé, que ses souffrances à elle, n'ont pas été en vain. *Je conserve sur mes lèvres le froid du dernier contact, comme si j'avais donné le baiser d'adieu à une statue. D'une certaine manière, c'est bien une statue que je tente de mettre sur son socle depuis cet adieu. Sans excessive complaisance, simplement en extrayant de mon demi-siècle de souvenirs ainsi que de tous ces écrits éparpillés autour de moi la vraie « stature » d'un être exceptionnel en bien des points. Ainsi petit à petit s'édifie ma Maïté « telle qu'en elle-même enfin l'éternité la change ». Modeste éternité sans doute, pour une ou deux générations qui se l'évoqueront de temps en temps.*

À Chamadelle, chez Lorris et Natalie, il essaie de tenir bon, il vit comme un moine, priant et lisant dans sa chambre, aussi nue qu'une cellule, puis cassant du bois et débroussaillant. *Me voyant préparer ma valise, Mélinda a extrait solennellement de son porte-monnaie une pièce de 1 franc « pour que tu t'achètes quelque chose ». Cela suffit à me bouleverser.* De retour à Paris, Gérard raconte, une nouvelle et dernière fois, le récit fondateur de son couple, en y ajoutant quelques détails inconnus de moi. Même si elle tourne toujours autour du même axe, la mémoire ne cesse d'en rajouter.

Vendredi 21 juillet. J'ai raconté à mes amis comment j'ai rencontré Marie-Thérèse à un récital poétique chez Raymond Duncan, le pittoresque frère de la danseuse Isadora, dont on a gardé le souvenir parce qu'elle fut étranglée par sa longue écharpe s'enroulant à une des roues de la torpédo qu'elle conduisait… Quant à son frère, il aimait tellement l'Antiquité qu'il vivait habillé en péplum, laissant flotter ses longs cheveux gris sous une couronne blanche.

Un dimanche où il va dîner chez moi, rue de Charonne, il aperçoit, chemin faisant, *un couple qui sort d'un café. Aussitôt la femme s'empare du bras de l'homme. Ah, comme je connais ce geste de possession – qui m'agaçait souvent mais je m'efforçais de n'en rien laisser paraître. La prise de possession par le bras gauche.* Maman avait en effet une façon assez inconfortable d'enrouler son bras autour de celui de son mari, me faisant penser à du lierre parasite. *Un demi-siècle de bras gauche encerclé-c'est-gagné. Et pourquoi non ? Mon bras gauche pend dans le vide et j'ai tout perdu. Maïté, réponds-moi !*

Les jours se suivent, et aucun signe ne vient. Le pire, se dit-il, ce serait de penser que Maïté ne lui répond pas par « mépris », c'est le mot qu'il choisit, mépris de ce qu'il est ou de ce qu'il a fait en l'aimant si imparfaitement. Sa femme, il le savait, avait tout parié sur l'amour.

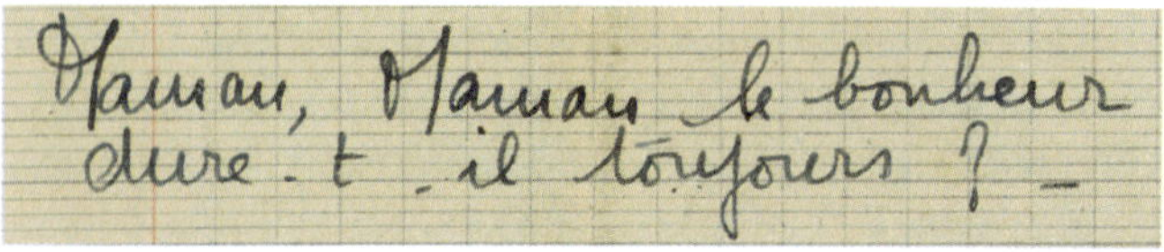
Maman, Maman le bonheur dure-t-il toujours ? –

C'est son cri à l'aube de sa vie de jeune mariée. Elle ajoute dans cette lettre à sa mère : *Penses-tu que cette vie nous lasserait ? 24 heures sur 24 tous les deux. Hélas, ça ne peut pas durer toujours ! Pourquoi ? Pourquoi ? Nous lisons, nous écrivons, nous rions, oh, comme nous rions, nous nous aimons, nous sommes heureux. Ce que j'aime le plus en Gérard, c'est que près de lui je peux être moi-même, complètement. Je suis ta petite fille exubérante et un peu folle, ta petite comédienne, ta sangsue, ta tendresse, ta rêveuse. Je suis exactement celle que tu as formée, cultivée, débarrassée de ses mauvaises herbes, ayant soin toutefois de ne pas la rendre trop parfaite.* Ce bonheur dont elle parle dans sa lettre de jeune épouse, elle savait déjà que ce n'était pas un métal pur, mais un alliage où entreraient en proportions variables la souffrance et l'angoisse, parce que le bonheur se confondait pour elle avec l'amour. Dans son carnet de jeune fille, elle avait noté cette citation : « Aimer sans souffrir n'est pas aimer. Souffrir en aimant n'est pas souffrir. » Alors qu'il la connaissait à peine, Gérard lui écrivit sur la page de garde d'un livre qu'il lui offrit :

Mon bel amour, mon cher amour, ma déchirure
Je te porte dans moi comme un oiseau blessé (...)
Il n'y a pas d'amour heureux.

Maman pensait que les joies que procure l'amour s'accompagnent nécessairement de ce qu'elle appelait *La Facture*, du titre d'une pièce de Françoise Dorin. La facture, c'est la peur quotidienne de perdre ceux qu'on aime, soit qu'ils meurent, soit qu'ils trahissent.

Toute sa vie, toute sa vie, elle douta de son mari, jusqu'au bout elle se demanda s'il l'aimait. Elle en cherchait la preuve. Le désir est une preuve. « Chaque fois qu'on fait l'amour, me confia-t-elle, déjà âgée, c'est une victoire sur la mort. » La mort de l'amour qu'elle redoutait plus que tout. Quand la maladie fut plus forte qu'elle, étendue sur son lit, elle comptait et recomptait le nombre de fois où ils avaient fait l'amour, 52 semaines par année multipliées par tant d'années multipliées par tant de fois par semaine.

Quand on l'emporta aux urgences, son mari lui écrivit cette lettre, qui resta ensuite glissée entre les pages de son journal.

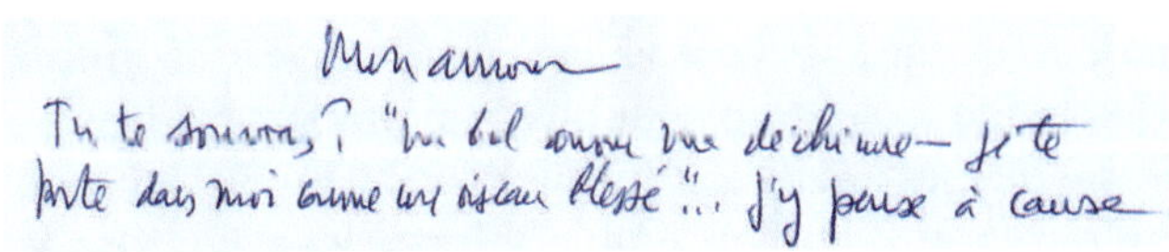
Mon amour
Tu te souviens ? "Mon bel amour ma déchirure — Je te porte dans moi comme un oiseau blessé"... J'y pense à cause

Il me semble que nous ne nous sommes jamais autant aimés, si profondément, au-delà de toute contingence matérielle. Voilà pourquoi je ne me « lasserai pas », comme tu le dis parfois, voilà pourquoi je veux te « porter » avec toutes les forces que me donne la foi qui nous unit. « Je ne savais pas qu'il m'aimait autant », me dit-elle enfin dans un souffle émerveillé. De cet amour, nous étions la preuve par quatre, attendant derrière la porte du service de réanimation qu'on nous accordât la permission d'entrer.

Mère, Maïté l'a magnifiquement été, écrit mon père dans son journal. *Cette famille est essentiellement son œuvre, sa réussite, et certainement sa consolation dernière. Quand on parle de Maïté*, écrit-il encore, *on fait souvent allusion à son caractère de femme forte, donc autoritaire et dominatrice. Vrai. J'en ai souffert, mais elle était en même temps le contraire. Au point que j'en arrivais à préférer son autoritarisme à l'aspect sacrificiel de son tempérament de feu. Elle aurait accepté n'importe quoi, finalement, si je le lui avais demandé. C'est pour ça aussi que je l'aime sans réserve.*

« Il n'y a pas d'amour heureux
Mais c'est notre amour à tous les deux »

Aragon

*

J'ai hâte d'en finir avec ce manuscrit, hâte de redevenir ce que je suis depuis l'âge de 12 ans : un écrivain pour la jeunesse. Pourtant, avant de repartir à la rencontre de mes jeunes lecteurs, je veux aller discuter avec quelqu'un qui leur ressemble. Moi, à leur âge. Car je me suis écrit quand j'avais 18 ans et il est temps que je me réponde.

J'aimerais tant savoir vivre. Hélas, je m'apprends déjà à mourir. L'éternité me trouvera étriquée, recroquevillée et humble comme la feuille morte. Oh ! Mes démons familiers, vous me répétez que je ne suis rien et que ce rien sera quand même broyé avec le reste, le Grand Tout inerte et flasque. Je vais tenter de dire à cette jeune fille ce que sont devenus ses rêves et si elle avait raison d'avoir peur.

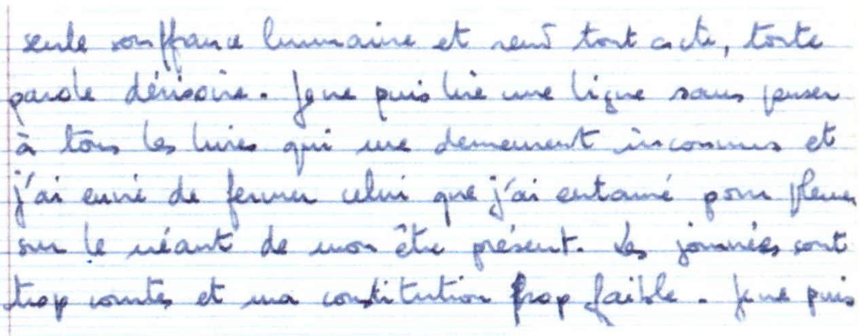
seule souffrance humaine et rend tout acte, toute
parole dérisoire. Je ne puis lire une ligne sans penser
à tous les livres qui me demeurent inconnus et
j'ai envie de fermer celui que j'ai entamé pour pleurer
sur le néant de mon être présent. Les journées sont
trop courtes et ma constitution trop faible. Je ne puis

Elle : *Je ne puis lire une ligne sans penser à tous les livres qui me demeurent inconnus et j'ai envie de fermer celui que j'ai entamé pour pleurer sur le néant de mon être présent. Les journées sont trop courtes et ma constitution trop faible. J'enrage de vivre si peu, d'aller si lentement sur le chemin de la connaissance.*

Moi : Je relis ces jours-ci les livres que tu lis, certains me tombent des mains, d'autres me charment ou m'étonnent, le *Gobseck* de Balzac ou le *Paludes* de Gide. Mais j'ai perdu ton appétit de savoir, je sais qu'il te met aux abois. Je cherche davantage le plaisir, et le plaisir est dans la répétition. Godard disait dans une interview à *Télérama* que désormais il ne lisait plus, il relisait. Je m'en veux de mon manque de curiosité. Sais-tu que je viens d'ouvrir pour la première fois un livre de Thomas Mann et un autre de Virginia Woolf ? Tu vois, tu me remets en route.

Elle : *Je veux savoir toute ma vie dire non à la contrainte, à la facilité, à la vulgarité, à la routine, à l'embrigadement, à la dépoétisation de la vie quotidienne. Non à l'habitude de vivre. Oui au changement, à la création continuelle, au paradoxe.*

Moi : Le beau manifeste ! J'y souscris. Je devrais l'épingler au-dessus de mon bureau.

Elle : *Guerre ! Guerre à autrui, guerre à la société, à ceux que j'aime et n'aime pas. Il faut que j'écorche, que je griffe puisque les autres me font mal sans le vouloir. Ces mots de lèvres inconnues qui me frappent, ainsi que dit le poète, comme balles perdues. Il est si facile de froisser ma sensibilité, si facile de marquer au fer rouge mon cœur orgueilleux.*

Moi : J'ai mis de l'eau dans mon vin. Je fatigue toujours aussi vite dans tous ces endroits, ces dîners, ces salons, ces réunions, où il faut trouver un « sujet de conversation ». Je suis restée incongrue. Inadéquate, inadaptée, inappropriée. Mais j'ai renoncé à l'affrontement. Je ne me mets en colère que si j'y suis acculée, parce que j'y suis acculée. L'humour, que je privilégie, est une forme d'esquive : même pas mal ! Je me dis ces jours-ci que je devrais parfois retrouver le courage de la lutte. Le courage de mes opinions, par exemple.

Elle : *Petite, je regardais l'atlas et je rêvais sur les noms magiques de Kuala Lumpur et Salt Lake City. Ailleurs, c'est si beau. J'inventais la Méhari vert bouteille cahotant sur les chemins poudreux, j'étais là à ce* *point sur la carte, ce point piqué d'une épingle comme un papillon mort. J'ai pleuré sur des cartes et je me suis juré d'être explorateur. Pourquoi tant d'aspirations et une si grande lâcheté ?*

Moi : Quand on m'a invitée à rencontrer des lecteurs au Pérou, en Guyane, à Toronto ou à Saint-Pétersbourg, j'ai eu le sentiment d'accomplir mon rêve d'exploratrice. Cela ne me demande pas un courage physique exceptionnel, je ne risque pas de rencontrer des Indiens coupeurs de tête, même à Saint-Laurent-du-Maroni, tout au plus une classe de troisièmes un peu agités.

Elle : *Le rêveur est un pessimiste. L'instant ne lui suffit pas ou il ne sait pas en jouir, mais demain est encore plus lourd à ce cœur désespéré. Il lui reste les fantasmes, il lui reste l'enfance. Il n'est jamais adulte, le rêveur, parce qu'il ne saurait être responsable, et le monde lui échappe. Il regarde sa vie qui passe et il comprend à peine qu'il s'agit bien de la sienne.*

Moi : L'écriture a pris le pas sur le rêve, et mes personnages sur mes fantasmes. Quand je suis au cœur d'un roman, j'y pense jour et nuit. « Le pays des chimères est en ce monde le seul digne d'être habité », tu te souviens ?

Elle : *Le risque de rater sa vie, c'est d'attendre. Attendre l'être aimé, attendre l'indépendance, la richesse, l'aventure, un enfant, plus prosaïquement attendre l'heure de bouffer, de se coucher, l'heure des autres, attendre 5 h 20 quand il est 5 heures.*

Moi : Attendre, la plaie de ma vie.

Elle : *C'est affreux, attendre. Les larmes me viennent, je ne sais si c'est de colère ou de tristesse. Il devrait être* *là depuis une heure trente et je cherche à m'apaiser en écrivant car j'en ai assez d'écouter les portes s'ouvrir et se fermer, de me tendre de toutes mes forces dans l'espoir de faire retentir cette maudite sonnerie. Je voudrais m'arrêter d'écrire pour mieux attendre comme si la qualité de mon écoute pouvait changer quelque chose à ce qui se fait sans moi. Dépendre ainsi d'autrui ! Quelle torture et quel épuisement ! Pourquoi tarde-t-il ? Pourquoi ne prévient-il pas s'il est empêché ? Mon Dieu, faites-le venir. J'entends une porte. Dois-je écouter ? Ce n'est pas lui, sûrement pas. Il grimpe l'escalier ? Non, c'est trop long. Je voudrais de toutes mes forces créer cet instant qui ne vient pas. Faites-le venir, mon Dieu !*

Moi : Cool. Cela ressemble à mes soirées quand j'attends le retour d'un de mes enfants. Mais la petite dernière est partie, et j'ai songé assez égoïstement que je ne serais plus celle qui attend derrière la porte. Bien sûr, si je tombe trois fois de suite sur le répondeur de son portable ou si Charles ne remonte plus à la surface de Facebook, je me fais du souci. La facture, aurait dit maman.

Elle : *J'ai le cœur dans la gorge chaque fois que je sonne à sa porte (c'est ce qui me donne l'air essoufflé). Aucun de ses regards ne m'échappe, le moindre de ses mots m'assomme. Le jour où je n'aurai plus peur de lui, où je n'attendrai plus tout de lui, où je recevrai ce que je pense m'être dû, ce jour-là, je ne l'aimerai plus.*

Moi : En revenant de Carrefour tout à l'heure, nous sommes passés, Pierre et moi, devant l'affiche du film *Nos étoiles contraires*, et je me suis fait la remarque à voix haute que le meilleur moyen de préserver intacte la passion, c'est de mourir jeunes. Autrement, le jour vient où l'on fait ensemble les courses à Carrefour. La bonne nouvelle, c'est qu'au bout de quarante ans de vie commune on est remarquablement opérationnels.

Elle : *Je redoute le tombeau du bonheur qu'il m'est permis de creuser.*

Moi : Tu veux parler du mariage ? Comment vois-tu votre avenir, à Pierre et toi ?

Elle : *Nous accueillerons dans ce monde méfiant, nous donnerons dans ce monde mesquin, nous aimerons dans ce monde égoïste, nous saurons vivre en dilettante et nous rirons de nous ; le rire lave mieux que les larmes. Parfois nous serons écœurés, juste assez pour chercher à nous renouveler. Mais sans doute le quotidien, les responsabilités, les convenances vont nous enferrer, et dans dix ans nous serons finis.*

Moi : Dix ans plus tard, nous nous sommes réveillés… Ainsi avons-nous alterné les mers calmes et les mers démontées, les périodes de construction de soi, de la famille, et les crises qui nous faisaient nous renouveler, comme tu en as l'intuition. Et ce n'est jamais fini, nous venons de changer de vie en nous installant à Bonny-sur-Loire. Moi qui n'ai connu que le béton et le bitume, je suis devenue, à 63 ans, l'enfant d'un village.

Elle : *De toutes mes forces je refuse the murder of a soul ! L'assassinat d'une âme à cause de deux ou trois bambins. Le matériel ne me tuera pas. Frotter les cuivres, faire l'argenterie, vu ? Dans une famille chacun doit porter sa part de médiocrité quotidienne ou bien il y a une sacrifiée. L'éternelle sacrifiée. Mais moi, je ne serai pas celle-là. Pas par égoïsme mais par refus de la facilité, je ne serai pas celle-là.*

Moi : Tu refuses d'être une femme comme « celle-là », j'ai refusé d'être une mère comme « celle-là ». Puis j'ai été une femme comme les autres, une mère comme toutes les mères. Est-ce que je le regrette ? C'est ça que tu veux savoir ?

Je me suis parfois étonnée de ce que maman se satisfît d'une vie artistique par procuration, mais j'ai été blessée de ce que mon père, malgré ses quatre enfants, considérait sa vie comme ratée parce qu'il était un poète incompris. Qu'est-ce que j'en conclus ? Que pour moi le carton plein, la vie réussie, c'est Dickens et ses dix enfants ? Mais il s'agit là d'une figure masculine. Si tu regardes du côté des femmes écrivains, que vois-tu ?

Jane Austen, pas d'enfant ; les sœurs Brontë, pas d'enfant ; Madame d'Aulnoy, une *Chatte blanche* et un *Oiseau bleu* ; Beatrix Potter, des lapins ; Marguerite Yourcenar, pas d'enfant ; Colette, une fille à 40 ans ; Alexandra David-Néel, un fils adoptif tibétain ; Simone de Beauvoir, une fille adoptée à l'âge adulte ; Anaïs Nin, pas d'enfant ; Virginia Woolf, pas d'enfant ; Hannah Arendt, pas d'enfant ; Selma Lagerlöf, pas d'enfant ; Karen Blixen, pas d'enfant… OK, la comtesse de Ségur, huit enfants, mais elle publia après les avoir élevés.

Aurais-je écrit mieux si j'avais été une femme libre, sans enfant à surveiller au jardin, sans Caddie à remplir à Carrefour ? J'aurais sans doute écrit davantage. Et sûrement autre chose. J'écrivais dans le brouhaha de la vie, mon cahier sur les genoux, des gamins prenant leur goûter ou faisant leurs devoirs à côté de moi, avec *Goldorak* en fond sonore. Je n'ai eu la chambre à soi qu'à 42 ans et, contrairement à la recommandation de Virginia, elle ne fermait pas à clé. Quand j'écrivais, j'avais un ange dans mon dos.

Elle : *Si j'ai une fille plus tard, je lui ferai lire ce cahier quand elle aura 18 ans pour qu'elle sache les angoisses, les joies, les haines, les obsessions, les sottises d'une enfant toute semblable à elle. Je voudrais que ce cheminement serve à quelqu'un.*

Moi : L'autre jour, de passage par Paris, ma fille de 20 ans m'a dit qu'elle avait écrit une chanson dont le refrain était : « N'aimer qu'une fois dans ma vie / C'est un rêve qui / Ne m'appartient pas… » Chaque génération doit trouver sa façon de vivre et d'aimer.

Elle : *Les mots qui me viennent à la bouche, ces mots juteux, sucrés, âcres, ils m'appartiennent, ils me fascinent, ils me possèdent, ils m'entrent dans le corps comme des* *échardes, ces mots qui me torturent, je vais les clouer noir sur blanc aux pages que voilà.*

Moi : C'est vrai qu'écrire te transporte, le temps s'abolit, ta respiration aussi. Tu es cramoisie lorsque tu t'arrêtes pour reprendre souffle. Et quand tu récites du Milosz ou du Supervielle dans ta chambre, tu as bientôt l'air d'une pythonisse que les vapeurs poétiques font délirer. J'ai souvent comparé le désir d'écrire au désir sexuel. Je dois admettre qu'en vieillissant j'ai eu de plus en plus souvent des pannes, que j'appelle plus décorativement « mes jachères ». Ce sont de longs mois sans écriture, sans désir d'écriture, au bout desquels je finis par aller mal.

Elle : *Est-ce qu'un jour je serai vide ? J'aurai tout dit et j'irai m'asseoir sur le seuil de ma porte, regardant passer le monde comme un sage oriental. Un jour, je prendrai mon stylo pour écrire mardi 3 octobre 2001 et il n'y aurait rien au-dessous. Est-ce qu'un jour je ne pourrai plus inventer mon tourment, ma joie et donner aux autres un peu de mes rêves ?*

Moi : Si j'ai peur parfois de finir ce manuscrit, c'est que je crains qu'il n'y ait plus rien après.

Elle : *Il n'y aurait plus rien à dire, plus rien à cacher, à trahir, à créer ?*

Moi : Mais pourquoi t'en soucier ? Tu n'as même pas 18 ans !

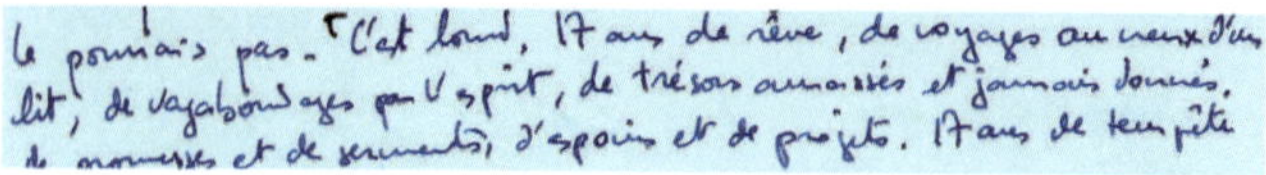
le pouvais pas. C'est lourd, 17 ans de rêve, de voyages au creux d'un lit, de vagabondages par l'esprit, de trésors amassés et jamais donnés, de promesses et de serments, d'espoir et de projets. 17 ans de tempête

Elle : *C'est lourd, 17 ans de rêve, de voyages au creux d'un lit, de vagabondages par l'esprit, de trésors amassés et jamais donnés, de promesses et de serments, d'espoirs et de projets, 17 ans de tempête derrière un sourire, 17 ans d'attente, 17 ans que je vis dans un monde de chimères, peuplé d'ectoplasmes, 17 ans que je vis en moi. Je voudrais que les promesses de l'enfant soient tenues par celle que je serai, « et les fruits passeront la promesse des fleurs ».*

*

La promesse des fleurs ! Je l'ai si souvent sous les yeux. À Cuneo, ils étaient 80, ils avaient 15 ans. Cela faisait plus de trois mois que je ne les avais pas rencontrés. Comme je le leur ai avoué, via mon interprète italienne, je me faisais l'effet du vieux rafiot qui s'éloigne du port tandis qu'eux restent sur la rive, inaltérablement jeunes. Allons-nous nous perdre de vue ? Je leur ai raconté ce travail de remémoration que j'ai entrepris, je leur ai parlé du journal intime de mes 18 ans, de la jeune fille que j'y ai retrouvée. À la fin de la rencontre, ils sont venus me faire dédicacer leurs livres, *Oh, boy !* ou *Mio fratello Simple*. Puis, une jeune Italienne m'a demandé de lui recopier une phrase que j'avais citée de mon journal, et un autre jeune, une autre phrase. Alors, j'ai écrit dans leurs agendas : *L'affreuse certitude de n'être pas faite pour vivre, mais pour rêver !* ou bien : *Tel est le but : être connue, reconnue !* et enfin : *J'ai ÉNORMÉMENT confiance en moi !*

Ce matin, dans ma chambre d'hôtel, me revoyant face à ces jeunes Italiens, face à ce monde à venir, j'ai pensé à celle qui a pour toujours l'âge de mes lecteurs. Dans l'autobiographie de ses 17 ans, elle avait écrit : *J'ai une histoire, une famille. J'ai l'impression d'appartenir à un clan avec ses souvenirs, ses ancêtres, son langage, je me sens protégée. De quelque côté que j'aille, je suis entourée. Le garde-champêtre du village de mon père, la danse macabre de La Ferté-Loupière, Blanche qui enfonce les portes à coups d'épaule, la jolie juive aux yeux noirs, la grande maison de Lillebonne… Maman parle souvent de « Clan Murail », ce clan, c'est notre famille, mais ce sont aussi les Koch, les Barrois, Cécile, Lucie, Blanche, tout un passé que je vénère et sans lequel le présent pour moi ne saurait exister.*

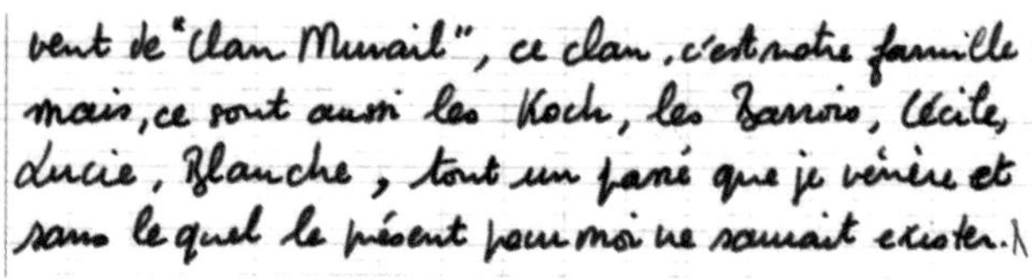
vent de "Clan Murail", ce clan, c'est notre famille
mais, ce sont aussi les Koch, les Barrois, Cécile,
Lucie, Blanche, tout un passé que je vénère et
sans lequel le présent pour moi ne saurait exister.

J'ai pourtant peiné à trouver ma place dans ma lignée féminine, à force de ne pas vouloir être « une femme comme celle-là », « une mère comme celle-là ». Qu'avais-je en commun, moi, la solitaire, l'ombrageuse, l'équivoque, avec Blanche, la maîtresse femme gouvernant sa maisonnée, Cécile, frappée dans les deux seuls hommes qu'elle ait aimés, et qui garda pour nous sa gaieté, Maïté affirmant : « Je ne sais pas vivre sans joie. » J'ai longtemps cru que la sociabilité, l'entrain, le goût du bonheur de mon arrière-grand-mère, de ma grand-mère, de ma mère, s'étaient de nouveau incarnés dans ma fille, mais que moi, la rêveuse, l'absente, la désaccordée, j'avais passé mon tour. Et ce n'est pas vrai. Quand je parle aux jeunes, comme hier à Cuneo, quand j'écris pour la jeunesse, je transmets, à travers le voile de mes doutes et de mes douleurs, la gaieté, la foi, la vitalité des femmes de ma lignée. Je me suis incorporé Blanche, Cécile, Maïté, et sans doute bien d'autres, dont je ne saurai pas même le prénom.

En moi beaucoup de femmes respirent qui vinrent de très loin et sont une sous mon front.

Première version : Cuneo,
le 15 novembre 2014
Seconde version : Bonny-sur-Loire,
le 22 février 2018

Table

DE LA MÊME AUTEURE* :

Les Mésaventures d'Émilien (7 volumes)
Nils Hazard, chasseur d'énigmes (7 volumes)
Sauveur & Fils (6 saisons)

Les romans « fantastiques » :

Ma vie a changé
Amour, vampire et loup-garou
Tom Lorient
Golem (écrit avec Elvire et Lorris Murail, Pocket Jeunesse)
L'Expérienceur (écrit avec Lorris Murail)

Les romans «historiques»:

Jésus, comme un roman... (Bayard)
D'amour et de sang (Bayard)
Charles Dickens

---

* Tous ces livres sont publiés à *L'École des loisirs*, sauf mention d'un autre éditeur.

Miss Charity
Malo de Lange

Les romans « de société » :

Oh, boy !
Simple
Maïté Coiffure
La Fille du docteur Baudoin
Papa et maman sont dans un bateau
Le Tueur à la cravate
3 000 façons de dire je t'aime

Et pour les plus jeunes :

Mystère (Gallimard)
Le hollandais sans peine
Le Chien des Mers
22 !
La Bande à Tristan
La Maîtresse donne trop de devoirs (Albin Michel jeunesse)
L'Espionne (série, Bayard éditions)

Autres informations biographiques et bibliographiques :
www.marieaudemurail.com
https://fr.wikipedia.org/wiki/Marie-Aude_Murail

CRÉDITS PHOTOS

Toutes les photographies figurant dans ce livre
sont de la propriété de l'auteure,
sauf les images des pages citées ci-dessous.

PAGE 123, DE GAUCHE À DROITE, ET DE HAUT EN BAS :
© Jean-Régis Roustan/Roger-Viollet,
© Georges Kelaidites/Fonds
J.B. Gillot/adoc-photos,
© Georges Kelaïditès/Roger-Viollet,
© Rene Saint Paul/Rue des Archives,
© Rue des Archives/AGIP,
© Georges Galmiche, Ina.

PAGE 124, DE GAUCHE À DROITE, ET DE HAUT EN BAS :
© Rue des Archives/Everett, © Rue des Archives/Everett,
© Rue des Archives/Everett,
© LGL Productions/Ronald Grant Archive,
© Ronald Grant Archive

PAPIER À BASE DE FIBRES CERTIFIÉES

Le Livre de Poche s'engage pour l'environnement en réduisant l'empreinte carbone de ses livres. Celle de cet exemplaire est de :
900 g éq. CO_2
Rendez-vous sur www.livredepoche-durable.fr

Composition réalisée par PCA

Achevé d'imprimer en octobre 2020 en Espagne par
UNIGRAF
Dépôt légal 1re publication : octobre 2020
LIBRAIRIE GÉNÉRALE FRANÇAISE
21, rue du Montparnasse – 75298 Paris Cedex 06

46/1315/9